国家出版基金项目
NATIONAL PUBLICATION FOUNDATION

【錢基博集】

國學文選類纂

GUOXUE WENXUAN LEIZUAN

傅宏星／主編　傅宏星／校訂

華中師範大學出版社

新出圖證(鄂)字 10 號

圖書在版編目(CIP)數據

國學文選類纂/錢基博著;傅宏星主編、校訂.—
武漢:華中師範大學出版社,2013.10
(錢基博集)
ISBN 978-7-5622-6323-4

Ⅰ.①國… Ⅱ.①錢…②傅… Ⅲ.①國學—文集 Ⅳ.①Z126-53
中國版本圖書館 CIP 數據核字(2013)第 231217 號

國學文選類纂
錢基博著
傅宏星主編 傅宏星校訂

責任編輯:郭志剛 責任校對:羅 藝
封面設計:甘 英 封面製作:胡 燦
出版發行:華中師範大學出版社
社址:湖北省武漢市珞喻路 152 號 郵編:430079
電話:027—67863426(發行部) 027—67861321(郵購)
傳真:027—67863291
網址:http://www.ccnupress.com 電子信箱:hscbs@public.wh.hb.cn
印刷:湖北恒泰印務有限公司 督印:章光瓊
字數:264 千字 印張:17 插頁:4
開本:787mm×980mm 1/16
版次:2013 年 10 月第 1 版 印次:2013 年 10 月第 1 次印刷
印數:1—2500 定價:36.00 圓
歡迎上網查詢、購書

錢基博先生 1929 年攝於上海光華大學

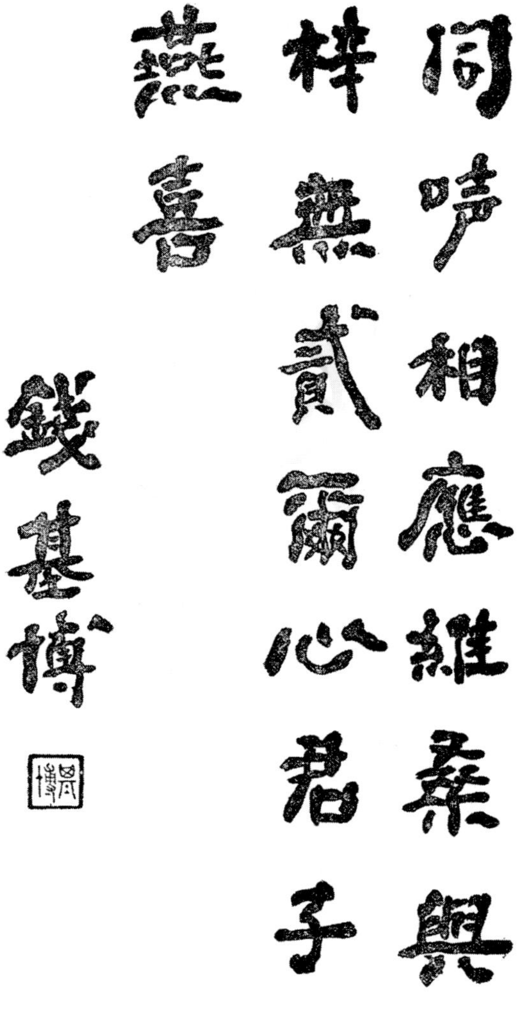

錢基博先生手迹

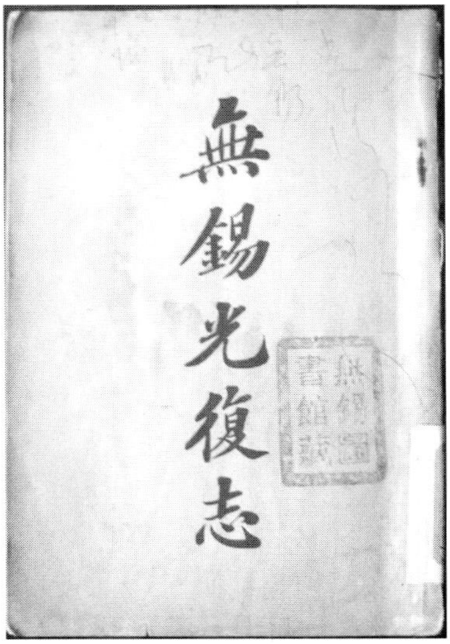

《無錫光復志》書影

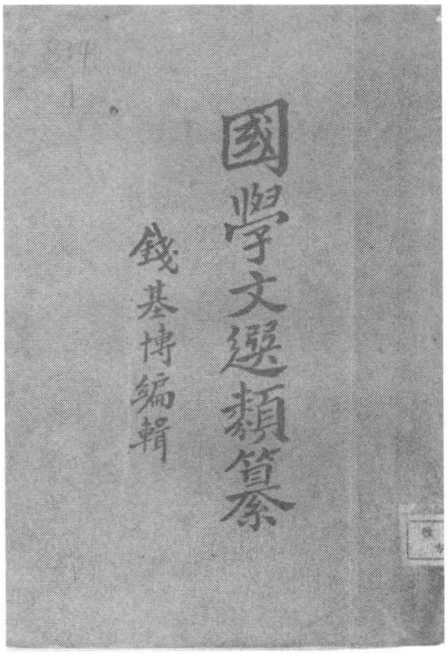

《國學文選類纂》書影

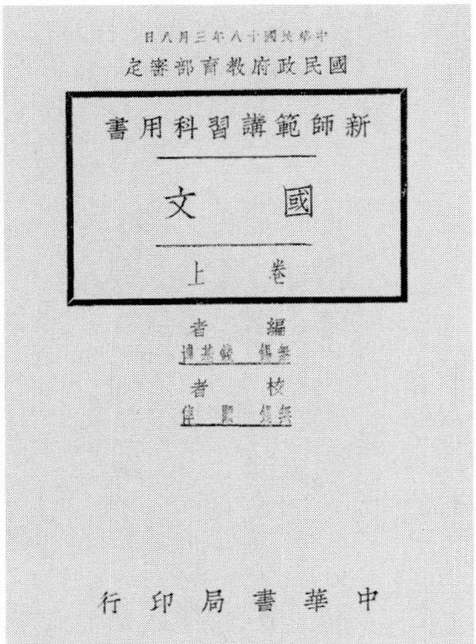

《國文》卷上書影

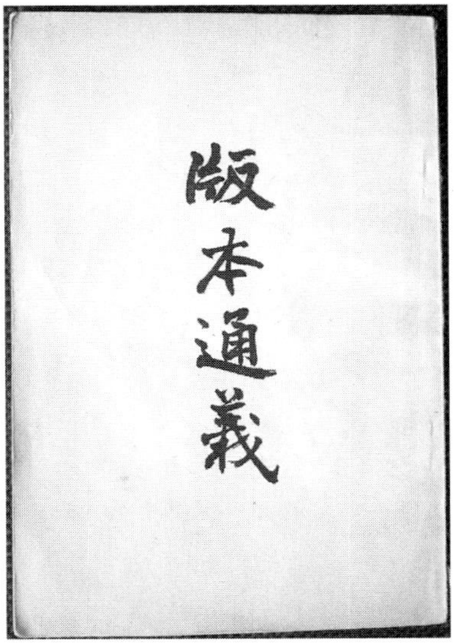

《版本通義》書影

錢繩武堂

錢基博先生無錫故居

（梁溪清攝　無錫市錢鍾書故居管理中心提供）

出版説明

錢基博先生(一八八七——一九五七),字子泉,號潛廬、老泉,江蘇無錫人。現代著名學者、文史專家和教育家。他一生勤奮讀書,博涉古今中西,治學領域極其廣泛,曾自述:“基博論學,務爲浩博無涯涘,詁經譚史,旁涉百家,抉摘利病,發其闔奥。自謂集部之學,海内罕對。子部鉤稽,亦多匡發。而爲文初年學《戰國策》,喜縱横不拘繩墨。既而讀曾文正書,乃澤之以揚馬,字矜句鍊;又久而以爲典重少姿致,叙事學陳壽,議論學蘇軾,務爲抑揚爽朗。所作論説、序跋、碑傳、書牘,頗爲世所誦稱;碑傳雜記,於三十年來民情國故,頗多徵見,足備異日監戒。論説書牘,明融事理,而益以典雅古遒之辭出之,跌宕昭彰。序跋則以生平讀書無一字滑過,故於學術文章得失利病,多抉心發奥之論。”誠爲先生終生治學生涯的實録。可是對於當今一般學人而言,恐怕衹會注意錢老先生“文在桐城陽湖之外,别闢一塗”和“集部之學,海内罕對”兩個方面,殊不知他在史學、經學、子學等方面亦造詣宏深,不僅著作數量多,而且門類齊全,幾乎無人能及。而錢先生生前,雖未能對自己的所有著作進行彙編出版,但從目前僅存的八册綫裝本《潛廬集》鈔稿中,仍可以看出他對於出版文集是有所考慮和規劃的。據説,上世紀五十年代初,江蘇古籍出版社就擬議出版《錢基博全集》,可惜由於歷史的原因未能實現。一九六一年,先生之弟錢基厚亦曾爲之編訂《潛廬家藏遺文集》,可惜現在下落不明。最可歎者,“文化大革命”運動中,先生遺留的五百餘册、綿歷數十寒暑的《日記》,遭到查抄、批判,並被付之一炬。因此,二十多年前,吴忠匡、周振甫、石聲淮等前輩學人就曾呼籲社會和有關學術團體、出版單位趕緊整理出版錢先生遺著,使其人其學不至湮没無聞。

一九八六年,臨近“錢基博先生誕辰百周年”的紀念日子,華中師範大學在章開沅先生的支持下,由錢先生弟子彭祖年、石聲淮、吴忠匡等人牽頭,做了大量富有成效的工作,如一九八七年底,華中師範大學以學報特刊的形式,首次將部分遺著結集面世，爲我們瞭解錢基博提供了極大的方便。同時，湖南嶽麓書社又重新出版了錢先生的《現代中國文學史》、《近百年湖南學風》等著作。十年之後，我校曹毓英先生以此次整理工作爲基礎，精心策劃，於一九九七年十二月編輯出版了《錢基博學術論著選》，此書對推動國内錢基博研究的深入開展可謂功不可没。此後又是一個十年期，我們委托傅宏星先生陸續對錢基博遺著在全國各大圖書館的保藏情況進行了一番細緻的普查，一份相對完善詳備的著作編年目録也隨之形成了。

綜觀錢先生一生，出版各類學術專著二十六部，編撰各類教材十二部，雜著十二部，稿本、油印本等未公開發行的著作二十一部，約計七十一部，目前均分藏於全國各大圖書館、大学和民間私人手中；而他的大量學術論文、碑傳雜記、書信則散見於解放前出版的地方報紙、學術刊物、鄉賢著述、譜牒家乘和私人手中，無人問津，漸致散佚。雖然先生逝世至今，大陸方面，他的一些代表性著作多次再版，甚至影印出版，如《經學通志》、《版本通義》、《〈周易〉解題及其讀法》、《〈四書〉解題及其讀法》、《現代中國文學史》、《(增訂新戰史例)孫子章句訓義》、《近百年湖南學風》等。港臺方面，臺灣商務印書館等出版機構亦有多部錢著多次重印出版。但這些重版的著作還不到錢先生公開出版物總數的五分之一。

華中師範大學是中國真正具有百年以上歷史的少數知名大學之一。在其一百多年的發展過程中，有一批又一批篳路藍縷、披荆斬棘的先驅者，他們嘔心瀝血，殫精竭慮，爲華中師大的奠基與成長作出了無可磨滅的貢獻。

隨着我們對大學學脈與傳承精神的感悟日深，出版社已將把挖掘百年老校豐富的學術資源作爲未來工作的重心之一。整理出版一代國學大師錢基博先生的文集，華中師範大學出版社責無旁貸。可以這麽説，正是在幾代學者的共同關心和努力下，經過二十年的醞釀和籌劃，二〇〇六年六月，我們才正式將《錢基博集》列爲我社在“十一五”期間的重點出版選題，計劃分輯推出。同時，精心組織，合理安排，從資料搜集、點校、專審和圖書設計四個方面加大資金和人員的投入，努力打造好此項精品工程。

華中師範大學出版社

二〇一〇年十二月

凡　例

一、《錢基博集》以公開出版著作爲基礎，增補了目前已發現的未公開發表的手稿本、油印本等，還包括大量散落在《新無錫》、《無錫新報》、《錫報》、《通海新報》、《南通報》、《力行日報》、《江蘇民報》、《武漢日報》等報紙，以及《婦女雜誌》、《小説月報》、《教育雜誌》、《新教育》、《東方雜誌》、《無錫縣教育年刊》、《約翰聲》、《甲寅》、《國學叢刊》、《清華學報》、《清華週刊》、《光華大學半月刊》、《青鶴》、《國立師範學院季刊》、《國立師範學院旬刊》等雜誌上的散文、小説、方志、序跋、書牘、碑傳等佚文。當然還包括目前我們能夠見到的地方教育雜誌、譜牒家乘、鄉賢著述中的序跋文函、碑傳雜記等，亦予以收録。

二、關於底本的選擇和確定。專著方面，有修訂本、增訂本的，以修訂本、增訂本爲底本；如果没有修訂本、增訂本，則需要比較初版、再版，取其較優者爲底本。當然，港臺的重印本、盜印本也在此遴選範圍之内。散篇方面，某一篇文章可能會在多處發表，文字或不盡相同，則酌情取捨，若影響到對句意的理解，則用脚注説明，以利讀者判斷。部分油印本還有複本，則取其較優者爲底本。各卷所據底本，一般無標點或僅用舊式圓點者，均重新標點；底本未分段者，一般不予分段。

三、各册散篇在前，專著在後。卷内各篇（專著和散篇），一般均按成文（成書）時間先後編次。凡有年月可考而日無可考者，列於各月之末；凡有年可考而月、日無可考者，列於各年之末；年份不詳者，列入各卷之末。爲節省篇幅，避免重複，凡已經被收入專著中的篇目，又没有必要單獨歸類或按單篇發表時間分列的，則只收録一次。有改動處，酌加注釋。凡輯入《錢基博集》者，一般仍采用原有標題，個别的酌加改動。新收録的論著亦遵此例，但未經發表的書信短箋則由編者根據内容或收信人另加標題。

四、各册部分專著，注明出版机构名稱、版期。凡輯於報刊之散篇者，注明所據報刊雜誌之名稱、版期。所標時間一律采用西曆。

五、凡收入本文集的作品，均不做删改；作者的原用字、原譯名，習見的異體字、通假字，原則上保持原貌；標點符號用法，多依從作者習慣，未予改動。

六、《錢基博集》除署名主編之外，校訂者不一，亦同署名。各册由校訂者標點、校勘。底本原注用小字或（　）標明；錯别字、脱字、衍字等則用脚注予以説明；缺字用□標出。

目録

GUO XUE WEN XUAN LEI ZUAN

論文

國學文選類纂

甲集序目(小學之部)

乙集序目(經學之部)

丙集序目(子學之部)

論　文 LUNWEN

孔子聖誕演説

解題：孔子者，國學運動家也。吾人紀念孔子，當努力爲國學運動。今日之國學運動，當分三層説明之：

（一）國學；

（二）國學運動；

（三）今日之國學運動。

昨日爲孔子生後之第二千四百又一年聖誕日。本校以今日補行祝典。承學生會諸君先期函約演説。博文質無底，將何以酬諸君之意耶？

雖然，今日之祝典，以其爲孔子聖誕而紀念之也。不知吾人之所以紀念孔子者，果何爲耶？易言之：即孔子紀念之價值何在？

或曰：以孔子爲教育家而紀念之也。以博觀孔子一生祇自居爲學者，而未嘗以教育家自負。其所以自稱者：一則曰："我非生而知之者，好古敏以求之者也。"再則曰："發憤忘食，樂以忘憂，不知老之將至！"三則曰："學而時習，……有朋自遠方來，……人不知而不愠，不亦君子乎！"是夫子自道，祇自居爲學者。而其所以爲天下大宗師者，祇不過孔子自己努力學，表現其學者之人格；而人之見之者，亦不期然而然鼓之舞之，去模仿他學已耳。今日之好爲人師者，不學孔子之學；而妄斆孔子之教。此教育之所以失敗也！或曰：孔子不嘗言“誨人不倦”乎？是孔子以教育家自居也。然按《論語》“子曰：‘學而不厭，誨人不倦，何有於我哉！’”乃自謙之辭，非自居之辭也。且此章舊三句連讀者誤也。當以“學而不厭”爲句；“誨人不倦”與“何有於我哉”連讀爲一句。蓋以“學而不厭”自任；而“誨人不倦”則以“何有於我”謙不居也。故紀念孔子爲教育家，鄙懷未敢贊同也。

或曰：以孔子爲哲學家而紀念之也。博按孔子贊《易》，以社會學歸納於宇宙論，説明天[①]人相與之故。其有造於中國哲學者，功不淺矣。然此等研究哲學之成績，當由治哲學者紀念之，非吾人今日所以紀念孔子之意也。

或曰：以孔子爲宗教家而紀念之也。此種觀念之謬誤，人多能辨之者！夫宗教家必有天帝之崇信。而孔子之言天，不過以爲自然之定律；非必認爲人格的造物主而崇信之也。

然則吾人今日之所以紀念孔子者，果何爲耶？曰：以孔子之爲國學運動家也。雖然，吾人須知孔子當日之所謂國學，即周公之學。易言之，即魯國之學。因孔子之努力整理宣傳，而於是周公之學，一變而爲孔子之學；魯國之學，一擴充而爲中國之學。皆孔子之努力，有以致之然也。讀《論語》“學而時習”一章，可以想見孔子國學運動之努力焉！

夷考孔子當日之所以努力於國學運動者，約分三步工夫：（一）誦百二十國寶書。（二）周遊列國。（三）整理國學。《春秋左氏傳》載：韓宣子聘魯，見《易象》與《魯春秋》；曰：“周禮盡在魯矣！”可知《易》、《禮》、《春秋》者，魯之國學，非韓宣子之所習見也，孔子删《詩》、《書》，訂《禮》、《樂》，贊《易》，修《春秋》，即孔子之整理國學；不待言矣。然而孔子之删訂，必在列國周遊以後者。《莊子》曰：“曲士不可以語於道者，束於教也。”注稱：“曲士，鄉曲之士。”使孔子未嘗周遊列國，殫見洽聞，而言國學，則孔子者，不過抱殘守缺，等於莊子之所謂曲士已耳！何以成其“大哉孔子之道”？此孔子删《詩》訂《禮》以前，所爲必先之以周遊列國也。然《春秋》百二十國

---

① 天，原誤作“夫”，今正。

語言文字，不盡統一。《春秋公羊傳》時有齊言。《左氏傳》載：“楚人謂乳穀，謂虎於菟。”《説文》稱：“秦始皇帝[①]初並天下，丞相李斯乃奏同之，罷不與秦文合者。”此言文不統一之明證。故孔子未遊列國之前，先以深通文學之子夏如周，求百二十國寶書，精研各國語言文字。然後一車两馬，周流四方，與各國賢士大夫遊，上下議論，而後知道並行之不悖。歸而删《詩》、《書》，訂《禮》、《樂》，贊《易象》，修《春秋》。而於是《周禮》之《易象》、《魯春秋》，咸一變而爲孔子之“六經”。此孔子之道，所以如日中天，亘古昭垂也。

諸君今日在聖約翰大學精研歐西文字，雖不出國門一步，而博以竊比之孔子如周，誦百二十國寶書。昔魯國之學，以孔子之努力，擴而充之以成中國之學。然則諸君今日之所以紀念孔子者，莫如努力於國學運動以紹先聖之大業；俾中國之學，更擴而充之以成世界之學。此則博之所願於諸君者也。則請爲諸君言“今日之國學運動”。

同學諸君諦聽！當知今日之國學運動，非中國問題，而全世界問題。蓋歐洲大戰以還，學者之論調一變。德國人特請印度詩人台莪兒[②]講森林哲學，鼓吹東方之精神生活，舉國青年歡迎若狂！而於中國之老、《易》，尤研治不遺餘力。法國班樂尉從中國歸，亦組織中國學院，以推廣中國文化自任。美國哈佛大學至以二十五萬美金求一漢學講師而不可得！梁任公《歐洲心影録》[③] 載一西方學者譚話，謂：“此次歐洲大戰，實足以醒西方科學萬能之迷夢！而今以往，歐洲非努力輸入中國文明，不足以起衰救敝。”故曰：今日之國學運動，非中國問題，而全世界問題也。雖然，吾人之所謂國學者，果足以副世界人類之渴望耶？此則視乎吾人之努力！

雖然，吾人欲努力爲國學運動，不可不瞭解所謂“今日之國學運動”一語，含何意味。請分三層説明之：

（一）國學。國學者，章太炎謂之國故。然博竊以爲國故之“故”字，不如用“學”字之爲妥適也。“故”字有二訓：一曰舊也。《易・雜卦》：“革，去故也。”《周禮・天官・太宰》：“以八統詔王御萬民，二曰敬故。”注：“不

① 帝，原誤作“皇”，今據《説文》改。

② 台莪兒，今譯泰戈爾。

③ 應指《歐遊心影録》。

慢舊也。”物舊則壞，人舊則死。人死亦稱物故，見《漢書·蘇武傳》師古注。今曰“國故”，得無謂吾國已陳舊乎？雖然，中國之爲舊國，固也。《詩》不云乎？“周雖舊邦，其命維新！”西人戲詆吾國爲老大。吾則何忍以此自詛罵乎！今曰“國故”，是自承爲老大也！吾不忍也。“故”亦通“詁”。《説文》：“詁，訓故言也。”引《詩詁訓》。孔穎達疏：“詁訓傳者，注解之别名。詁者，古今異言，通之使人知也。”“詁訓傳”本作“故訓傳”，見《詩·周南》陸德明《音義》、《漢書·藝文志》師古注。曰國故者，得無謂通中國古今之言而明其故乎？質言之，爲古今作翻譯而已。則是謂宣揚國華之大業，廑等於象胥之轉舌也！則又淺如乎言國學也！國故二字之不適用既如此，則莫如稱國學。《説文》：“學，覺悟也。”則是疊韻爲訓，學之爲言覺也。明心見性之謂覺；恥不若人之謂覺。國學者，國人自覺之謂；而所謂國學運動云者，質言之曰國人自覺之運動云爾！請進而論國學運動。

（二）國學運動。運動者，運轉亡已，推陳出新之謂。有運動而後國學有生氣。國學之在國史，三四千年來，時時蜕轉，未嘗間斷。其在春秋戰國之交，諸子九流，家自爲説；極睇参差，而道術之言，遂遍於天下。其爲國史上極燦爛之國學運動，固無論已！降逮西漢，有黄老學與孔學之對抗運動。既而孔學定於一尊，又有古文學、今文學之對抗運動。然漢儒治經，古文家囿於詁訓章句，今文家牽於五行災異，而引以應用於人事；太史公談所謂“博而寡要，勞而少功”；破碎逃難，不厭人心。於是魏晉之交，又有老莊之學起反抗孔學之運動。方其盛也；南方學者，如向秀、謝萬之流，嘗援老莊以説經；而北方學者，如徐遵明、李鉉輩，皆篤守漢儒詁訓章句之學；於是儒家者流又有北學南學之對抗運動。李延壽《北史·儒林傳序》所謂“南人約簡，得其英華；北學深蕪，窮其枝葉”；旗鼓各張，至隋唐而未沫。寖假而佛學東漸，駸駸與老莊代興以對抗孔學。又寖假而孔學與明心見性之佛學孕接，妙合而凝，以釀宋儒之理學運動。理學運動之極盛而中分，又有程朱“道問學”，陸王“尊德性”之對抗運動。亘宋、元、明以迄於清，又有漢學宋學之對抗運動。怒瀾洄洑，三四千年來，一波未平，一波復起。稍治國史者，可以闚見國學運動之壯大焉！雖然，此歷史之國學運動也，非所語於今日之國學運動。

（三）今日之國學運動。今日之國學運動，在歷史殊少先例。歷史之國學運動，咸爲内部之對抗。而今日之國學運動，則以歐化之反感。是歷史之國學運動，由於内競；而今日之國學運動，緣於外感也。必不得已而求其類，其宋儒之理學運動乎？蓋宋儒之理學運動，印度佛學孕接之所致也；今日之國學運動，歐洲科學構接之所致也；皆外感也。

今日之國學運動，在海外，吾不知。若在國内，有以個人努力於國學運動者，曰章太炎，曰梁任公。然二人之努力國學運動同，而所以努力者不同：章太炎之治國學，文理密察，足以有别，可字之曰理智的國學家；梁任公之譚國學，意趣洋溢，足以感興，可字之曰情感的國學家。有以學校努力於國學運動者，曰北京大學，曰東南大學。然二大學之所以努力者亦不同。蓋北京大學以不肯輕信古人之態度，整理國學。而東大則以不許輕疑古人之態度，研治國學。是北大爲懷疑的國學運動；而東大則反之而爲宗信的國學運動；宗風各倡，然而重考據，尚證佐則一。世所謂新漢學者是也。有以柏格森、倭伊鏗諸哲學説之東漸而正在藴釀發酵中者，曰新宋學。張君勱之倫所倡者也。自今以往，吾約翰大學亦將參加此國學運動矣！所不可不先決者：將爲章太炎之理智的乎？抑如梁任公之情感的乎？將出於北大之懷疑的態度乎？抑如東大之宗信的態度乎？將隨人脚跟，治新漢學乎？抑有開必先，倡新宋學乎？方針定而後進行有鵠。

雖然，國學運動云者，國民自覺運動之謂。吾則既言之矣。無國民之自覺者，不足以參與國學運動。所謂自覺者：第一不可不極深研幾國學之内容，此非於國學先切實下一番工夫不可。第二須覺悟國學之不如歐美之學者何在？其勝於歐美之學者又何在？而因以考見歐美今日需要國學之所以然。此又非綜合世界各國之國學以參伍比較不可。博粗聞國故，獨愧未嘗治歐美學問文字，不能究此大業！而諸君之於歐美學問文字，固治之有素者也；儻能濬發國民之自覺而努力事此，孔子萬歲！中國萬歲！諸君亦萬歲！

（原刊於《無錫新報·思潮月刊》，1923年10月16日）

某社存古小學教學意見書

小學何能言存古！顧邑中某社諸君辦存古小學，以教科屬定於余。姑即余意以爲説：人類者，歷史之動物也。法之哲家孔德（Comte 一七九三—一八五七）曰："人道有二屬性：曰結合性；曰永續性；而永續性尤爲顯著。今日之人道，乃古來之人道之連續也。人道，乃有歷史者也。吾人過去時代之精神生活，實傳於現今之人道之中。人道者，固不僅今人之所構成，而積多數之古人以構成之者也。"是則古者，今之所自也。無古，安有今？有今，焉有不存古者？雖然，古者，又今之積也；無今，安所事於古？存古者，存其宜於今者也。老子曰："執古之道，以御今之有。"爰本斯旨而草爲文。

（子）初等科八歲至十歲

（一）文　讀書必先識字；而識字以初文爲主。

（二）理　《論語》、《孟子》。

（三）史　《世説新語》、《唐語林》、《今世説》。

（丑）高等科十一歲至十四歲

（一）理　《禮記》節讀、《春秋左氏傳》、《經餘必讀》。《老子》、《列子》、《莊子》、《管子》、《墨子》、《孫子》、《荀子》，以上諸篇可讀《餘删》。

（二）史　王船山《讀通鑑論》、嚴復《社會通詮》。

（三）文　《黎選古文辭類纂》摘讀、《馬氏文通》講。

讀書不貴多而貴精。曾滌生《聖哲畫像記》云："書籍之浩浩，著述者之衆，若江海然；非一人之腹所能盡飲也。要在慎擇焉而已。"擇之奈何？曰：不貴考據而貴義理；不重事實而重觀感；要使教者、受教者胥知人之所以爲人；且知中國人之所以爲中國人。其教授法，可參觀安邱王筠《教童子讀書法》，此書甚佳，自識方字起以至初學作文，皆有論列，乃存古小學教師不可不讀之書也；列入江標《靈鶼閣叢書》。及近人武進沈友卿、通州張氏《經史國文補習科答問》中國圖書公司印行。暨拙著《國文研究法》。岳武穆曰："運用之妙，存乎一心。"非口説所能盡也。茲姑就鄙意略言之：

（一）讀書必先識字。而教兒童識方字，自來無善法。何者？以蒙師不識文字學者多也。須知獨體曰文，合體曰字；字者，文之所合而成也。文之不識，奚能識字？《説文解字》九千餘字；究其語根，不過五百餘文而已。夫《説文》所載獨體，皆蒼頡初文；然蒼頡作書，不僅獨體；其稍複雜者，如"二"、"三"諸文，即由"一"積畫而成；當準初文之例。合初文準初文計之，大抵五百有餘。詳見章炳麟所著《文始》。後世孳乳之字，在蒼頡當時，蓋即以此五百餘文當之。厥後孳乳雖多，究其語根，概不出初文以外也。鄙意教兒童識方字，當以初文爲主；而參以習見之合體字。如兒童識"日"、"月"两文，即授以"明"；而語之曰："'日'、'月'皆光明體；合'日'、'月'两文而爲'明'字，即光明之意也。"次又授以"木"文，而教以"日在木上爲杲"，《詩》："杲杲出日。""日在木下爲杳"；張衡賦："日杳杳而西匿。"而"日在木中爲東"，則日出之方位也。《禮》："大明生於東。"次又授以"囗"古圍字文；而語以從"木"從"囗"，曰"束"曰"困"，但"束"則囗在木之中腰間；而遍木四周囗之，則"困"矣。又如兒童識"一"之文；而教以"一大爲天"，"一貫三爲王"，"推十合一爲士"。如此頭頭是道，觸類旁通，學者自有舉一反三之樂。蓋尋常教兒童識方字，僅令死記，每苦索然無味。若授受之次序，配當適度。而能以淺近之言，説明其形、聲、義構成之則，使兒童心知其意，斯記憶自易矣！此文字配當之次序也。至教師於教授時，尤有不可不注意者數事：（1）教授象形文字，繪與字形相近之圖，對照以明之。如山、口等是也。指事文之有形可象者亦然。（2）復習時，集同從一字得聲，如仲、衷、忠同從中得聲，證、整、政同從正得聲之類。同從一字得形如江、湖、河、海同以水字得形，桃、梅、杏、李同從木字得形之類。之字，列示之；俾確知形聲之組織。(3) 復習時，集同從一字之會意字；如杲、東、杳同從日從木，困、束同從木從口，轟、棘同從朿之類。使知組織的意味。(4) 復習時，集數字之同從一義者示之，使知此字與彼字有可互訓之處。其聲同訓通之字，復習時尤宜彙集一處，使知聲義之相通。(5) 復習時，集假借字注釋之；先注其本義，次釋其假借之義。如彊字：(子) 弓力足者爲彊；(丑) 國力盛者爲彊；(寅) 凡物力足者皆稱爲彊。(6) 類似字之易誤者辨明之；如偏遍、折拆、埸場等。

(二) 吾人修己接物之方，《論語》一書備言之。而明心見性，所以自淑淑世者，則《孟子》言之尤精。二書者，我中國數千年之蒙塾課本也。此次歐洲大戰方殷之時，德人召里烏司氏嘗舉此事以詔其國人曰："中國三歲兒童，學中國大思想家之思想，洞徹其精神。而德人在學校中，於己國高等之文化，絶不得聞。德國之大思想家，雖有甚深微妙之論；而如群鶴高翔於九天；地上之人，曾不得聞其羽搏之微音。"見日本《東亞之光》雜誌。蓋有味乎其言之也！

若論文章之妙，全在簡而能盡。然文之簡者，往往不能盡意；而能盡意者，又苦辭繁不殺。《孟子》即能盡而不能簡。維《論語》簡而盡，千古無對也！何以千頭萬緒之事理，祇《論語》三两言即能了當？何以不必詳說，而意無不盡？能於此留心，則可悟文章之貴以簡馭繁。《書》曰："辭尚體要。"此之謂也。然讀《論語》，觀其筆之何以斂；而讀《孟子》，則觀其筆之何以縱。蘇老泉以爲"《孟子》之文，辭約而意盡"。此言未當！"語約意盡"四字，可以評《論語》，而不可以評《孟子》也。《孟子》之妙，尤在引譬取喻。尋常瑣屑事，一經孟子眼前指點，其中皆有理趣。故不讀《孟子》，不知瓦礫糠粃之中，無非至道；不讀《孟子》，不知文章之面目，變化百出，莫可端倪也。太史公稱："鄒衍作《終始》、《大聖》之篇十餘萬言，其語宏大不經，必先驗小物，推而大之，至於無限。"博謂孟子之論王伯，亦先驗小物，推而大之。讀者能於此玩索有得焉，則思路不患不日恢拓矣！

(三) 爲兒童講書，最忌囫圇，忌籠統；宜咬得清，嚼得碎；逐字逐句，分析解釋，使知其意義；然後併合全體授之，使知其全文之内容與形式之關係。

(四) 兒童讀書，能背尚靠不住，以其隨口唱誦，往往於字形未曾體認，文義不必理會也。生字既識以後，須使之照書抄寫一遍，而後爲之講解。及其能背誦以後，尤必責使默寫無訛而後已。諺云："口過心過，不如手過。"斯言良信。

（五）初等科書法，講不到臨帖，最好與讀法聯絡。每日課書中之生字，由教師書範字，復習音義；爲之講明結構，使之模寫；即寫即讀，自無認字不真及寫别字之弊。

（六）初等科年稚，使之作文頗難。然不可不漸使作文以養成其習慣。鄙意有二法焉：(1) 筆述。《論語》爲孔子之徒①記夫子之言，即聖門之筆述也。教師日常訓話，即可使兒童仿《論語》記言之體，以簡明之文言記之。(2) 講《世説新語》之故事。其是非得失，教師不必即下斷語；可使之以己意作論以覘其判斷力。

（七）謝程山先生曰："學明理於經，習事於史。"博以爲先聖修齊治平之至理明言，盡於《禮記》一書；而古今禦天下之變，莫備於《春秋左氏傳》。明其理，達其變，而人情世態之幻，可得而言也。但《禮記》四十九篇，其中不可不讀者，祇《曲禮》、《檀弓》、《王制》、三篇可節讀。《禮運》、全讀。《内則》、節讀。《學記》、《樂記》、《孔子閒居》、《中庸》、《問喪》、《三年問》、《大學》、七篇全讀。《昏義》、《鄉飲酒義》、《射義》三篇節讀。十五篇而已。

（八）讀史之大病，在記憶事實，而不深究其所以。寧都魏禧稱："程伊川先生每讀史到一半，便掩卷思其成敗，然後再看；有不合處，又更思之；其間有幸而成，不幸而敗者，不得徇其已然之迹與衆人之論。"王船山《讀通鑑論》，即是如此做出。

（九）王船山《讀通鑑論》，每一篇未授之先，可先使檢《通鑑本事》，各抒所見，然後授以王氏之論。看其是異是同？如異，則使之申論己見，闢去王論而劄記之。如此誦習一番，必能有所悟入也。

（十）王船山《讀通鑑論》，或可看而不讀；而嚴復《社會通詮》，則不可不熟讀。何者？以嚴氏之書，乃籀繹歷史之程序及其公例者也。或者疑此非中國古書，不適存古之用。而博則以爲存古者，決非抱殘守缺者之所能存。必也放眼八表，時衡千古，如陳同甫所云上下五千年，縱横九萬里，而後知古之何以不可不存，古之不可不存者又何在。須知古亦有不可存者也。否則

① "之徒"二字據文意補。

適成其高頭講章，村夫子之見而已矣！庸古之足存乎！博弱冠以前，反覆讀《資治通鑑》七遍而無所悟；至二十歲，讀《社會通詮》；然後向之二十四史不知從何説起；至是乃如珠得串，如土委地，心凝形釋而得其會通；至今思之，醰醰有餘味也！

（十一）《馬氏文通》一書，取四書、三傳兼及諸子、《語》、《策》，爲之字櫛句比，繁稱博引，比例而同之，觸類而長之；窮古今之簡編，字裏行間，渙然冰釋；皆有以得其會通，亦猶嚴氏書之於歷史也。學者於經傳章句粗明以後；讀此書以籀其大例，亦如珠之得串矣。

（十二）古者八歲入小學，而教之以灑掃、應對、進退之節，禮、樂、射、御、書、數之文。固不僅以讀書作文爲事。宋胡安定先生分經義治事、明體用之學以教諸生。鄙意存古小學，可仿此意。於諸生經經緯史之外，使之略習世務：（1）灑掃；（2）儀節；可仿修身作法，掛圖行之。（3）九九數口訣；以上三項，可於初等科課餘行。（4）算術珠算、筆算；（5）尺牘；（6）尋常簿記。以上三科，可配高等科正課。

自新文化盛唱以來，而保存國粹之呼聲，亦隨之日高，國學專修館、存古學校，一時風起雲湧。博以爲此中國教育之病理的現象也。夫古之存，必不能外於今。今有不適，即古亦奚以存爲？而歐化之輸入，亦無妨于國之有粹。嗚呼！國之有粹無粹，壹視今人之奮發自力如何？匪可藉古人以撐門面！苟今人不自振奮；而徒誦習孔子、孟子之言曰："我保存國粹者也！"是則老子所謂："子所言者，其人與骨皆已朽矣！"何國粹之有焉！

【跋】余非某社社員也。顧余戚友，多入某社者。以余粗治古學，屬爲草定存古小學學程及教學法。然而某社之所欲存者，乃子不語"怪力亂神"之神怪；而非真如孔子之好古敏以求之。故吾説卒不能用也。故録之以質大雅宏達。

（原刊於《國學必讀》，中華書局，1924年4月初版）

國學的分科問題

（江蘇省立第三師範第一次國學演講稿）

兩三年前，給西洋回來一般學士、博士們，批駁得一文不值的“國學”，現在又震天價響起來了！照理：西洋來一個學士、博士，不知道中國學問，本來不算稀奇。偏偏是個中國人戴了個西洋學士、博士頭銜回來，那就無從説起！我説：這等先生們，西洋學士、博士的頭銜儘管有；然而做中國人的資格還是没有！倘使做個中國人，那有可以本國的學問一些不知道的理？説雖這樣説。中國有五千年的歷史，五千年的先聖昔賢，費了不少精神氣力，方才結晶成“國學”两字。我們自小伏案，二三十年，不出國門一步；到了現在，還有許多書没有讀，許多道理没有懂；譚何容易講到“國學”两字！不過我們既然做了個中國人，當然要知道些中國學問；這不過算做一種國民常識，也可規定在義務教育裏面。然而既然講到國學，第一步當然就要知道什麼是國學——國學有那幾門，所以我今天就提“國學的分科問題”，和諸同學作一番討論。

講到國學的分科問題，我先得聲明一句：中國的政治史，是由分講到合的。而中國學術史，則是由合而講到分的。諸位同學，翻起《綱鑑易知録》

頭一本，就可以知道：大禹塗山之會，執玉帛者萬國；到了周武王會孟津，衹剩得八百國了。從此以後，漸漸兒少；到春秋，一百六十三國，併成了戰國七雄。秦始皇起來，就一統天下。從此以後，這個一統的天下，雖有時候分裂；然而到底還是個變例。大概講來，總算是由分而合。講到學術史就不然了。莊子《天下篇》説："古之人其備乎！……明於本教，係於末度，六通四辟，小大精粗，其運無乎不在。其明而在數度者，舊法世傳之史尚多有之。其在於《詩》、《書》、《禮》、《樂》者，鄒魯之士搢紳先生多能明之；《詩》以道志；《書》以道事；《禮》以道行；《樂》以道和；《易》以道陰陽；《春秋》以道名分。其數散於天下而設於中國者，百家之學時或稱而道之。……道德不一，天下多得一察焉以自好，譬如耳目鼻口，皆有所明，不能相通。"這就是説："古之人其備乎"的學術，到了後來，就分了兩派：一派"明於本教"；一派"係於末度"。一明其義，一陳其數。《禮記·郊特牲》説："失其義，陳其數，祝史之史事也。"荀子《非相篇》稱"守法數之有司"；又《榮辱篇》説："循法則度量刑辟圖籍，不知其義，謹守其數……是官人百吏。……"這就是《莊子》所稱"明而在數度者舊法世傳之史尚"（尚當讀掌）的一派了。這一派是"係於末度"。到了後來，這"係於末度"一派，又别出了"百家之學"。《漢書·藝文志》説："某家者流，蓋出古者某官之掌"，這就是"百家之學"，由"舊法世傳之史尚"别出的一個説明。"其在於《詩》、《書》、《禮》、《樂》者，鄒魯之士搢紳先生多能明之。"這個"多能明之"的"明"字，就是説："能夠究明其所以，知道：'《詩》以道志，《書》以道事，《禮》以道行，《樂》以道和，《易》以道陰陽，《春秋》以道名分'種種義。"這是"明於本教"一派。到了後來，源遠而末益分。韓非子《顯學篇》説："孔墨之後，儒分爲八，墨離爲三。"後來漢武帝儘管表章六經，罷黜百家，然而今古文之爭，儒釋之爭，朱陸之爭，漢宋之爭，到底噪個不休。即此可知：中國學術史上的趨勢，和政治史全然不同。中國政治史，是統一其常，分裂是病態。中國學術史，是分裂其常，統一是病態。所以中國政治的清明，在政治史上統一的時候。中國學術的昌明，則在學術史上分裂的時候。固爲學術這件東西，派别愈分，專攻愈精。這是講國學分裂的自然趨勢，還没有講到國學的分科。

國學分科的沿革。第一是周朝太學的分科。周朝太學，掌教的叫做樂正。

《禮記・王制》載："樂正從四術，立四教，順先王詩、書、禮、樂以造士。"這就是說：樂正支配太學的課程：詩、書、禮、樂，叫做四術，詩、書是文科，主諷誦。禮、樂是術科，尚演習。這就是當日官立學校的分科，也可稱做分術。到了春秋，官失其守，師弟相傳，便有私人學術的分科分家。第二是孔門的分科。有德行，有言語，有政事，有文學，載於《論語》。范寧說："德行謂百行之美。言語謂賓主相對之辭。政事謂治國之政。文學謂善先王典文。"如果照今日講：德行是倫理學。言語是語言學。政事是政治學。文學是考據學。這是孔老夫子一個人門下分做四科。從前樂正順先王詩、書、禮、樂以造士的四術衹是善先王典文，可當孔門文學一科，這也可見孔子之道大而能博了。所以春秋以前孔子實集國學之大成，衹因爲門弟子不能遍觀盡識的緣故，所以就有這個分科的辦法。第三是戰國的分家——或者也稱做分子。荀子《非十二子篇》所舉，凡六派十二子：一它囂、魏牟；二陳仲、史鰌；三墨翟、宋鈃；四慎到、田駢；五惠施、鄧析；六子思、孟軻。太史公談論陰陽、儒、墨、名、法、道德六家，見其子遷《史記自序》，這便是莊子所稱"百家之學"，以一大師爲一家，普通亦稱一子。到了漢朝，武帝聽了董仲舒賢良對策的話，把國家的權力來提倡學術。就有第四種的分科，是漢朝太學的分博士。《易》有施讎、孟喜、梁邱賀、京氏房；《尚書》歐陽高、大小夏侯勝、建；《詩》齊轅固生、魯申公、韓嬰；《禮》大、小戴德、勝；《春秋》嚴彭祖、顔安樂；各以其法教授，凡十四博士。這也是當日官立學校的一種分科。然而究其實在，不過於周朝樂正詩、書、禮、樂之外，多了一種《易經》，《易經》掌於太卜，也是先王典文。所以漢朝的十四博士，還不過當孔門文學一科；自然不能包羅盡當日一切國學。到了後來，因爲一切國學書籍的整理，就發明了第五、第六两種國學分科：第五是漢劉向父子的分六略。總天下的群書，輯成六略：一六藝略。易、書、詩、禮、樂、春秋，叫做六藝。此外又收論語、孝經、小學三目。二諸子略。儒、道、陰陽、法、名、墨、縱横、雜、農和小説叫做諸子十家。三詩賦略。四兵書略。中間又分權謀、形勢、陰陽、技巧四目。五術數略。中間又分天文、曆譜、五行、蓍龜、雜占、形法六目。六方技略。中間又分醫經、經方、房中、神仙四目。這可算是包羅萬象，國學上破題兒第一次詳密的分科。不過先儒也有人不滿意，説："六藝是儒家的書籍。既列儒家於九流，就不應該别著六藝略。既推崇儒家的'六藝’以冠六略，何又夷其子孫以儕於‘十家’？豈非矛盾麼？這是一。縱横家不過騁口説；小説家不過道聽塗説；雜家既然叫做雜，那有家法可言；而以之與儒、道、名、法、墨等比類齊觀，輕重不稱，這是二。農家既列十家中間，然像孫吴的兵，計然、白圭的治生，扁鵲的醫，何嘗不自成一家？何以屏之十家之外？這是三。”這話也自有理。不過誰人説，我不記得。第六是晉荀勗的分四部。先前三國時，魏國有秘書郎鄭默，著了《中經簿》一部書。到了荀勗，便著《中經新簿》。總括群書：一甲部。紀六藝、小學。二乙部。有古諸子家、近世子家、兵書兵家、術數。三丙部。有史記、舊事皇覽簿、雜事。四丁部。有詩賦、圖讃、汲冢書。這便是後世經、史、子、集四部分庫的濫觴；自然比劉向父子六略，簡賅得多。劉向父子和荀勗，都是國家經管藏書的人員；所以他們倆，都能博極群書，因整理書籍，造成國學上比較完密的两種分科方法。講到官立學校的國學分科，除掉前述周、漢两代以外，還有第七是劉宋國學的分科。考《宋書》：文帝元嘉二十年，立國學。使何尚之立元學，何承天立史學，謝元立文學，雷次宗立儒學，爲四學。所有樂正的四術，西漢的十四博士，一切都包括在儒學一門；此外别立元學、史學、文學三門，儼然像現在分科大學的辦法。似乎比周、漢两朝進步得多，賅括得多。從此而後，唐、宋、元、明，國家固然没有國學分科研究的規定。而其時學者，心氣高傲；不是專己自足；就是博學無所成名；一切學問，都想我一人包辦；所以也不知道國學分科的必要。清儒講學，門户犁然；各有塗轍，與唐、宋、元、明不同。所以講國學分科的沿革，第八就不得不説清儒國學的分科。桐城姚鼐説：“學問之塗有三：曰義理，曰詞章，曰考據。”休寧戴震也如此説。湘鄉曾國藩就把清儒義理、詞章、考據三塗，比做孔門德行、言語、文學三科；説：“周敦頤、程顥、頤、張載、朱熹，在聖門則德行之科也；皆義理也。韓愈、柳宗元、歐陽修、曾鞏，李白、杜甫、蘇軾、黄庭堅，在聖門則言語之科也；所謂詞章者也。許慎、鄭玄、杜佑、馬端臨，顧炎武、秦蕙田、姚鼐、王懷祖，在聖門則文學之科也；……皆考據也。”就是清儒分義理、詞章、考據三科，還没有出孔門四科的範圍。這也可見：孔門的四科，比較要算分得最完備的了。不過時移勢遷，現在或不適用。像一樣文學两個字，在孔門是考據的意思，在現在有欣賞的意味。現在講國學，當然要推章太炎坐第一把交椅。梁任公歐遊歸來，也常常宣傳國學。章太炎能闡其微。

梁任公雖然没有太炎那般精細，然而能見其大。倘使把章太炎比做國學上一個顯微鏡；梁任公就是望遠鏡。閒話少説。第九是章太炎國學的分科。兩年以前，章太炎在江蘇省教育會演講《國學概論》；曾把種種國學歸納成經學、哲學、文學三門。經學就是清儒所謂考據。哲學就是清儒所謂義理。文學就是清儒所謂詞章。不過清儒所謂義理，專指宋儒理學；而章太炎講的哲學一門，則於宋儒理學以外，兼包括周秦諸子、隋唐佛學，眼光自然比清儒來得遠些！不過中國數千年的史學，他老先生却硬納在經學範圍内，説："經史是決不可以分的，經是古代的歷史。"换句話講，就是經學其名，歷史其實。歷史可以包括經學；而經學不能外歷史而獨立。所以他老先生再三叮囑着説："把經看作古代的歷史。"既然如此，何不爽爽快快，取銷經學這個名目，而正名之曰史學呢？況且"六經"中間，像《尚書》、《周禮》、《儀禮》、《春秋》等書，固然可看作古代的歷史。然像《禮記》，便一半記制度，一半説義理，不能盡作古代的歷史看。至如《詩經》，更史的用少，而文學的趣味多。《易經》又史的用少而哲學的意思多。反轉來説：《二十四史》、《六典》、《會典》和《地輿志》，像章太炎所説，講制度地理之屬；固然有一部分可以詁經。然説詁經，就可以盡《二十四史》、《六典》、《會典》和《地輿志》之用。這就未免過信章學誠、龔自珍"六經皆史"一句話，誰人都不敢信咧！章太炎國學的分科，既然講過，第十是梁任公國學的分科。去年一月，梁任公在東大國學研究會，演講《治國學的兩條大路》。他説：國學可分做文獻的學問、德性的學問兩科。文獻的學問又分做文字學、社會狀態學、古典考釋學、藝術鑑評學四目。德性的學問兼包孔學、佛學。其實梁任公所講文獻的學問，就是章太炎的經學，也就是清儒的考據學。德性的學問，就是章太炎的哲學，也就是清儒的義理學。可惜國學還有眼前很美妙，很引人欣賞的一條大路，就是中國數千年的文學；他老先生，竟忘記掉；没有指導人去走！

以上是講國學分科的沿革；除掉樂正四術，漢朝十四博士，嫌不遍不賅；戰國的分家和劉向父子分六略似太瑣碎之外。從古以來，比較要算孔門四科，荀勗四部和劉宋四學最賅括。此外像清儒講的三塗，章太炎的分三門和梁任公治國學的兩條大路，都是依著國學的性質分科；自然和現代情形愈相近，愈適用。可惜還有欠斟酌[①]及遺漏的地方！所以我現在想酌古斟今，將國學分做四科：（一）文獻科：舊隸經部之《尚書》、《周禮》、《儀禮》、《春秋》、小學和《通鑑》、《二十四史》、《九通》、《六典》、《會典》及《二十一省通志》并《郡縣志》等，都歸入此科研究。（二）性理科：舊隸經部之《易》、《禮記》、《四書》，和周秦諸子、隋唐佛學、宋元明理學等，都歸入此科研究。（三）文學科：舊隸"經部"之《詩》，"子部"之小説和"集部"之《楚辭》，總集及各家别集，不論散文韻文；并詞、曲等，都歸到此科研究。（四）藝術科：舊隸"經部"之《樂書》，和書畫、琴譜、篆刻等，都歸到此科研究。以上四科，就是於清儒考據文獻科、義理性理科、詞章文學科之外，加了藝術一科。於章太炎經學、哲學、文學三門中間，删掉"經學"一門，將"經學"散隸入四科；而文獻、藝術两科，則章氏所無。於梁任公所稱文獻、德性之外，則加了文學、藝術两科。打破經、史、子、集舊窠臼，依着國學的性質分科，使國學的内容，容易明白。

説明了國學的分科，究竟有什麼用處？我爲什麼緣故，要費了大半天工夫，來講這個問題？不僅要使諸位同學知道"什麼是國學"，我却另有一個意思。

我想到四五年前，中等程度學校裏學生，人人要學某博士，打孔家店。我在此間三師，教我的國文、讀經两科；還是孜孜兀兀，並没半分喪氣。因爲我自己職業的神聖，學問的神聖，那能因人輕重？現在好了！國内幾個名流，唱着國學高調。諸位同學，都很誠懇的來問我治國學的方法。然而過猶不及，我却並不以爲喜。爲什麼緣故呢？因爲現在許多中等程度學校裏學生，都抱着國學的狂熱，往往抛荒種種學科；什麼章太炎的小學咧，胡適之的新漢學咧，梁任公的歷史學咧，倒儘管談得津津有味，不要説："没有三人的素養，徒騁[②]口舌，斷斷没有成功。"就是人人成功了國學專家，也儘不夠抵償抛荒别科的損失。諸位同學，須要知道：中等學校教學，當然以各種學科平均發達爲原則。所以我主張中等學校的國學教學，斷然不能離開固有學科。不要説：國學之文學科的教學，當然屬國文科。就是國學之文獻科的教學，我以爲也當屬史地科之中國部。性理科的教學，當屬公民科之倫理一部分。

① 酌，原作"約"，今改正。

② 騁，原作"聘"，今改正。

藝術科的教學，當分屬音樂、圖畫、手工各科。不過現在人一談到國學，就像是國文教員的專責；這是大錯！不要説："這樣國學萬能的國文教員，中國現在没有。我們普通當國文教員的人，没有多大精神能力去擔負。"就使有，也各有各的職責，不應因爲我担任國學一部分文學科的教學，便去包辦涉及他科的國學教學。我現在説明國學的分科，各科教員，就可以通力合作，分工而治。國學之文獻科教學，當由史地教員分任一部分去。性理科教學，當由公民教員分任一部分去。藝術科教學，當由音樂、圖畫、手工各科教員各任一部分去。衹剩文學科教學，當然國文教員，責無旁貸。專任則效績易課。分工則心力易專。我總結一句話：就是我主張中等學校的國學教學，當歸納在學校固有學科中間。離掉固有學科，别無所謂國學。因爲在教師方面，如果於包含在固有學科中間的一些國學，還不能通力合作，切實去教；更何庸枉費心力，高譚國學！在學生方面，如果於學校固有學科，還不能仔細懂得；更何暇分心力去高譚國學！這種好高騖遠，虛驕之氣；我正認爲是現在教育的一種病態，當加以矯正才好。不過我這句話，也許是國學狂濳滋暗長的現在，一種罪言罷！

不過我還有一句話：就是中等以上學校講國學，也不應這樣籠統而不想到分科。現在人混稱"國學"，一心想包辦；没有想到國學裏面也包含西洋人所謂哲學；也包含西洋人所謂文學；也包含西洋人所謂政治學與社會學等等。那有一個人可以包辦的理！現在我們研究西洋學術，分門别類，惟恐不細。而研究國學，則不論文學、哲學、政治學、社會學，一切都想包辦。也多見其不知量了！我以爲在這個龐雜零亂而急待整理的國學界中，最要緊的是實行一個分工主義。教是如此，學也應該如此。研究文學的，專門精研國學的文學一部分。研究哲學的，專門精研國學的性理的一部分。以及研究政治學、社會學的，專門精研國學的文獻一部分。我們要狹而深的研究，養成專科的精神，不要再像從前的人博學無所成名，做那"一物不知儒者之恥"的迷夢。須知道古人本來不如此！從前的儒、墨、陰陽、名、法、道德，也不過各名一家。漢代十四博士，也講究專經。都是我們現在做國學的好榜樣呀！

（原刊於《約翰聲》第35卷第3期，1924年6月1日）

國學歷代變異的問題

（江蘇省立第三師範學校第二次國學演講稿）

我上一回講國學分科研究的問題，這一回是講國學歷代變異的問題。就是上一回是研究國學的科別，今回是討論國學的代殊；上一回是國學平面的解剖，這一回是國學縱斷的視察。

現在人一提到"國學"两字，就不知不覺地得到一種暗示，説"這纔算是我們中國幾千年藏在家裏的一件老古董"。輕薄少年，不消説是要笑他"腐臭不堪"！就是愛護國學的人，也衹覺得"這件古董，好比夏鼎商彝，古色古香，煞是可愛"！不知我們"國學"這件古董，並不是像普通夏鼎商彝一般的古董，一成不變，終古如此，是與時俱新。我比他是件活寶貝，時時刻刻，會變新花樣。所以一個時代，有一個時代特殊産生的國學。現在蘊釀作勢，又像要變花樣。不過，究竟怎樣變？要變成一個什麽東西？還在不可知之數。難道是像夏鼎商彝的古色古香，幾千年老是這樣的嗎！説雖這樣説。然而國學的變，也要經過相當時期才能成熟，不是説變就變。所以黄帝以來，儘管唐、虞、夏、商、周……一直到清朝，朝代换了近三十個，也不是代代能够産生一種特殊的國學。據我現在想把國學分做西周之學、東周之學、漢學、魏晉之學①、唐學、宋學、清學七種。

講到國學的起源：伏羲雖然畫八卦，然而不過當他做一種符號用，並沒有多大的意義。黄帝之書，著録於《漢書·藝文志》者二十餘種，可稱得“斐然有述作之志”了！然而班孟堅又一一説明是“依托”。現在流傳的《素問》、《内經》等書，就是其中的一種。這是靠不住的。到了大禹，治水成功，始流傳了兩部大著作：一部是《禹貢》。紀山川，明土壤，辨貢賦，總算是四千年前世界最古的一部人文地理學。一部是《洪範》。雖然箕子所述，然稱“傳自神禹”，自然是神禹有著作權的；這部書説明天人相與的道理，這可算是世界最古的一部人生哲學。這兩部書，比諸歐儒所稱世界最古的書，像摩西的《舊約全書》，還要早五六百年。這可算是西周以前的兩部國學大著！當得特筆的！

西周之學，就是文王、周公之學。文王演伏羲的八卦，成了六十四卦，從此成了一部《周易》。而武王克商，問箕子殷所以亡，就傳了《洪範》之學。周公思兼三王，制禮作樂。大約黄帝以來，唐、虞、夏、商，一脈相傳的國學，到此算結了一筆總賬。因爲周公之子伯禽封於魯，所以魯就傳了西周之學。春秋時，晉韓宣子聘魯，見《易象》和《魯春秋》，便説：“周禮盡在魯矣！”這可算是魯傳西周之學的一個鐵證。後來孔子删《詩》、《書》，訂《禮》、《樂》，贊《易》，修《春秋》，從新又把西周之學，整理一番。後人稱做“六經”，古人也叫做“六藝”。我們現在要治西周之學，當然要治六藝《易》、《書》、《詩》、《禮》、《樂》、《春秋》。不過太史公談有句話：“六藝經傳以千萬數，累世不能通其學，當年不能究其禮。故曰‘博而寡要’。”這種“博而寡要”的六藝，要去治，實在令人頭痛！那麽我們用什麽方法，能够從這個博的中間，得到西周之學的一個要呢？據我看：西周之學，只是根據現實人生的社會，説明兩個觀念：一個是“禮”，一個是“易”。他見到社會是有條不紊，所以説“禮者天地之序也”。他一方又覺到社會的現象是變動不居，就説“天下之動”，“剛柔相推而生變化”。

我講到此地，我因想到我從前研究社會學，知道十九世紀法國有一位哲

① 西周之學、東周之學、魏晉之學，原文此處誤作“西周文學、東周文學、魏晉文學”，據下文改正。

學者，叫做 Camte，中國人譯做孔德，是社會學的創始者。這位孔德先生以爲："社會之有組織，是由物理上的平衡公例而成爲一定的秩序。這種秩序，便是社會的静態。研究這種静態的，便是社會静學。但是這種社會秩序，依着他自然的趨勢，常常會得變遷。這種變遷，就是社會的動態。研究這種動態的，就是社會動學。"照西周之學來講：説"禮者天地之序"，便是孔德所説"社會的静態"；説"天下之動"，"剛柔相推而生變化"，便是"社會的動態"。那麽，西周之學，研究社會静態的社會静學，便是三部禮書——《周禮》、《儀禮》、《禮記》；社會動學，就是"見天下之動"的一部《周易》。此外，除《樂經》放失不可考，再有《尚書》、《詩經》、《春秋》，這三部書只算是"天下之動"的一個記録。話雖然這樣説，不過孔德講社會的動態，是一種進化的觀念，西周之學的《易》，却是認定"無泰不否，剥復循環"講，就是認定《周易》的一個"周"字——周而復始講去。這是"西周之學"的一個大要。

東周之學，只是西周之學的分裂。《莊子·天下篇》，就是説明這種分裂的趨勢。諸子之學從此而起，其中最重要的，就是儒、墨、陰陽、名、法、道德六家。而太史公《論六家要旨》説："道家……因陰陽之大順，采儒、墨之善，撮名、法之要。"照這句看，我們可以知道"道家實集諸子之大成而爲一切東周之學所從出"。道家創於老子。老子與孔子同時。據《史記》《孔子世家》、《老子韓非列傳》，都載"孔子問禮老子"。現在人高唱老學，一面捧老子，一面又放不下孔子，就因此説"孔子之學出於老子"。我從前也説過。現在想來：孔子問禮老子，也不過一種"集思廣益"的意思。論到學，孔子究竟與老子不同。孔子是西周之學的一個整理者，老子是西周之學的一個破壞者。老子説："守静篤"，"静爲躁君"，已是對於"見天下之動"的《周易》下了一個總攻擊。又説："禮者忠信之薄而亂之首"，簡直説"禮者天地之序"是要不得。後來，老子爲道家始祖，孔子爲儒家的始祖。儒家和道家不同：就是一個努力做西周之學的整理工夫，一個努力做西周之學的破壞工夫。努力破壞的結果，就造成西周之學的分裂而爲東周之學。我們要了解東周之學，當得要下一番研究諸子的工夫。必不得已而思其次：就是把《太史公自序》中間引其父談《論六家要旨》，和《漢書·藝文志》兩篇文字讀讀，也可明其流别，曉得個大概。

到了秦始皇一統天下，聽了丞相李斯的話："天下有藏《詩》、《書》、百家語者，皆詣守尉雜燒之。有敢偶語《詩》、《書》，棄市。"從此，西周之學和東周之學同付一炬！所以，漢學不過從灰燼中間將西周之學掇拾起來，下一番補訂工夫。西漢之世，"言《詩》，於魯則申培公，於齊則轅固生，於燕則韓太傅。言《尚書》自濟南伏生。言《禮》自魯高堂生。言《易》自菑川田生。言《春秋》，於齊魯自胡毋生，於趙自董仲舒。"據《史記·儒林傳》。這是今文之學。什麽叫做今文呢？祇因爲古人傳經，口耳相明，並没有文字。到了漢儒，就把他用當日通行的文字記録下來，所以唤做"今文"。西漢經師誦習的經書，就是這種本子。到了西漢之末，又出了費直的《易》，孔安國的《書》，毛公的《詩》和河間獻王獻的《周官》、《左氏春秋》，説都是從山崖屋壁發見古人的原本，和通行的今文本子不同。所以，又别稱古文之學。從此，西周之學經了漢儒一番掇拾補訂之後，就分了今文、古文两派。西漢儒者本信今文，到了東漢，古文占了最後的勝利！這是漢學的一個大概情形。不過漢承東周之後，倘使繼續把東周之學一綫相傳的研究下來，時代銜接，豈不順當？爲什麽緣故拾了東周之學，倒轉上去掇拾補訂西周之學，做這種捨近圖遠的勾當呢？這其中也有一段歷史：我們看到漢初將相，張良師黄石公，欲從赤松子遊。曹參聽了蓋公的話，用黄老術治齊。可見，當日闊人和東周之學有關係的不少！如果講到西周之學，劉歆《移讓太常博士書》明明説："漢興，……時獨有一叔孫通。……至孝文皇帝，……在漢朝之儒，惟賈生而已。"可見，西周之學在漢初衰極了！然而一般儒者——熱心西周之學的人，並不因此灰心短氣，還是保殘守缺，孜孜矻矻，這也難得！據《史記·儒林傳》説："漢興，……諸儒始得修其經藝。……然……孝惠、吕后時，公卿皆武力有功之臣。孝文時頗徵用。然孝文帝本好刑名之言。及至孝景，不任儒者。而竇太后又好黄老之術。……及今上指武帝即位；趙綰、王臧之屬明儒學；而上亦鄉之。……及竇太后崩；武安侯田蚡爲丞相，絀黄老刑名百家之言，延文學儒者數百人。而……天下之學士靡然鄉風。"從此東周之學轉衰！照此看來：我們可以知道所謂漢學，最初是西周之學和東周之學争，結果西周之學占了勝利。後來是古文之學和今文之學争，結果古文之學占了勝利。總結一句話，可稱做國學的還原。然古文之學，從此就占了我們國學的重鎮！

漢學碎義逃難。劉歆説得好："綴學之士。……苟因陋就寡，分文析字，煩言碎辭；學者罷老，且不能究其一藝！”這固然是指西漢今文家說。然而西漢今文家，還知道講究些微言大義。到了東漢，一般古文家，衹講講訓詁章句，没有湛深的思想；支離破碎，簡直可厭得很！所以到了魏晉時候，老莊之學又漸漸兒興盛起來了！何晏、王弼，就是開風氣的两個人。《晉書·王衍傳》稱：“晏、弼祖述老莊，謂天地萬物，皆以無爲本。”老莊之學是魏晉之學的一個重心，也就是東周之學的一個重心。换句話説：魏晉之學，就是西周之學的衰歇而東周之學的重興。在魏晉時候，西周之學衹有一部《易經》，當日的學者常常把他和老子並稱。讃人家的學問，説“研精《老》《易》”，便了不得！王弼、韓康伯做《易經》的注解，中間用老子的話就不少。其實老子知常，《易經》觀變；老子明天之道，《易經》察民之故；老子守“歸根之静”，《易經》見“天下之動”。老子以“玄”言道，是絶對的。《易經》以“陰”、“陽”言道，是相對的。根本既差，就有一二處相同，也是枝葉末節；怎樣可把老、《易》併作一談呢？所以魏晉人治《易》，只是老學的旁通。他們的《易》學，也自成其爲魏晉之《易》學，並不能把他當作西周之《易》——文王、周公、孔子之《易》一例看。那時，佛法從西方輸入，非相非法，談空遣有；正和魏晉學者祖述老莊，忘形自得，超乎象外的脾胃適合。所以梁釋僧祐輯《弘明集》，其中所載的文，就多取佛法和老莊相引證。這是國學第一次的門户開放，結果就成了國學的印度化。

唐學雖没有多大的發明，然而繼往開來，也儘有可以特筆的地方。據《唐書》稱：唐太宗因爲儒學多門，章句繁雜；詔國子祭酒孔穎達與諸儒撰定五經義疏，凡一百七十卷，名曰《五經正義》。這就是現在稱做《十三經注疏》的底本。那時，一方面既注意整理西周之國學，一方面又儘量輸入印度之佛學。貞觀三年，玄奘三藏求法西行，隻身遍歷五印度，盡禮戒智諸論師；受法而歸，在長安開了個譯壇。佛學之大乘一派，從此就在中國興盛起來了！

宋學也叫做“理學”。因爲宋儒不歡喜和漢儒一樣，做瑣碎的考證工夫；專從“形而上”方面，探求宇宙和人生的原理，所以叫做“理學”。這個“理學”，實在是“印度之佛學”，和我們“西周之學”妙合而凝，孕育的一個胎兒。中間又分朱、陸两派：朱熹上承程頤，還要“道問學”，尚帶些漢學的色彩。陸九淵下開王守仁，便衹“尊德性”，佛學的色彩愈來得濃了！不過宋儒只承認“理學”是文武周孔一脈傳下來的西周之學，不承認有佛學的成分攙在中間。這也可見我們中國學者一種故步自封，陽儒陰釋的習氣！其實這一回國學的印度化，好像替國學闢了一個新領域；宋儒的功績着實不少。何必諱所從出呢？

南宋以後，朱學極盛。到明朝，出了一個王守仁；陸王之學，漸漸兒壓倒程朱了！所謂朱陸之分，從此成了學界一個大問題。這實在是宋學的一個餘波。不必細談。我們講到清學，實在是數千年來國學的一種倒流運動，也可稱做“國學第二次的還原”漢學是國學第一次的還原，見前。因爲從明朝一班遺老，像孫奇逢、李二曲、黄宗羲講陸王之學，一轉而爲康熙間陸隴其、李光地、張伯行一班人出來講程朱之學，又一轉而爲乾嘉間惠棟、戴震一班人出來講東漢古文之學；到嘉道間，莊方耕、劉申受、龔自珍、魏源一班人出來，索性主張西漢今文家言；連東漢之學，都不屑講。從此，久被東漢古文之學湮滅的西漢今文之學從新死灰復燃，站起來，和東漢古文之學，作一種對抗。一直到現在，國學界兩個重鎮：像章太炎先生就是古文家的都頭，梁任公先生便是今文學的後勁。所以漢學——尤其是東漢之學，實在是占清學的一個中堅。不過清儒講漢學究竟和漢儒不同。

漢儒講學，最謹師法家法；先師傳授下來的學問，弟子一個字不敢易。而清儒却不主張墨守。不惟弟子對於先生，時時加以糾正；就是漢唐的舊注舊疏，也要駁難；甚至經文，也有勇氣去改。這種精神，實在是宋儒一種“求是”的精神。不過宋儒雖然要想“求是”，然而没有考據的工夫，不免武斷！到了清儒，就實事求是，把宋儒求是的精神，運用漢儒考據的方法。他們治學的成績就遠勝宋儒。所以人説“清儒治漢學”，這句話太籠統，祇好説“清儒是用漢儒的考據工夫來治學”。若論他們“求是”的精神，幾幾乎像宋朝的學者，不信傳疏，馴至疑經，疑經不已，遂至改經删經一樣，雖然不學宋儒的武斷，然而比之漢儒牢守著師法家法，終是不同。這一點，或許也是現在一班講清學者没有注意到。然而我這番話，也不是説清儒個個如此，祇限於戴震一派。惠棟講古文學，就不免墨守。嘉道以後一班人講今文學，又嫌穿鑿附會。這是清學的大概。

我現在要結束了。現在人講國學的時間性，總説漢學、宋學。這句話實在不對。時代的國學，我雖然講了七種。然而如果真正就國學的時間性而論：祇有西周之學、東周之學和宋學三種。漢學不過抱殘守缺，把西周之學，掇拾整理一番罷了，並没有多大的時間性；倒不如宋學能把西周之學，和印度之學接合起來，成功一代特殊的國學。這也是我一種比較不同的見解。現在歐化東漸，又有個西方美人，要來和我這個東方古國舉行一種學術結婚了。或者“枯楊生稊，老夫得其女妻”，竟會誕育一位寧馨兒，像從前宋學一樣？或者也許因“老夫耄矣”，血氣已衰，終至流胎？這且看罷！

（原刊於《南通報·文藝附刊》，1925年2月17日—3月1日）

中國古代學者治學的方法

（江蘇省立第三師範學校第三次國學演講稿）

我們無論做什麽一件事，在没有做以前，第一步就是想用什麽方法去做纔好。現在我們談到研究國學，自然也就想到用什麽方法去研究纔好。有人主張用西洋的科學方法來研究國學，自然給我們許多便利。不過西洋的科學方法太重客觀，適於惟物的研究；而我們國學有時須用著惟心的悟證，萬非客觀的科學方法所能研究得盡。所以我現在講中國古代學者治學的方法，也許可以給我們一個參考。

中國古代學者很多；然而治學的方法，還不過那幾種。我現在想把老子、孔子、漢儒、宋儒做代表。其餘的也就可略而勿論了。孔子問禮老子，老子當然要算古代學者中一個最老的老輩；我就從老子講起。老子《道德經》五千言，不過要説明這個"常有常無"的道，並没有明提方法論。不過老子要叫讀者體認這個"道"，自然就得想一個體認的方法。據我就他的書看，老子的治學方法有二種：第一種是"超象而觀玄"。這句話怎樣講呢？他第十四章説：

視之不見，名曰夷；聽之不聞，名曰希；搏之不得，名曰微；此三

> 者不可致詰，故混而爲一。其上不皦，其下不昧，繩繩不可名，復歸於無物；是謂無狀之狀，無物之象。是謂恍惚。

這一段話，就是説“這個‘無狀之狀，無物之象’、‘恍惚’的道，是其上不皦，其下不昧，視不見，聽不聞，搏不得，不可以惟物的客觀方法去體認他”。那麽，怎樣纔能去體認他呢？他在第一章裏説：

> 常無欲以觀其妙，常有欲以觀其徼。此兩者同出而異名。同，謂之玄。玄之又玄，衆妙之門。

這個“玄”就是“恍惚”。若有見謂之“恍”。卒無見謂之“惚”。因爲這個道不皦不昧，無狀無物，所以是“惚”。然而吾們儻使竟當他“惚”看罷？他却無狀中間隱約有個狀，無物中間隱約有個象；所以是“恍”。惟恍惟惚，不可名言，就叫做“玄”。他在第二十一章裏，又説：

> 道之爲物，惟恍惟惚。惚兮？恍兮其中有象。恍兮？惚兮其中有物。窈兮？冥兮其中有精。其精甚真，其中有信。

這一段話，就是説“道”竟作“惚”看罷？他却“恍兮其中有象”，所以我們就得“有欲以觀其徼”。徼者究竟之意，觀到有的究竟，就知這個“恍若有見”的象，還是幻象，不可信。我們真正要體認“道”，還得從“惚兮”中間去體認；你不要認爲這個“惚兮”的物，是窈茫無憑。須知冥冥之中，自有“精”在。能够體認這個“精”，方才“其精甚真，其中有信”，方才算得“微妙玄通”，這就是“無以觀其妙”。要而言之：我們要體認“惟恍惟惚”的道，非得“超乎象外”那①能“微妙玄通”。這是治玄學的惟一方法。後來宋儒講心性之學，還是用老子這個“超象而觀玄”的方法。第二種是“執古以御今”。老子是柱下史，又享高年，所以他的得道，完全從研究古史中出來。他説：

> 執古之道以御今之有。能知古始，是謂道紀。

這幾句話是老子發揮歷史學的大用。然則什麽叫做“古”呢？古就是一時一日一月一歲的今慢慢兒積起來。没有今，那有什麽古可稽？所以我們儘管“信而好古”，總不可忽略這個“今”。所以説“執古之道以御今之有”。“今”是“古”的連續。我們今日受的種種果報，安知不是古人造的因。“能知古

---

① 疑“那”爲“乃”之誤。

始”，就是解決現代人生問題的一個探本窮源的辦法。所以説“能知古始，是謂道紀”。

以上是講老子的治學方法。孔子問禮老子，自然受老子影響不少。孔子的治學方法，就《論語》歸納起來，也得兩種：第一種是“温故而知新”。他説：

温故而知新，可以爲師矣。

温故怎樣能知新呢?《論語》載：

子張問十世可知也? 子曰：“殷因於夏禮，所損益可知也。周因於殷禮，所損益可知也。其或繼周者雖百世可知也。”

這是孔門“温故而知新”的一個好例，劉逢禄《論語述何篇》説：“故，古也。六經皆述古昔稱先王者也。知新謂通其大義以斟酌後世之制作。漢初經師皆是也。”照此看來，孔子“温故而知新”，在老子嘴裏，就是“執古以御今”。西漢今文家歡喜通經致用，要想把《禹貢》治河，《洪範》察變，《春秋》決獄，《三百五篇》當諫官，就是實行“執古之道以御今之有”。不過執古不化，不像孔子殷因周因，隨時損益，就有許多行不過。王充《論衡》裏道得好，“知古不知今，謂之陸沈。知今不知古，謂之盲瞽。温故知新，可以爲師。古今不知，稱師如何?”西漢今文諸師要想通經致用，只算“知古不知今，謂之陸沈”罷了！孔穎達《禮記叙》：“博物通人，知今温古，考前代之憲章，參當時之得失。”這是《温故而知新》的一種正解。第二種是“多學而貫一”。這種工夫，差不多就是西洋哲家所常用的一種歸納方法。孔子説：

博學於文，約之以禮。

他的高弟顔回，贊自己的先生，也説：

夫子循循然善誘人，博我以文，約我以禮。

什么叫做禮呢? 孟子道得好：“禮之實，節文斯二者。”照他上文説，就是因人心之仁義而爲之品秩，使各得其叙，叫做“禮”。所謂“博學於文，約之以禮”。只是把博文所得到的學問，觀其會通，歸納出一個條理。子貢竟當孔子是一個“多學而識”的學者。他的見解，就没有顔回來得高明，知道他的先生博文而後，還要做一番約禮的工夫。所以孔子就提醒他，説道：

非也，予一以貫之。

以上是講孔子的治學方法，不過孔子的兩種治學方法，都是“形而下之謂器”

的工夫。如果真正講到“形而上之謂道”的工夫，還得用老子“超象而觀玄”的方法。所以子貢説：“夫子之文章，可得而聞。夫子之言性與天道，不可得而聞。”就是這個道理。

到了漢朝而後，學者除掉書本，没有學問。所以胡適之講清代學者治學的方法，很贊他有科學精神。其實清代稱做“樸學”的文字、訓詁、校勘、考訂四部，還不過是做讀書的工夫。不過一樣做讀書的工夫，漢儒重客觀的外證，宋儒重主觀的内證。現在一般新漢學家，要想應用西洋的科學精神來讀書；自然主張做客觀的外證工夫。有人問我意見怎樣。我説：“不錯！現在一般新漢學家，提倡客觀讀書法，我很贊成。不過我還有句話要問：‘你爲什么要讀書?’”這個人茫然不知所對。我就對他説：“讀書者，並不是爲有了書要讀；是爲我自家受用要讀。”如果讀書的工夫，僅僅做到“客觀的讀書”而住，這個讀書的究竟目的就没有達到。倘使説，古人費了心著書，我們不可辜負他，所以要去讀。我覺得對於古人，没有負這等義務。既然如此，就是“讀書要我自家受用”；這個主觀的讀書工夫，那可不講?所以我講到讀書法，就是主張：“讀書第一步，須用客觀的外證工夫；再進一步，就要講到‘主觀的讀書法’。”倘使第一步讀書的工夫做到，不想進一步做“主觀的讀書”工夫。這個讀者的究竟目的，就没有達到；就是讀書没有澈底。就使讀書有得，所得的也不過是物——訓詁章句之末，没有内證之心；所謂“外鑠我也，非求自得者也”；漢儒是也。倘使第一步“客觀的讀書”工夫没有做，就要做第二步“主觀”的工夫；這個就叫“躐等”。這等人的讀書意見，就是武斷，就是以我誣古人；宋儒往往犯此毛病。不過宋儒讀書，最重“切己體察”——主觀的讀書法。這個切己體察的工夫，我覺得現在很要緊。

講[①]到“切己體察”四字，須曉得這個“己”，有“空間之己”，有“時間之己”。據我看，現在許多人讀書，有的没有切定自家這個“空間之己”去體察，有的没有知道切定“時間之己”去體察。就像一般“西洋化”者，讀了許多西洋學者的著作，覺得西洋制度文物，色色比中國好。是不錯！不過要想把西洋的一切制度文物，硬搬來中國做，就不成功了！爲什麽呢?就是因爲他忘記了自家這個“空間之己”，是“東洋大海中國之己”，不是“西洋

---

① 講，原作“謹”，今改正。

之已”。但知道西洋的制度文物好，而没有切定這個“東洋大海中國之已”，下一番體察工夫的緣故。又像一般國粹老先生，歡喜講唐虞三代，甚至説“忠君就是愛國”，要想復辟。我們看似好笑，他却自以爲不錯。這是什麽緣故呢？就是因爲他忘記了自家這個“時間之已”，不是“唐虞三代之已”，也不是“漢唐宋元明清之已”，是“中華民國紀元以後之已”；而没有切定這個“時間之已”體察一番緣故。這兩等人，我説心地皆不壞。只是他讀書没有知道“切已體察”——主觀的讀書法，所以就不免“生於其心，害於其政，發於其政，害於其事”！

自宋以後學者治學的方法，算清儒考據之學，最重客觀的外證。胡適之在他《清代學者治學的方法》一篇文章裏説：“清代學者治學的方法，總括起來，只是兩點：一、大膽的假説；二、小心的求證。由幾個同類的例引起一個假設，再求一些同類的例去證明那個假設是否真能成立，纔有科學的價值。”發揮宋以後學者治學的方法，再没有像胡適之這篇文章透闢的了！然而講到實在，還是孔子“多學而貫一”的一種精神；不過偏於物觀的研究罷了。他的原文具在，我也不詳細再引了。

（原刊於《南通報・文藝附刊》，1925年3月3日、5日、7日、9日、11日）

“古書治要”之教材舉例

吾友武進孟君憲承之草《六年師範國語課程》也，將有意詔後生以治學稽古之途轍，而增設“古書治要”一學程於後期之三年；顧教學之無所取材，以爲大慮，曰：“願子有以命之。”博應之曰：“曾國藩之《聖哲畫象記》，黎庶昌之《周以來十一書應立學官議》，張之洞之《書目答問》，近逮胡適之《一個最低限度的國學書目》，梁啓超之《國學入門書要目及其讀法》，李笠之《國學用書撰要》，數君子者，類能挈要鈎元，固已詔後生以‘古書治要’之途徑矣。吾子奚辱命之？”君曰：“唯唯，否否。不然。此古書之要目耳，未足以言‘古書治要’也。吾之所謂‘古書治要’者有二義焉：辨古書部次類例之大凡，一也。審古學源流沿革之要删，二也。”博應之曰：“若然，則又非僕所及也。昔湘鄉曾國藩氏讀班固《藝文志》、馬貴與《經籍考》，見所列書目叢雜猥多，作者姓氏至不可勝數；既，爲文淵閣直閣校理，得觀《四庫全書》，其富又過前代遠甚。然存目之書數十萬卷，尚不在此列。而因致歎‘書籍之浩浩，著述者之衆若江海然，非一人之腹所能飲也；雖有生知之資，累世不能竟其業，況下焉者乎！’嗚呼！此古書之所爲貴治要也。雖然，會稽章學誠氏不云乎？‘校讎之義，蓋自劉向父子部次條别，將以辨章學術，考鏡源流；非深明於道術精微、群言得失之故者，不足與此。後世部次甲乙、記録經史者，代有其人，而求能推闡大義，條别學術異同，使人由委溯源，以想見於墳籍之初者，千百之中不十一焉。'此又古書治要之所爲難能也。然章氏之所謂'校讎'者，其實不過'辨古書部次類例之大凡'耳，尚未及'審古學源流沿革之要删'也。僕文質無底，奚所能爲役？"獨念博學通人，稽古有作，亦有辨章學術，條析流派，以示途轍，牖方來。謹以誦覽所及，寫著其目，以當舉例，都爲六類：曰"小學源流"，曰"經部源流"，曰"子部源流"，曰"史部源流"，曰"集部源流"，五者所以"審古學源流沿革之要删"，而終之以"古書源流"，則所以觀其會通，明其關係，而"辨古書部次類例之大凡"者也。條别源流，識以數語，其間或紹述舊聞，或略陳鄙懷。知言君子，儻有取於斯焉。

（甲）小學源流

段玉裁　《注許慎〈説文解字〉叙》

丁福保　《説文解字詁林自序》

章炳麟　《小學略説》

江聲　《六書説》

章炳麟　《轉注假借説》

章炳麟　《文始序例》

江謙　《説音》

江謙　《古今音讀表》

陳壽祺　《漢讀舉例》

右文六家九篇，皆辨章小學之源流者也。讓清諸老先生言："讀古經古子，宜先識字，宜明訓詁。詁者，古言也，謂以今語解古語；此逐字解釋者也。訓者，順也，謂順其語氣解之；此逐句解釋者也。下筆宜寫今字，而識古書必識古字。讀書吟詩可用今音，而讀古書必審古音。語言筆札可用今義，而解古書必用古義。識古字之形，曉古語之聲，乃能明古書之義。大率字類定於形，字義生於聲，知古字之形，則可覺今音之非；知古讀之音，則可訂今形之訛；故形聲爲識字之本。形聲不審，訓詁不明，豈知經典爲何語耶？"小學者，蓋審形聲明訓詁之學也，故以小學源流冠焉。今録段玉裁《注許慎〈説文解字〉叙》，丁福保《説文解字詁林自序》，章炳麟《小學略説》，所以考小學之沿革。録江聲《六書説》，章炳麟《轉注假借説》、《文始叙例》，所以明小學之條例。録江謙《説音》、《古今音讀表》，陳壽祺《漢讀舉例》，所以辨小學之音讀。而著目則不以作者時代爲先後，而以啓示途徑之淺深爲順序。惟言非一端，義或有違。如江聲《六書説》，其説轉注，以五百四十部爲“建類一首”，以凡某之屬皆從某爲“同意相受”；自謂前人所未發，其實本於南唐徐鍇，此爲古義。而段玉裁《注〈説文解字〉叙》，則伸其師戴震之“互訓”之説，謂“建類一首”者，謂分立其義之類而一其首。“同意相受”，謂無慮諸字意指略同，義可互受，相灌注而歸於一首。如《爾雅》“初哉首基肇祖元胎俶落權輿始也”一條，其於始義或近或遠，皆可互相訓釋而同謂之始是也。至章炳麟《轉注假借説》，則又以爲：“‘建類一首’，‘類’者‘聲類’，‘首’者‘語基’。考、老同在幽類，其義互相容受，其音小變。按形體成枝別，審語言本同株；雖制殊文，其實公族。非直考、老，言壽者亦同。循是以推：有雙聲者，有同音者，其條例不異；適舉考老疊韻之字以示一端，得包彼二者矣。是故明轉注者，經以同訓，緯以聲音，而不緯以部居。”此與段注“互訓”之説同爲後起新義。如此之類，樹義不同，正可折衷一是，擇善而從。奚所用暖暖姝姝，守一先生之言以自示不廣也哉！以此制例，後不贅論。

（乙）經部源流

龔自珍　《六經正名》

章學誠　《經解》上中下三篇

《漢書・儒林傳》

《後漢書・儒林傳》上下

魏源　《〈两漢經師今古文家法考〉序》

姚文枏　《六朝經師宗派並所著經注經説考》

江藩　《〈經師經義〉目録》

胡培翬　《〈詁經文鈔〉序》

陳壽祺　《〈經郛〉條例》

右文九家十九篇，内江藩《〈經師經義〉目録》七篇。皆辨章經部之源流者也。通經之法，要在明經傳之别，通今古文之殊。今録龔自珍《六經正名》，章學誠《經解》，所以考經傳之沿革。録《漢書・儒林傳》，《後漢書・儒林列傳》，魏源《〈两漢經師今古文家法考〉序》，姚文枏《六朝經師宗派並所著經注經説考》，江藩《〈經師經義〉目録》，所以明今古文家法之殊及其流變。而殿之以胡培翬《〈詁經文鈔〉序》，陳壽祺《〈經郛〉條例》，蓋叙述先儒治經之法，而蕲於開設户牖、啓示途轍者也。大抵漢京以來，垂二千年，儒者談經，學凡六變。其初專門授受，遞稟師承，非惟訓詁相傳，莫敢同異；即篇章字句，亦恪守所聞，其學篤實謹嚴，及其弊也拘。曹魏代漢，王弼、王肅，稍持異議，流風所扇，或信或疑；越孔、賈、啖、趙以及北宋孫復、劉敞等，各自論説，不相統攝；及其弊也雜。洛閩繼起，道學大昌，擺落漢唐，獨研義理；凡經師舊説，俱排斥以爲不足信，王柏、吴澄，攻駁經文，動輒删改；及其弊也悍。學派既成，攀援日衆，驅除異己，務宗朱子；自宋末以逮明初，其學見異不遷；及其弊也黨。主持大過，勢有所偏，材辨聰明，激而横決；自明中葉，王學極盛，罔不六經注我，各抒心得；及其弊也肆。空談臆斷，無徵不信。清代諸大師起，壹矯以實事求是；其學徵實不誣；及其弊也瑣。要其歸宿，則不過漢學宋學两家迭爲勝負。然經爲漢儒所傳，而注尤漢儒所創，義有師承，語有根據；去古最近，而多見古書，能識古字，通古語，故必須以漢學爲本，而推闡之，乃能有合。朱子論治經，謂："宜討論諸家之説，各立家法，而皆以注疏爲主。"而理學如魏鶴山，詞章如葉石林，亦皆以"爛熟注疏"見稱。可證宋儒治學，亦未嘗唾棄漢學也。此讓清諸老先生之言；然則漢學之源流明，而經學之源流不待考矣。

（丙）子部源流

《莊子·天下篇》

《淮南子·要略篇》

江瑔　《論子部之沿革興廢》

太史公談　《論六家要旨》

江瑔　《論九流之名稱》

《史記·老子韓非列傳》

夏曾祐　《〈嚴評老子〉序》

章炳麟　《〈齊物論釋〉序》

柳宗元　《辨列子》

陳三立　《讀列子》

江瑔　《論道家爲百家所從出》

《史記·孟子荀卿列傳》

陳三立　《讀〈荀子〉》一、《讀〈荀子〉》四論荀、孟學術之異同。

孫詒讓　《〈墨子後語〉小序》

俞樾　《〈墨子閒詁〉序》

魯勝《〈墨辨注〉序》

《史記·司馬穰苴列傳》

姚鼐　《讀〈司馬法〉〈六韜〉》考古兵家。

《史記·孫子吴起列傳》

孫星衍　《〈孫子略解〉序》

姚鼐　《讀〈孫子〉》

《史記·吕不韋列傳》

汪中　《〈吕氏春秋〉序》論雜家之兼儒墨，合名法。

右文十五家二十四篇，皆辨章子部之源流者也。讓清諸老先生言："子有益於經者三：一證佐事實，一證補諸經佚文譌文，一兼通古訓古音韻。然此猶淺之乎言諸子也。大抵天地間人情物理，下至猥瑣纖末之事，經所不能盡者，子部無不有之；其趣妙處較之經史，尤易引人入勝。故不讀子，不知瓦礫糠粃，無非至道；不讀子，不知文章變化，無可端倪也。"然讀子書，不可不知諸子之所自起與其派别以盡其流變。今録《莊子·天下篇》，《淮南子·要略篇》，江瑔《論子部之沿革興廢》，所以明諸子之所自起。録太史公談《論六家要旨》，江瑔《論九流之名稱》，所以明九流十家之派别。而録《史記·老子韓非列傳》以下十二家，則所以盡諸子之流變也。

（丁）史部源流

龔自珍　《尊史》

劉知幾　《正史》

劉知幾　《六家》

劉知幾　《二體》

鄭樵　《〈通志〉總序》

馬端臨　《〈文獻通考〉總序》

趙翼《二十二史劄記》節要八十事　名史例目異同、《史記》編次、《史記》變體、《漢書》移置《史記》文、《漢書》多載有用之文、《後漢書》編次訂正、《後漢書》《三國志》書法不同處、《三國志》書法、《三國志》多迴護、《三國志》書事得實處、《三國志》立傳繁簡不同處、一人二史各傳、《晉書》、《宋書》書晉宋革易之際、《宋書》書宋齊革易之際、《宋書》本紀書法、《宋》《齊》書帶叙法、《齊書》書法用意處、《齊書》類叙法最善、《梁書》多載飾終之詔、《梁書》有止足傳無方伎傳、《南史》仿陳壽《三國志》體例、《南北史》子孫附傳之例、《南史》删《宋書》最多、《南史》過求簡净之失、《南史》增《齊書》處、《南史》增删《梁書》處、《南史》删《梁書》處、《南史》增《梁書》有關係處、《南史》增《梁書》瑣言碎事、《南史》於《陳書》無甚增删、《魏書》多曲筆、《北史》改編各傳、《北史》全用《隋書》、《南北史》两國交兵不詳載、《北史》書法與《周》《隋》書不同、《舊唐書》源委、《新唐書》、《新唐》書本紀書法、《新書》本紀書安史之亂、《新書》改編各傳、《新書》增《舊書》處、《新書》增《舊書》有關係處、《新書》增《舊書》瑣言碎事、《新書》立傳獨詳處、《新書》删《舊書》處、《新書》改《舊書》文義處、《新書》盡删駢體舊文、《新書》好用韓柳文、《新書》詳載章疏、薛居正《五代史》、薛史書法迴護處、薛史亦多直筆、薛歐二史體例不同、歐史不專據薛史舊本、歐史書法謹嚴、歐史傳贊不苟作、《宋》《遼》《金》三史、《宋》《遼》《金》三史重修、《宋史》、《宋史》各傳迴護處、《宋史》各傳附會處、《宋史》數人於事傳各專功、《宋史》各傳錯謬處、《宋史》列傳又有遺漏者、《宋史》排次失當、史家一人两傳、《遼史》、《遼史》立表最善、《金史》、《金史》失當處、《金史》迴護處、《金史》氏名不畫一、《宋史》金人名多與《金史》不符、《元史》、《元史》列傳詳記月日、《元史》迴護處、《元史》附傳有得失、《元史》人名不畫一、《明史》、《明史》立傳多存大體。

姚文枏　《擬彙刊宋人及國朝人補歷代史表志序目》

梁啓超　《論過去之中國史學界》

劉知幾　《雜述》

右文七家九篇又八十事，皆辨章史部之源流者也。史之有學，其必與史俱興矣。沮誦以來，荒遠莫考。簡策記載之法，惟散見於《左氏書》，説者以爲周公之典也。然《春秋》筆削，議而不辨；其後三傳異詞，《史記》自爲序贊，以著本旨；而先黄老，後六經，退處士，進奸雄；班固復異議焉。馬班而降，體益變，文益繁，例亦益增。其間遞相掎摭，紛紜亡已。乃有考辨史體，卓然名家，如劉知幾、章學誠諸書，非博覽精思，不能成帙。卓哉乎載筆之圭臬也！然竊以爲治史之要，當探史源，次明史例，終覈史流，乃能辨其指歸，殫其體統。今録龔自珍《尊史》，劉知幾《正史》，所以探史源。録劉知幾《六家》、《二體》，鄭樵《〈通志〉總序》，馬端臨《〈文獻通考〉總序》，趙翼《廿二史劄記》節要八十事，姚文枏《擬彙刊宋人及國朝人補歷代史表志序目》，所以明史例。録梁啓超《論過去之中國史學界》，劉知幾《雜述》，所以覈史流。儻有品騭舊聞，抨彈往迹，鑿空生義，自抒所見者，卒之僻謬不情，則亦無所取裁焉爾。

（戊）集部源流

章學誠　《文集篇》

惲敬　《〈大雲山房文稿〉通例》

惲敬　《〈大雲山房文稿二集〉叙録》

昭明　《〈文選〉序》

張惠言　《〈七十家賦鈔〉序》

李兆洛　《〈駢體文鈔〉序》

阮元　《文言説》

方苞　《〈古文約選〉序例》

姚鼐　《〈古文辭類篹〉序目》

王先謙　《〈續古文辭類篹〉例略》

曾國藩　《〈經史百家雜鈔〉序目》

黎庶昌　《〈續古文辭類篹〉序》

劉勰　《明詩》

王闓運　《詩法一首示黄生》

包慎伯　《答張翰風論詩書》

章炳麟　《辨詩》

陳衍　《〈近代詩鈔〉序》

張惠言　《〈詞選〉序》

沈曾植　《〈疆邨校詞圖〉序》

曹元忠　《〈疆邨叢書〉序》

王國維　《論元劇之文章》

右文十九家二十一篇，皆辨章集部之源流者也。世益進化，學益分科。章實齋言“子史衰而文集之體盛”，吾則謂文學分而文集之名起。兩漢以前，文學者，學術之總稱。《韓非子・五蠹篇》力攻文學而指斥及藏管、商、孫、吴之書。李斯因博士諸生之議，請悉燒諸有文學《詩》、《書》、百家語。文學一名詞，冠於“《詩》、《書》、百家語”之上。是兩漢以前，文與學不分。逮兩漢以後，文與學始歧。六藝各有專師，而别爲經學矣。諸子流派益多，而蔚爲子部矣。史導源於《尚書》、《春秋》而史部立矣。文章流别分於諸子，而集部興矣。經史子集，既分部居；而文之一名詞，漸爲集所專家有。然治集部不可不知集部之所自起，與文集類次之體要而窮其流變。今録章學誠《文集篇》，惲敬《〈大雲山房文稿〉通例》，惲敬《〈大雲山房文稿〉二集叙録》，所以明集部之所自。而録昭明《〈文選〉序》，張惠言《〈七十家賦鈔〉序》，李兆洛《〈駢體文鈔〉序》，阮元《文言説》，方苞《〈古文約選〉序例》，姚鼐《〈古文辭類纂〉序目》，王先謙《〈續古文辭類纂〉例略》，曾國藩《〈經史百家雜鈔〉序目》，黎庶昌《〈續古文辭類纂〉序》，則所以明文集類次之體要而窮其流變者也。終之以劉勰《明詩》，王闓運《詩法一首示黄生》，包慎伯《答張翰風論詩書》，章炳麟《辨詩》，陳衍《〈近代詩鈔〉序》，張惠言《〈詞選〉序》，沈曾植《〈彊邨校詞圖〉序》，曹元忠《〈彊邨叢書〉序》，王國維《論元劇之文章》，斯所以辨詩、詞、曲之源流正變焉。

（己）古書源流

《漢書·藝文志》

《隋書·經籍志》

節録鄭樵《校讎略》十六論編次必謹類例論，編次必紀亡書論，書有名亡實不亡論，編次失書論，見名不見書論，闕書備於後世論，亡書出於後世論，求書之道有八論，編次之訛論，崇文明於兩類論，泛釋無義論，書有不應釋論，不類書而類人論，編書不明分類論，編次有序論，編次不明論。

章學誠《校讎通義》原道，宗劉，互著，别裁，辨嫌名，校讎條例，補校《漢藝文志》之三、四、五、六、七、八、九凡七條，《漢志》六藝之三條，《漢志》諸子之四、五、十一、十二、十三、十九、二十、二十三、二十四、二十六凡十條，《漢志》詩賦之一、二、三、四凡四條，《漢志》兵書之二、三、四、五、六、七凡六條。

右四家，皆辨章古書之源流者也。自西漢劉氏向、歆父子，總括群篇，撮其指要，著爲《七略》：一曰《輯略》，二曰《六藝略》，三曰《諸子略》，四曰《詩賦略》，五曰《兵書略》，六曰《術數略》，七曰《方技略》。大凡三萬三千九十卷。然後書籍之部次條别，始有法紀。光武中興，石室蘭臺，彌以充積；而集新書於東觀仁壽閣，校書郎班固、傅毅等典掌焉。並依《七略》而爲書部；固又編之以爲《漢書·藝文志》。董卓之亂，圖書掃地盡。魏氏代漢，采掇遺亡，藏在秘書中外三閣，魏秘書郎鄭默始制《中經》，秘書監荀勗又因《中經》更著《新簿》，分爲四部，總括群書：一曰甲部，紀六藝及小學等書；二曰乙部，有古諸子家、近世子家、兵書、兵家術數；三曰丙部，有史記、舊事、皇覽簿、雜事；四曰丁部，有詩賦、圖讚、《汲冢書》。大凡四部，合二萬九千九百四十五卷。自是四部之説興。迄晉司馬、五胡之亂，渠閣文籍，靡有孑遺。元帝渡江，漸更鳩聚。著作郎李充以勗舊簿校之，其見存者，但有三千一十四卷。充遂總没衆篇之名，但以甲乙爲次，自爾因循，無所變革。其後中朝遺書，稍流江左。宋元嘉八年，秘書監謝靈運造《四部目録》，大凡六萬四千五百八十二卷，皆仍荀勗四部之制。既而秘書丞王儉別撰《七志》：一曰《經典志》，紀六藝、小學、史記、雜傳；二曰《諸子志》，紀今古諸子；三曰《文翰志》，紀詩賦；四曰《軍書志》，紀兵書；五曰《陰陽志》，紀陰陽圖緯；六曰《術藝志》，紀方技；七曰《圖譜志》，紀地域及圖書；其道、佛附見。乃有意復劉氏之《七略》，而《圖譜》一志則增《七略》之所無。蓋《七略》之《輯略》，劉氏父子所以總群書之要而明編校之例者。自是厥後，迭有更替。齊秘書丞王亮監謝朏之造《四部書目》，梁秘書監任昉、殷鈞之作《四部目録》，皆用荀勗者也。然處士阮孝緒篤好墳史，博采宋齊已來王公之家，凡有書記，參校官簿，更爲《七録》：一曰《經典録》，紀六藝；二曰《記傳録》，記史傳；三曰《子兵録》，紀子書兵書；四曰《文集録》，紀詩賦；五曰《技術録》，紀術數；六曰《佛録》；七曰《道録》。其分部題目，又折衷劉、荀二家者也。至唐長孫無忌等奉敕修《隋書》，經籍有志，都爲四部：曰經，曰史，曰子，曰集。自是四部垂爲定制，而劉氏父子之《七略》廢。獨鄭樵生千載而後，慨然有會於向、歆討論之旨，因取歷朝著録，略其魚魯豕亥之細，而特以部次條別，疏通倫類，考其得失之故而爲之校讎。蓋自石渠、天禄以來，學者所未嘗窺見者也。顧樵生南宋之世，去古已遠，劉氏所謂《七略》、《別録》之書，久已失傳；所可推者獨班固《藝文》一志，而樵書首譏班固，凡所推論，有涉於班氏之業者，皆過爲貶駁之辭；而不能平氣以求劉氏之微旨。獨章學誠揚搉諸家，究其源委，而作《校讎通義》，勒成一家，斯足以同天下之文而治古書之要。故以四家殿於後，而觀其會通焉。然其中亦有鑿空生義，不可盡從者。鄭樵議論過於峻利，而未能推闡向、歆術業以究悉是非得失所在。《章義》已抨彈之矣。即如《漢志》崇《逸禮》而損《十七篇》，謂："《禮古經》者，出於魯淹中及孔氏，與《十七篇》文相似，多三十九篇及《明堂陰陽》、《王史氏記》，多天子、諸侯、卿、士大夫之制，雖不能備，猶瘉倉等推《士禮》而致於天子之説。”不知《十七篇》古稱《士禮》，其實不皆《士禮》。純乎《士禮》者，惟《冠》、《昏》、《喪》、《相見》。若祭禮則《少牢饋食》、《有司徹》爲大夫禮。《鄉飲》、《射》，士夫所通行。《燕禮》、《大射》、《聘禮》、《公食大夫》爲諸侯禮。《覲禮》爲諸侯見天子禮，並非專爲士設。其通稱士禮者，蓋以《士冠》列首，遂並其下通稱爲士，而不復分别耳。且《士禮》何爲而不可推致於天子也？“自天子以至於庶人，壹是皆以修身爲本。”孔子曰：“吾觀於鄉而知是道之易易也。”則是孔子推《士禮》而致於天子之説也。是故“禮者義之實也；協諸義而協，則禮雖先王未之有，可以義起也”。何不可推致之有？推《漢志》之意，以爲博考三十九篇，則天子之禮略備，可以無煩推致。然《逸禮》何可信者！北海鄭玄，蓋親見三十九篇之禮，而注三禮，於《逸禮》中之《天子巡狩禮》、《朝貢禮》、《烝嘗禮》、《禘於太廟禮》、《王居明堂禮》，引用甚尠。且於古大典禮，後儒所聚訟者，未嘗引《逸禮》以爲斷，仍不能不用倉等推致之意也。又如《隋志》之於《禮記》，謂：“漢初河間獻王得仲尼弟子所記一百三十一篇，至劉向校經籍，檢得一百三十篇，因第而叙之。又得《明堂陰陽記》凡五種，共二百十四篇。戴德删其煩重，合而記之，凡八十五篇，謂之《大戴禮》。戴聖又删大戴之書，爲四十六篇，謂之《小戴記》。”夫二戴爲武宣時人，豈能删哀、平間向、歆所校之書？已爲荒唐可笑。而《大戴》亡篇四十七，然考其見存，有《投壺》、《哀公問》兩篇篇名與《小戴》同。其《曾子大孝篇》見《小戴·祭酒義》，《諸侯釁廟篇》見《小戴·雜記》，《朝事篇》自“聘禮”至“諸侯務焉”，見《小戴·聘義》，《本事篇》自“有恩有義”至“聖人因殺以制節”，見《小戴·喪服四制》。其它逸文可考見者：《漢書·王式傳》稱《驪駒之歌》在《曲禮》；服虔注云“在《大戴禮》”。《韋元成傳》引《大戴·祭義》，《毛詩·豳譜正義》引《大戴·文王世子》。《白虎通·畊桑篇》引《祭義》，《曾子問情性篇》引《閒傳》，《崩薨篇》引《檀弓》、《王制》，許慎《五經異義》引《禮器》；蔡邕《明堂月令論》引《檀弓》。其文往往爲《小戴記》所無。是大戴之於小戴，有篇名同者，有篇名不同而文字同者，亦有篇名同而文字爲小戴所無者。其它出入略可舉數，寧有小戴删大戴而異同參差若是者乎？至《章義》以《漢志·平原君》七篇，謂“是著書之人，自托儒家，而述諸侯公子請益質疑，因以名篇居首”。不曉平原固非趙勝，《漢志》本注謂是朱建，建與酈生、陸賈、婁敬、叔孫通並傳。陸、婁之書，亦在儒家。《漢書》明白，猶作狐疑，此固近儒章炳麟所譏評者也。凡此之類，多不可信；貴能善疑，以俟論定。

右目寫定，加以臆談。非以此爲盡古書之要；然竊以爲即此以治古書之要，則所從入有途。世有讀書泛多，素無統紀者，則博聞未足饋貧，玩物適見喪志。劉勰有言："貫一爲拯亂之藥。"章炳麟亦云："學無繩尺，鮮不眯亂。"達人之言，豈虚誣哉？率布所懷，草成是篇；有道先生，或不棄諸。

（原刊於《新教育》第10卷第3期，1925年4月）

治學篇上

余任課大學甲、戊兩組國文，將始業，乃遵章而校其藝業，試以論文。曰《周秦學派述評》，陸懋德教授之所命，而甲組諸生作焉。曰《清代學術衡論》，孟憲承教授之所命，而戊組諸生作焉。余校閱諸生之作，而患治學之未盡知方也，作《治學篇》。

治學有方，貴能會異見同，即同籀異；匪是無以通倫類，詔塗轍。然而諸生之論學則何如？言周秦學派者，徒條其流別，而未觀其會通；則會異而不知見同也。言清代學術者，徒言清儒之治漢學，而未明漢學、清學之究何以殊；則是即同而未能籀異也。夫會異而不知見同，則所知畔於畸零，而無以明其會通。儻即同而未能籀異，則用思嫌於籠統，而奚以較其大別？二者所蔽不同，而爲失則均。斯固近日學者之通患，而詔諸生以知儆；匪徒好爲引繩批根之論也。

班固《漢書·藝文志》著録諸子十家，曰儒家、道家、陰陽家、法家、名家、墨家、縱橫家、雜家、農家、小説家；而許爲可觀者，儒、道、陰陽、法、名、墨、縱橫、雜、農九家而已。然余觀縱橫一家，僅蘇秦、張儀數人，恃其利口捷給，捭闔短長，遊説王公大人以取一時富貴，夸誕無學，固與遠西之雄辨家絶殊。而雜家之學，兼儒墨，合名法，宗旨不純，又奚名家？蓋家則不雜，雜則非家，未可兼而稱之也。至農家者流，播百穀，勸農桑，以足衣食；樊遲請學稼，疑汲其流。然孔子斥之曰“小人哉”；見《論語·子路第十三》。則卑之無甚高論矣！寧祇小説者流之媿於小道，泥於致遠也。然則諸子十家可觀者，儒、道、陰陽、法、名、墨六家而已。而儒與道德二者，尤爲一切學術之所宗焉。

余讀司馬遷《史記·老子韓非列傳》，贊：“申子卑卑，施之名實；韓子引繩墨，切事情，明是非；其極慘礉少恩，皆原於道德之意。”則是刑名法術之學，原於道德也。老子所貴道虚無因應，變化於無爲，而爲法家之術所自出。申不害之學，原於道德之意而主刑名，以名責實，尊君卑臣。其佚文曰：“名者，天地之綱，聖人之符。張天地之綱，用聖人之符，則萬物之情，無所逃之。故善爲主者倚於愚，立於不盈，設於不敢，藏於無事，竄端匿迹，示天下無爲。是以近者親之，遠者懷之，示人有餘者人奪之，示人不足者人與之；剛者折，危者覆，動者摇，静者安。名自正也，事自定也，是以有道者自名而正之，隨事而定之也。”見《群書治要》引《大體篇》。著書二篇，號曰《申子》。相韓昭侯十五年，國治兵彊，無侵韓者。申子言術，而衛鞅爲法；法者臣之所師，而術者人主之所執法者，賞存乎慎法，罰加乎奸令，編著之圖籍，設之於官府而布之於百姓者也。術者，因任而授官，循名而課實，藏之於胸中，以偶萬端而潛御群臣者也。詳見《韓非子·定法第四十三》。故術不欲見，而法莫如顯；術用在潛，而法行以信。衛鞅之書曰：“吏明①知民知法令也，故吏不敢以非法遇民，民不敢犯法以干法官也。”“故聖人爲法，必使之明白易知。”見《商君書·定分第二十六》。此“法莫如顯”之説也。又曰：“國皆有法，而無使法必行之法。國皆有禁奸邪，刑盜賊之法，而無使奸邪盜賊必得之法。”“聖人有必信之性，又有使天下不得不信之法。”見《商君書·畫策第十八》。此“法行以信”之説也。秦孝公善其言，用爲相，變法更令，傳《商君書》二十九篇，亡者五篇。顧韓非患衛鞅之無術，而又病申子未盡法；於是綜法術道德，著書五十五篇。其言曰：“道者，萬物之始，是非之紀也。是以

① 明，原誤作“民”，今據《商君書》改。

明君守始以知萬物之原，治紀以知善敗之端，故虛静以待令。令名自命也，令事自定也。虛則知實之情，静則知動者正。有言者自爲名，有事者自爲形，形名參同，君乃無事焉，歸之其情。故曰‘君無見其所欲’”“道在不可見，用在不可知。虛静無事，以闇見疵。見而不見，聞而不聞，知而不知。知其言以往，勿變勿更，以參合閲焉。官有一人，勿令通言，則萬物皆盡。函掩其迹，匿其端，下不能原。去其知，絶其能，下不能意。”見《韓非子·主道第五》。所以明術也。又曰：“十仞之城，樓季勿能踰者，峭也。千仞之山，跛牂易牧者，夷也。故明王峭其法而嚴其刑也。布帛尋常，庸人不釋；鑠金百鎰，盜跖不掇。不必害，則不釋尋常；必害手，則不掇百鎰，故明主必其誅也。是以賞莫如厚而信，使民利之；罰莫如重而必，使民畏之；法莫如一而故，使民知之。故主施賞不遷，行誅無赦。”見《韓非子·五蠹第四十九》。此所以飭法也。其極慘礉少恩，皆原於道德之意。然道德者術之所由出，而爲法者，道之所不許。何以明其然？老子言：“民不畏死，奈何以死懼之!”見《道德經》第七十四章。太史公《酷吏列傳》亦引“法令滋章，盜賊多有”之説，而云“法令者治之具，而非制治清濁之源”。然則爲法者，道之所不許，此太史①公列傳所爲别署商君，而不以同於申、韓，次之老、莊之後者也。惟老、莊兼綜有名無名，闡道於玄；而申不害貴名之正，韓非亦言刑名參同，齗齗焉致謹於名。斯所以異耳!

《漢書·藝文志》載“名家者流，蓋出於禮官”。而禮者儒之所特重，孔子論治人情，禮之不可以已。見《禮記·禮運第九》。晏嬰譏孔子盛容飾，繁登降之禮。見《史記·孔子世家第十七》。而太史公談亦稱儒者“序君臣父子之禮”爲不可易。見《史記·太史公自序第七十》。斯皆儒家重禮之證。而古者名位不同，禮亦異數，故齊禮者必正名。此名家之學所由起；而孔子所爲發正名之對，見《論語·子路第十三》。荀子所以著《正名》之篇也。則是名家，儒之所自出也。儒者修祭祀，敬鬼神，而陰陽家者流，依於鬼神之事，好言禨祥。騶衍深觀陰陽消息而作怪迂之變，《終始》、《大聖》之篇十餘萬言，其語宏大不經，先序今以上至黄帝，大並世盛衰，因載其禨祥制度，五德轉移，治各有宜。然要其歸必主乎仁義節儉，君臣上下六親之施。見《史記·孟子荀卿列傳》。

---

① 原脱一“史”字。

然則所謂陰陽家者，儒[①]家之支與流裔耶？余讀荀卿《非十二子篇》稱："略法先王而不知其統，猶然而材劇志大，聞見雜博。案往舊造説，謂之五行，甚僻違而無類，幽隱而無説，閉約而無解，案飾其辭而衹敬之，曰：'此真先君子之言。'子思倡焉，孟軻和焉。"則是陰陽五行之學倡於子思、孟軻也。顧或者引楊倞注謂"五行，五常，仁、義、禮、智、信"，非也。夫五行之説造於《洪範》，一曰水，二曰火，三曰木，四曰金，五曰土，而仁、義、禮、智、信五者謂之"五常"，自古無"五行"之説。且儒家之常言，非思、軻所創，奚所謂"僻違"、"幽隱"、"閉約"、"無類"、"無解"也？余觀[②]騶衍《終始》、《大聖》之篇，序今以上至黄帝學者所共術，大並世盛衰；因載機祥制度，五德轉移，治各有宜，是正荀卿非子思、孟軻所稱"略法先王，案往舊造説，謂之五行"者也。"五行"者，殆即"五德轉移"之謂，而騶衍之見訶於馬遷者，曰"怪迂之變"，曰"宏大不經"。今觀荀卿非思、軻所稱"材劇志大，聞見雜博"，儻即"宏大"之異詞耶？所謂"甚僻違無類，幽隱無説，閉約無解"，儻即"怪迂"、"不經"之異詞耶？學同，故所以被訶者亦同，寧衹"要其歸於仁義節儉，君臣上下六親之施"之足以證"陰陽家言之自儒"也哉！惟馬遷爲能明諸子學術之流變，故次騶衍以附儒家孟子之傳，猶之次申不害、韓非以附道老、莊之傳也。馬遷之傳申、韓，推其本於黄老道德，猶之傳騶衍之"要其歸於仁義節儉"；要以著學術之自出，見附傳之用心焉。雖然，儒與墨不同術，而馬遷次墨翟以附儒家《孟子荀卿傳》後者曷居？曰：墨與儒不同術而出自儒。《淮南子·要略訓》稱"墨子學儒者之業，受孔子之術，以爲其禮煩擾而不説，厚葬靡財而貧民，服傷生而害事，故背周道而用夏政"；欲變文而反之質。然諄復深切，陳古剴[③]今，喜稱道《詩》、《書》，與儒者類，則墨者亦儒之繼别爲宗者矣！近儒揚榷先秦諸子學者，往往稱墨學足與孔、老雄，然此以論墨子當日則可；匪所語於後來也。余觀先秦而後，數千祀間，漢初尚黄老，漢武禮儒者，魏晉譚老莊，唐宋宗孔孟，迭相起仆，實爲孔、老代興之史，寧有墨學迴翔之餘地者？而墨學中興，不過輓近數十年間爾。自歐化之東漸，學者慙於見絀，返求之己，而得一墨子

① 原衍一"儒"字，今删。

② 觀，原脱，今據《國學文選類纂丙集叙目》及下文"今觀荀卿"句補。

③ 剴，原作"凱"，形近而誤，今改正。

焉。觀其《兼愛》、《非攻》本於《天志》，類基督之教義；而《經説》，大、小《取》諸篇，又與歐儒邏輯之學不違；由是譚歐化者忻得植基於國學焉。此輓近墨學之所爲大盛，而駸駕孔子之上者也。若論其朔，則墨子者不過孔子之繼别爲宗者爾。

孔子之爲學，與老子殊。老子之明道也，究極於“玄之又玄”；見《道德經》第一章。而孔子則以“誠”爲歸。見《禮記·中庸第三十一》。老子崇道於天地萬物之先；參觀《道德經》第二十五章、第四十二章。而孔子則體諸人倫日用之間。老子斥禮者道德仁義之失，忠信之薄；見《道德經》第三十八章。而孔子則明禮起於大道之隱，所以救忠信之薄，刑仁講讓而示民之有常。見《禮記·禮運第九》。此孔子之所以别於老也。然問禮於老，見《史記·孔子世家》第十七、《老莊申韓列傳》第三。淵源有自。孔子“禮順人情”見《禮記·禮運第九》，“率性爲道”見《禮記·中庸第三十一》之説，奚必不本於老之“道法自然”？見《道德經》第二十五章。轍迹顯然，不容諱也。孔子曰：“道不同，不相爲謀”見《論語·衛靈公第十五》；其然，豈其然耶？余觀周秦學者：有相爲謀而不同道者，如申、韓之原於道德；名、墨、陰陽之出自儒者，孔子之問禮於老，是也。然有同道而不相謀者，如荀子之於孔子是也。荀子以從性順情爲惡，違性制情爲禮見《荀子·性惡篇第二十二》，矯自然而不法自然；言禮義與孔子同，而所以言禮言義者則與孔子異。孔子述堯舜見《禮記·中庸第三十一》而荀法後王見《荀子·非相篇第五》；孔子道率性，而荀重師法參觀《荀子·修身篇第二》、《性惡篇第四十三》。孔子作《春秋》，明天人相與之際；見董子《賢良對策》。而荀子《天論篇》則明於天人之分，而斥天人之不相與。孔子曰：“夫禮必本於天，以人情爲本”見《禮記·禮運第九》；而荀子曰：“禮義者生於聖人之僞，非故生於人之性也。”見《荀子·性惡篇第四十三》。要之荀子之意，率性而適自然，則失其所以爲人；拂性而矯自然，乃即其所以爲禮；此又荀子之所以大别於孔也。於戲！二帝三王已還，天叙天秩，既垂典常見《書·咎繇謨第十五》；而老子之“道法自然”，孔子之“率性爲道”，罔不尊自然而崇天則。迨荀子之起而悉摧拉無餘焉，可特筆也。然則荀子者，雖自謚曰“仲尼之徒”哉；殆不啻孔學之革命者耳！寧衹性惡之説，與孟子立異也哉！厥後荀子之高第弟子韓非薄仁義，厲刑禁。參觀韓非子《難》、《難勢》、《五蠹》、《顯學》諸篇。李斯絀《詩》、《書》，陳督責見《史記·李斯列傳第二十七》，論者或以爲慘酷少恩。自余觀之，二人者，皆篤信荀子“矯性起僞”之師説，而蘄措諸行事者也。雖所施或拂人心之同然。韓退之有言：“士之特立獨行，適於義而已。不顧衆人之是非，皆豪傑之士，信道篤而自知明者也。一家一國非之，力行而不惑者，寡矣。”至於韓非、李斯者，舉世非之，力行而不惑；彼豈無所挾持而能之哉！殆篤信師説而不惑於流俗耳。余故特表而出之以諗治國故者。荀子之爲學，始誦經，終讀禮，綦重章句文學，誦數以貫，思索以通。見《荀子·勸學篇第一》。而漢儒窮經，《詩》魯、毛，《春秋》之《穀梁》、《左氏》，皆傳自荀卿；《禮》大小戴《記》文多采《荀子》書，厥爲漢儒樸學之宗。而孟子受業孔子之孫子思，傳《中庸》率性之道，作七篇書，明心見性而闡性道之要，則導宋儒性學之先；其大較然也。荀子讀禮，化性而起僞；莊生任天，齊物於無爲；所尚不同，然原大道之無不在，訾百家之多得一，則亦有不相爲謀而同者。余讀①《莊子·天下篇》載“古之所謂道術者，……無乎不在。”“天下多得一，察焉以自好；譬如耳目鼻口，皆有所明，不能相通；猶百家衆技也，皆有所長，時有所用。雖然，不該不遍，一曲之士也。判天地之美，析萬物之理，……百家往而不反，……道術將爲天下裂！”則是百家者道術之裂。曷言“百家者道術之裂”？曰：荀子則既言之矣：“萬物爲道一偏，一物爲萬物一偏，愚者爲一物一偏而自以爲知道，無知也。”“夫道者，體常而盡變，一隅不足以舉之。曲知之人，觀於道之一隅而未之能識也。凡人之患，蔽於一曲而闇於大理。”“慎子有見於後，無見於先；老子有見於詘，無見於信；墨子有見於齊，無見於畸；宋子有見於少，無見於多”，“墨子蔽於用而不知文，宋子蔽於欲而不知得，慎子蔽於法而不知賢，申子蔽於勢而不知知，惠子蔽於辭而不知實，莊子蔽於天而不知人”。其著於《天論》、《解蔽》兩篇，所以明大道之無不在，百家之多得一者，何合契莊生如一轍耶！寧獨荀子？《尸子》曰：“墨子貴兼，孔子貴公，皇子貴衷，田子貴均，列子貴虛，料子貴別，囿其學之相非也。數世矣，而已皆弇於私也。天、帝、皇、后，辟、公、弘、廓，宏、溥、介、純，夏、憮、冢、晊，昄皆大也；十有餘名而實分一也。若使兼公虛，均衷平，易別囿，一實也，則無相非也。”見蕭山汪繼培輯《尸子·廣澤篇》。故曰“百家者，道術之裂”。太史公談引《易大傳》：“‘天下一致而百慮，同歸而殊途。’

① 讀，原作“書”，今據文意改。

夫陰陽、儒、墨、名、法、道德，此務爲治者也；直所從言之異路，有省不省耳。”見《史記·太史公自序第七十》。然則論周秦學派者，徒明百家之得一，而未識殊途之同歸，斯可謂知一而不知二者也。余故辨章源流以明百家之有相自，勘比同異以明百家之何所別，庶幾學者知覽觀焉。

（原刊於《清華週刊》第24卷第4期，1925年10月2日）

治學篇下

夫言周秦學派者，既昧於所同；而衡清學、漢學者，又昧其所異。請更端以竟其説：

論者之言曰："清代學術，以探求前人古書之意義爲本旨，以考據訓詁爲方法，所謂漢學是也。"見楊生錫齡文。此固非一人之私言，而襲人人之公言也。然而事實所昭，博不能無異議。

清學者，反本修古，不忘其初者也。夷考厥始；由明之王學，矯而反之宋之朱學，此順、康間之學也。由宋之朱學，又反而溯之東漢許、鄭古文，旁逮周秦諸子之書，此乾、嘉時之學也。由東漢許、鄭古文之學，又矯而反之西漢今文十四博士之學，此道、咸、同、光四朝之學也。然則漢學者，清學之一事，而不足以盡清學也。清初當姚江王陽明之學極盛，餘姚黄宗羲嘗受學山陰劉宗周以承陽明之緒，言滿天下，稱東南大師；而教學者讀書不多，無以證斯理之變化；多而不求諸心，則爲俗學。自以爲守其先師之法，禮之後進，誼無所讓也。此爲王學之後勁矣。同時容城孫奇逢講學燕薊，盩厔李顒倡道關中，皆以王學爲桴應。然奇逢蚤歲與定興鹿善繼論學以象山、陽明爲宗，晚更和通朱子之説，著《理學宗傳》，表周、程、張、邵、朱、陸、薛、王及羅念庵、顧涇陽爲十一子。而顒教學者當先觀象山、陽明之書，闡明心性，直指本初，以洞斯道之大原；然後取二程、朱子書玩索以盡踐履之功；否則醇謹者乏通慧，穎悟者雜異端，無論言朱言陸，於道皆未有得也。則是二人者，固已折衷朱子，而不堅持王學之壁壘焉。崑山顧炎武竺志六經，謂經學即理學也；自有舍經學言理學者，乃墮於禪學而不自知。故持論悉本朱子説，而訶陽明甚峻，至比之王弼、何[①]晏清談之禍晉室。其持論見《日知録》者，可覆按也。自是之後，王學稍衰，而當湖陸隴其著績循吏，安溪李光地持樞中朝，皆高名雅望，學宗朱子，挾登高之呼，爲儒林之宗；而朱學於是大昌也。時則蕭山毛奇齡、太原閻若璩，皆不慊朱子之注經，而有所論説。而奇齡才氣自負，説經長辨駁，多與宋儒鑿枘，而雄辨足以濟之，著《四書改錯》一書，於朱子盛氣攻辨，語或過當。然自明以來，申明漢儒之學，使儒者不敢以空言説經，實奇齡開其先路。厥後元和惠棟三世傳經祖父周惕、父士奇，竺信漢學，謂："漢人通經，有家法，故有五經師。訓詁之學，皆師所口授，其後乃著竹帛，所以漢經師之説，立於學官，與經並行。古字古言，非經師不能辨。是故古訓不可改也，經師不可廢也。"休寧戴震稍后出，而誦説漢學，壹本許慎《説文解字》書，遂盡通《十三經注疏》，能全舉其辭。嘗曰："經以載道。所以明道者，辭也。所以成辭者，字也。學者當由字以通其辭，由辭以通其道。"學者遵爲典則，以此治六經，即以此疏諸子；而東漢許、鄭之學於是臻極盛焉！嘉、道以後，學者又由許、鄭之學，泝洄而上。《易》宗虞氏以求孟義，《書》宗伏生、歐陽、夏侯以距馬、鄭，《詩》宗齊、魯、韓三家以正毛、鄭，《春秋》宗《公》、《穀》以難《左氏傳》。發創於武進莊存與、劉逢禄，極倡於仁和龔自珍、邵陽魏源，迺刊落訓詁名物之末，專求其所謂微言大義者，述伏、董之遺文，尋武、宣之絶軌，是謂西漢今文之學。學愈進而愈古，義愈推而愈高。方其始也，循朱子之道問學，以救王學尊德性之空。而其既也，又發西漢今文之微言大義，以矯東漢名物訓詁之碎。然則論者所謂"探求前人古書之意義，考據訓詁之方法"者，特又東漢許、鄭之學而爲清儒治漢學之一節；寧得概其全體大用也耶！

且清學之用漢學，特考據訓詁之法耳！而其動機，其精神，壹出於宋學。

---

① 何，原作"向"，形近而誤，今改正。

清學之初爲朱學，朱子嘗教人看注疏，不可輕議漢儒；云："漢初諸儒，專治訓詁；如教人亦只言某字訓某字，自尋義理而已。"見《語類》卷一百二十七。"自晉以來，却改變得不同，王弼、郭象輩是也。漢儒解經，依經演釋。晉人則不然，捨經而自作文。"見《語類》卷六十七。"作文，則注與經各爲一事，人惟看注疏而忘經。須只似漢儒毛、孔之疏，略釋訓詁名物，及文義理致尤難明者；而其易明處，更不須貼句相續，乃爲得體。蓋如此則讀書看注即知其非經外之文，却須將注再就經上體會，自然思慮歸一，功力不分；而其玩索之味亦益深長矣。"見《記解經》。"學者苟不先涉漢魏諸儒之名物訓詁，則亦何以用力於此。"見《語孟集義序》。顧炎武"經學即理學"之論，即體斯旨。然則玩索朱學之功深，而漸竟其委於漢儒訓詁之說，此又必至之勢，自然之符也。且改經改注而衷於是，特宋儒之所勇爲，而漢儒之不敢出者也。漢儒傳經，最謹家法，專門授受，遞稟師承；非惟訓詁相傳，莫敢同異；即篇章字句，亦恪守所聞；其學篤實謹嚴。而清儒則壹衷於是而不爲墨守。金壇段玉裁師戴震而非戴震之說，時見《說文解字注》。而經注文意有不慊，旁考博證而得心之所安，擺落漢唐，改定以求其是，而"粵若稽古"，獨宋儒有此精神爾。然則清學者，蓋本宋儒求是之精神，而用漢學考證之方法者也。特宋儒勇於求是而考證不密，斯所以不逮清學而嫌武斷耳。然而尚論清學者，必以此盛獎漢學，而屏絶宋爲不足道；斯又曲學之拘虚，未足語於大方也。夫清學之出於宋者何限！言《說文》者以二徐徐鉉、徐鍇書爲藍本；而薛尚功《鐘鼎彝器款識》一書，則爲清儒以金文補證篆籀者之先河。言音韻者以《廣韻》宋陳彭年、邱雍等奉勅所撰爲藍本；而吴棫《詩補音》、《楚辭釋音》及《韻補》三書，尤闢清儒以《詩》、《騷》推求古音者之徑塗。至司馬光《切韻指掌圖》，則清儒言雙聲疊韻之指南也。王應麟輯《周易鄭康成注》及《詩三家考》，則清儒輯佚經佚注之前導也。如此之比，更難僕數。此小學經學之本諸宋有可證者也。若秦蕙田《禮書》之多采陳祥道，章學誠史學之惠稱鄭樵，尤勿論焉。

且清儒何嘗薄宋學？閻若璩著《古文尚書疏證》以糾古文二十九篇之僞，論者推其摧陷廓清之功。然其論實發於吴棫《書裨傳》，若璩亦引重其說。而朱子《語録》、蔡沈《書集傳》，亦有"孔安國是假書"之疑。則是《尚書古文》之僞發覆於宋儒也。戴震之學，於清儒最爲絶出，而出自婺源江永，稱永學，自漢經師康成後罕其儔匹。然永嘗注朱子《近思録》，所著《禮經綱目》，亦本朱子《儀禮經傳通解》。戴震作《原善》、《孟子字義疏證》，雖與朱子説經牴牾，然《毛鄭詩考正》，則采朱子之説。段玉裁受學戴震，議以震配享朱子。跋《朱子小學》云："或謂漢人言小學謂六書，非朱子所云，此言尤悖。夫言各有當，漢人之小學，一藝也；朱子之小學，蒙養之全功也。"夫段玉裁以嬗治六書之人，而不以漢人小學，薄朱子小學，然則清儒何嘗薄朱學也。吾故曰："玩索朱學之功深，而漸竟其委於漢儒訓詁之説者，此必至之勢，自然之符也。"不其然乎？不其然乎？

然則謂清學即漢學者非也。夫衡學以後來爲勝，以其盡有前代之長而不襲其短也。而清學之所以成清學者，亦以用漢學考據之法而不爲其拘閡；衷宋儒求是之旨而不蹈其武斷；故非漢非宋而獨成其爲清學也。儻清學即漢學，則是陳陳相因而掇拾前代之唾餘爾；奚所於尚焉！余文質無底，寧曰有當。然而衷求是之旨，藉考據之法，羅證事實，勘比異同；則固清儒之所以治學之精神，之方法也。作《治學篇》。

（原刊於《清華週刊》第24卷第5期，1925年10月9日）

國學之意義及治國學方法之評判

（女師大附中三月二十七日演講稿）

今天承歐陽校長招我來貴校演講國學。我想諸位第一句先要問："什麽叫做'國學'呢？這'國學'两個字，究竟怎麽樣解釋才對？"我記得從前小時候，在蒙館裏讀書，第一部《論語》，開篇第一句書就是"學而時習之"。從前老先生，照着"疊韻爲訓"的一個大例，下着注説："學，覺也。"换句話説："學"就是"覺悟"的意義。因爲學的目標，要在能使得人覺悟。學的有效無效，就看這個人，得了一種學問以後，究竟得到一種覺悟没有？譬如學科學，就是要使人們覺悟到自然界和人生的關係。學政治社會學，就是使人們覺到人生的關係，不能離開群衆的全體。其它文學、哲學、心理學，一切關到内心的研究和記録，是在要使得人能覺悟，更不必説。照這樣説，"學"就是"覺悟"。"國學"的意義，就是"國性的自覺"。"國性的自覺"這句話，有两層意思：第一層意思，就是我們學了國學，我們可以覺到，這個國家和我們的關係，不僅是法律、政治等等能够保障我們生命財産一切權利；並且他的歷史，他的文化，也很够惹我們的繫戀，發生一種固結不解的愛。就像我們處在今日的中國情勢之下，人人可以覺到法律、政治，早已没有效力；

生命財産，早已没有保障；然而我們的中國，還比一切大英、大美、大日本和蘇俄無論世界何等的强國，來得可愛！就是我們中國數千年的文化和歷史，繫戀住我們的心，不忍得抛撇緣故！這是一層。第二，我們覺得中國數千年文化，古色古香，自然來得可愛！然而我們也要覺到中國的文化，經了數千年，好比一面古鏡，擱了歲月，也許塵封生翳，當得加以磨拭，纔能光可鑑人；萬勿把鏡面上封了的塵，就當他鏡面看，忍不得磨拭；那就千年塵封，愈古愈暗澹！這也是處在今日的中國情勢之下，我們新得到的一種覺悟。所以“國學”的意義，就是“國性的自覺”；國學的任務，就是要促起我們“國性的自覺”；這是我的一番愚見。

怎樣才能促起我們“國性的自覺”呢？那就要講到“治國學的方法”。

講到治國學的方法，就離不掉讀書。怎樣去讀書呢？我就得提起我們國學老祖師孔老夫子一句話，叫做“博學於文，約之以禮”；這就是治國學顛撲不破的一個方法。所以他的高第弟子顏回，贊他的老夫子“循循然善誘人”，也不過説，“博我以文，約我以禮”。什麽叫做禮呢？孟子道得好：“禮之實節文斯二者。”照他上文説：就是因人心之仁義而爲之品秩，使各得其序，叫做“禮”。所謂“博學於文，約之以禮”，祇是把“博文”所得到的學問，觀其會通，歸納出一個條理。這種工夫，照現在説，就是西洋哲家所常用的一種歸納方法。所以孔夫子的學問不可及，不在他的“多學而識之”，能够“博學於文”；還在他能“約之以禮”，觀學問的會通。他還有一個學生，叫做子貢，竟老實當他的老師是一個“多學而識”的學者；那就没有顏回來得高明，能够知道他的先生“博文”而後，還要做一番“約禮”的工夫；所以孔子就得提醒他，説道：“非也，予一以貫之。”然而從前宋儒讀了這句書，竟誤會做孔子不要“多學而識之”，這是大錯！孔子“博學於文”，又自己稱“默而識之”；孔子何嘗不做“多學而識之”的工夫？不過“多學而識”之後，滿肚皮學問，好像滿地散錢，收拾不起；就得覓一條繩貫串他才興；所以“博學於文”，能够“多學而識”之後，還得要“約之以禮”，去做“一以貫之”的工夫，才得有歸宿。然而假没有“博學於文”，做過“多學而識之”的工夫；好比一個錢都没有的窮人，就曳了條繩子，也無用！胡適之在他的《中國哲學史大綱緒言》裏説：“宋儒注重貫通。漢學家注重校勘訓詁。但是宋儒不明校勘訓詁之學；故流於空疏，流於臆説。清代的漢學家，最精校勘訓詁；但多不肯做貫通的工夫，故流於支離破碎。”這番話，最能發見漢學、宋學的癥結。換句話講：就是漢學家能够“多學”而不知道“貫一”，宋儒知道“貫一”而不能够“多學”。漢學家的學問，像散了滿地底錢，没有繩貫串得起。宋儒空曳了一條繩，又没有錢串。所以漢學家工夫没有澈底，宋儒又好像躐等；這都是“偏之爲害”！

然而漢學宋學，都離不掉做讀書工夫。不過一樣做讀書的工夫，漢學講考據，重客觀的外證。宋儒明義理，重主觀的内證。現在一般新漢學家，要想應用西洋的科學精神來讀書，自然主張做客觀的外證工夫。有人問我“意見怎樣”，我説：“不錯！現在一般新漢學家，提倡客觀讀書，我很贊成！不過我還有一句話要問：‘你爲什麽要讀書？’”這個人惘然不知所對。我就對他説：“讀書者並不是爲有了書要讀，是爲我自家受用要讀。”如果讀書的工夫，僅僅做到“客觀的讀書”而住；這個讀書的究竟目的還没有達到。倘使説：“古人費了心著書，我們不可辜負他，所以要去讀。”我覺得我對於古人，没有負這等義務！既然如此，就是“讀書要我自家受用”，這個主觀的讀書工夫，那可不講？所以我講到讀書法，就是主張：讀書第一步，須用客觀的外證工夫；再進一步，就要講到“主觀的讀書法”。倘使第一步讀書的工夫做到，不想進一步做“主觀的讀書”工夫；這個讀書的究竟目的，就没有達到！就是讀書没有澈底！就使讀書有得，也和我身心没干；所得的不過是物——名物訓詁之末；所謂“外鑠我也，非求自得者也”！漢儒是也！倘使第一步“客觀的讀書”工夫没有做，就要做第二步“主觀”的工夫；這個就叫“躐等”！這等人的讀書意見，就是“武斷”！就是以我誣古人！宋儒往往犯此毛病！不過宋儒教人讀書，最喜歡説“切己體察”，這句話，是主觀讀書法最要緊的一層意思，很可以矯正現在一般讀書人的流弊，我更得加以説明。

講到“切己體察”四字，須曉得這個“己”，有“空間之己”，有“時間之己”。據我看現在許多人讀書：有的没有切定自家這個“空間之己”去體察。有的没有知道切定“時間之己”去體察。就像一般“西洋化”者，讀了許多西洋學者的著作，覺得西洋制度文物，色色比中國好；是不錯！不過要想把西洋的一切制度文物，硬搬來中國做，就不成功了！爲什麽呢？就是因爲他忘記了自家這個“空間之己”是“東洋大海中國之己”，不是“西洋之己”；但知道西洋的制度文物好，而没有切定這個“東洋大海中國之己”，下一番體察工夫的緣故！又像一般國粹老先生，歡喜講唐虞三代，甚至説“忠君就是愛國”，要想復辟。我們看似好笑！他却自以爲是！他也不想“中華民國”一塊招牌既然豎起，萬萬没有恢復君主，老店新開之可能！這是什麼緣故呢？就是因爲他忘記了自家這個“時間之己”，不是“唐虞三代之己”，也不是“漢唐宋元明清之己”，是“中華民國紀元以後之己”；而没有切定這個“時間之己”體察一番緣故！這兩等人，我説心地皆不壞！只是他讀書没有知道“切己體察”這一種主觀讀書法，所以就失掉他們國性的自覺，不免“生於其心，害於其政，發於其政，害於其事”！

現在一般治國學者，講到做客觀的外證工夫，最有成績，要算章太炎先生治《説文》和諸子，他不但能“多學而識之”，也很能“一以貫之”！這是人人知道的。至於做主觀的内證工夫，雖然没有多大的成績，然而正在十分努力的時候，我就佩服本京梁漱溟先生！我很祝頌他的成功！

治國學，是否就盡在“讀書”中間？這個問題，將來諸位讀書多，積理深的時候，自然能解決！不用我來繁絮！

（原刊於《清華週刊》第25卷第7期，1926年4月9日）

《國學文選》甲集叙目

小學之部

許慎　《〈説文解字〉叙》

《重刻許氏〈説文解字〉叙》

江聲　《六書説》

章炳麟　《小學略説》

章炳麟　《理惑論》

姚華　《〈説文古籀補補〉序》

右文五家，所以辨章小學之源流者也。往者南皮張之洞言："讀古經古子，先識古字。下筆宜寫今字，而讀古書必識古字。讀書吟詩可用今音，而讀古書必審古音。語言箋劄可用今義，而解古書必用古義。識古字之形，曉古語之聲，乃能明古書之義。大率字類定於形，字義生於聲。知古字之形，則可覺今形[①]之非。知古讀之音，則可訂今音之訛。故形聲爲識字之本。”見《輶軒語》。小學者，蓋識字之學也；故以甲編首焉。小學之書，本之許慎。今録許慎《〈説文解字〉叙》，所以明小學之所宗。録朱筠《重刻許氏〈説文解字〉叙》、江聲《六書説》，所以析許書之條例。録章炳麟《小學略説》，所以闡小學之内涵，而以章炳麟《理惑論》、姚華《〈説文古籀補補〉序》殿焉，將以窮小學之流變，測蕲嚮於方來。其詳不可以具論；而博也嘗聞其略也：言小學者，兼文字之形、聲、義三者而言。許氏《説文解字》則形書也；自叙歷舉古文、奇字、大篆、小篆、隸書、刻符、蟲書漢曰“鳥蟲書”、摹印漢曰“繆篆”、署書、殳書、草書之十一體，而著見者三種：一古文；二大篆；三小篆。叙稱“大史籀著大篆十五篇，與古文或異”；可見其大體不離古文而改者少也。又稱：“秦始皇帝兼天下；李斯作《倉頡篇》，趙高作《爰歷篇》，胡毋敬作《博學篇》，皆取史籀大篆，或頗省改。”則所改頗多。然“頗”字之上，加以“或”字；可見小篆之於古籀，或仍或省改，而不必盡省改；其仍者十之七八，省改者十之二三而已。許君書叙篆文，合以古籀。仍，則小篆皆古籀也，故不更出。省改，則古籀非小篆也；則更出曰“某古文某”，或“籀文某”，如“弌古文一”、“䕺，籀文蓐從茻”之屬；是也。此外又有所謂奇字者，《説文》廑两見：儿下云：“古文奇字，人也。”无下云：“奇字，無也。”叙所稱“即古文而異”者也。然自清儒據出土之金文，籀《説文》之字體，而闡“許學”者乃闢一新塗焉！按許君《叙》稱：“古文，孔子壁中書也。壁中書者，魯恭王壞孔子宅而得《禮記》、《尚書》、《春秋》、《論語》、《孝經》。又北平侯張蒼獻《春秋左氏傳》，郡國亦往往於山川得鼎彝。其銘即前代之古文，皆自相似。雖叵復見遠流，其詳可得略説。”然則考文者，蒐山川之鼎彝，證六書之古籀；固許君之家法也！漢以後，彝器之出，自宋始盛；而宋人所録金文，其書存者，有吕大臨、王楚、王俅、王厚之諸家，而以薛尚功《歷代鐘鼎款識》爲最著。然薛氏之旨，在於鑑别書法，而非斠校許書。迨清之乾嘉，言許學者大盛。《説文》十四篇校訂、注釋、考證之作朋興；而研討篆籀，多蒐證於鼎彝。儀徵阮元遂集諸家拓本，賡續薛書，撰《積古齋鐘鼎

① 形，《輶軒語》及《“古書治要”之教材舉例》均作“音”；下文“今音之訛”之“音”均作“形”。

彝器款識》。南海吴榮光有《筠清館金石文録》，亦以《金文》五卷冠首而先行世。阮氏所録既富，又萃一時之方聞邃學以辨證其文字，故其考釋精確，率可依據。吴氏釋文，蓋仁和龔自珍所撰，孤文甎誼，偶窺扃奥，自詡冥合倉籀之指，而鑿空貤繆，見譏博物，往往有焉！道咸以後，名家者有海豐吴式芬、濰縣陳介祺、吴縣潘祖蔭、吴大澂及福山王懿榮等；而式芬有《攈古録金文》，介祺有《簠齋吉金録》，祖蔭有《攀古樓彝器款識》，大澂有《愙齋集古録》，蒐采咸稱精博；而其考釋文字，多一時師友互相賞析所得，非必著者一人私言也。惟古器日出，時多異文；而考文者，其初援許以釋器；既乃因器以疑許。於是武進莊述祖撰《説文古籀疏證》，吴大澂撰《説文古籀補》，瑞安孫詒讓撰《古籀拾遺》、《古籀餘論》，以及輓近閩縣林義光撰《文源》，黄縣丁佛言撰《説文古籀補補》，東莞容庚撰《金文編》。所不知者，蓋尚缺如。而依據金文，訂補許書，遂蔚成一時之風尚焉。夫許君得山川鼎彝以證古文；而近儒即據後出彝器以難許書，乃云："李斯作篆已多承誤，叔重沿而不治。"獨餘杭章炳麟博學通人，不憙時論，信許書以不祧，陳彝器之可疑；作《理惑論》，猶曰未足，重著其説於《〈文始〉叙例》。自是譚小學者有宗許、訂許之殊。蓋章炳麟者，固宗許之大師；而訂許之名家，並世當推上虞羅振玉、海寧王國維二氏。然羅、王二氏之所以訂許者，又非鼎彝而爲甲骨。甲骨者，光緒戊戌己亥間，河南安陽縣西北五里之小屯洹水厓岸，爲水齧而崩，得龜甲牛骨，鐫古文字。羅氏考其地環洹水三周而居，即《史記・項羽本紀》所謂"洹水南，殷虚上"，因名所得曰"殷虚甲骨文"；謂殷商貞卜文字之遺也。福山王懿榮、丹徒劉鶚始收藏之；而劉氏爲夥，選拓成書，曰《鐵雲藏龜》，凡十册。後鶚死，英人哈同得其所藏八百片，影行《戩壽堂所藏殷虚文字》一卷，則又出《鐵雲藏龜》之外者也。然尚不如羅振玉所藏之爲尤夥！傳者謂有三萬片。其拓墨影行成書者，有《殷虚書契前編》八卷，《後編》二卷，《殷虚書契菁華》一卷。所刻皆殷先王卜占、祭祀、征伐、行幸、田獵之事，其文字之數，比彝器尤多且古；故裨益於文字學者尤大。惟事類多同，故文字亦有重複。《鐵雲藏龜》未及别白；而羅氏之編，則分别部居，祛其重複，精審固視《鐵雲藏龜》過之！而瑞安孫詒讓先就《鐵雲藏龜》，考其文字，成《契文舉例》二卷；而《名原》之作，亦多根據甲文；雖創獲無多，而殷虚文字研討之塗，實自孫氏發之！然亦不如羅振玉、王國維之後來居上！振玉有《殷商貞卜文字考》、《殷虛書契考釋》、《殷虛書契待問》。國維有《戩壽堂所藏殷虛文字考釋》。而其中足以訂補許書者約有五事：一曰“甲骨文之不見《説文》者幾及千字，可以補許氏之所未備”也。二曰“甲骨文之與《説文》形體不同者，可以斠正許氏之譌[①]”也。三曰“甲骨文有與大篆小篆相同者，可以證籀斯之或異或頗省改，不過董理前文，而匪師心自用，仍舊貫者亦不少”也。四曰“甲骨文之象形，恍若圖畫，可以悟象形之所由名”也。五曰“甲骨文之會意，有殊體而實一字者；例如牢之從牛從羊，或殊體而實一字。亦可以拾許氏之遺”也。論者多以爲發千古文字之秘藏！獨炳麟猶盛疑之；謂：“《周禮》釁龜，未聞銘勒。其餘見於《龜策列傳》者，乃有白雉之灌，酒脯之禮，梁卵之祓，黄絹之裹，而刻畫書契無傳焉。夫骸骨入土，未有千年不壞！壐質白盛，其化非遠；龜甲何靈而能長久若是哉？”見《理惑論》。然則地藏所發，訂許者祟爲鴻寶；宗許者疑爲雁器；取捨不同，亦勢然也。惟章炳麟之治小學，實以音韻爲骨幹，通其殊變；然形體或非所長！獨推稱邯鄲淳書《正始三體石經》，謂“通許氏字指，其間殊體，庶可采録”。見《〈文始〉叙例》、《理惑論》。而其以《三體石經》訂正許書傳寫之譌者，則有無錫丁福保得洛中新出土拓本六頁，以證許書之“甲”從“十”而非“丁”，“甶”爲“由”而非“甾”，“四”之古文爲“亖”，“文”之古文從“心”。其大指以爲：“十爲古文甲字，即押字；今田父野老猶習用之。石經《尚書》有‘祖甲’、‘大甲’两‘甲’字，皆作‘𠇍’；而後知《説文》甲、早、卓等字體作‘𠁧’不作‘𠇍’之爲傳寫訛也！《説文》苗、迪、笛、宙等三十一字，皆從‘由’；而正文無‘由’字。今按石經《尚書》“非克有正，迪惟前人光”、“天不可信我迪惟寧王德延”，凡‘迪’字中之‘由’，皆作‘甶’；而後知《説文》卷十二下‘甶，東楚名缶曰由，象形’；缶、由聲近，正合方言音轉而變；而大小徐以“甶”作“甾”，音作‘側詞切’者，誤也！孫詒讓《名原》謂：‘《説文》“四”字古文作𠃢，籀文作亖。考金文甲文皆作亖，要以積畫爲近古，未必皆出史籀後，疑亖爲古文，𠃢爲籀文，許書傳寫誤易耳。’今考《三體石經》古文“四”字正皆作亖；而後知孫説之不刊！吴大澂《字説》謂：‘《尚書》“寧人”之“寧”，乃“文”字之誤。’歷舉古文

① “譌”下原衍一“訛”字，今删。

‘文’字有從心者，與‘寧’字相似。今考石經‘寧’之古文，確可爲“文”字之變形；而後知吴説之不刊!”見《〈説文解字詁林〉後序》。雖聲名不如羅、王二氏，然亦當代訂許之一家也！然丁氏之所以訂許者，蓋取資於《三體石經》者少，而資之唐僧慧琳、遼僧希璘《正續一切經音義》引許書者多；據以補《説文》逸字，補《説文》説解中奪字，補《説文》説解中逸句，訂正《説文》説解中删改之句，訂正《説文》説解中傳寫之譌，考訂《説文》某聲，具見《〈一切經音義彙編〉自序》。惟丁氏之旨，在讎正許書寫刻之譌奪而已；與莊述祖、吴大澂以下諸人之致難於許者意又有殊。丁氏誦許書三十年，蒐藏許學之書，自南唐大小徐以迄輓近章炳麟、羅振玉、王國維諸家，積七百餘卷，依許書次第，逐字編注，纂《説文解字詁林》五百餘卷，而孜矻未有已。蓋吾鄉人之劬於許學者，莫之或先也！余籀誦許書，未遑博涉，粗述誦覽，以當啓蒙，而綴寫目之後。無錫錢基博。

（原刊於《南通報》，1926年7月12日—18日）

《國學文選》乙集叙目

經學之部

龔自珍　《六經正名》

章學誠　《經解》

魏源　《〈两漢經師今古文家法考〉序》

邵保初　《六朝經術流派論》

趙坦　《唐孔穎達〈五經義疏〉得失論》

胡培翬　《〈詁經文鈔〉序》

右文六家，所以辨章經學之源流者也。誠竊以爲通經之法，要在明經傳之别，通今古之殊。兹録龔自珍《六經正名》、章學誠《經解》，所以考經傳之沿革。録魏源《〈两漢經師今古文家法考〉序》、邵保初《六朝經術流派論》、趙坦《唐孔穎達〈五經義疏〉得失論》，所以明今古文家法之殊及其流變。而終之以胡培翬《〈詁經文鈔〉序》，蓋叙述清儒治經之法，而蕲於開設户牖，啓示塗轍者也。其爲得失，可得而言：大抵西京微言大義之學，墜於東漢。東漢名物解故之譚，熄於魏晉。漢魏詁經而成注。隋唐箋注以撰疏。

漢學謹於詁而訓有不順。宋儒順於訓而詁或未覈。詁者所以通古今之言，訓者所以籀章句之指。詁者，古言也；古今異言，以今言解古言，使人易知也。訓者，順也；聖人發言爲經，語有緩急；順以爲解，勿乖其指也。二者交濟，莫可一闕。詁而不訓，其失則拘而流於瑣；漢儒是也。訓而不詁，其弊也臆而失之疏；宋儒是也。然趙岐注孟，章别其指，順文爲釋，同於口義，亦未詳詁。詁而不訓，弊起末漢，宋儒揚之；極明中葉，王陽明起，六經注我。學派既成，師心空譚，比於無徵不信矣！清初當陽明之學極盛，獨崑山顧炎武竺志六經，謂："經學即理學也。自有舍經學言理學者，乃墮於禪學而不自知！"故持論悉本朱子説；而訶陽明甚峻，至引范武子論"王弼、何晏二人之罪，深於桀紂"以爲比況；見《日知録》卷十八《朱子晚年定論》。其持論見《日知録》者可覆按也。自是之後，王學稍稍衰。而當湖陸隴其著績循吏，安溪李光地持樞中朝，皆高名雅望，學宗朱子。挾登高之呼，爲儒林之宗；而朱子之學於是大昌也！夫朱子之學之所爲不同於陽明者，蓋陽明祇尊德性，而朱子兼道問學也。朱子嘗教人看注疏，不可輕議漢儒，云："漢初諸儒專治訓詁；如教人亦只言某字訓某字，自尋義理而已。"見《語類》卷一百二十七。"自晉以來，却改變得不同；王弼、郭象輩是也。漢儒解經，依經演釋。晉人則不然，舍經而自作文。"見《語類》卷六十七。"作文則注與經各爲一事；人惟看注疏而忘經。須只似漢儒毛、孔之注，略釋訓詁名物及文義理致尤難明者；而其易明處，更不須貼句相續；乃爲得體。蓋如此則讀書看注，即知其非經外之文，却須將注再就經上體會，自然思慮歸一，功力不分；而其玩索之味，亦益深長矣！"見《記解經》。"學者苟不先涉漢魏諸儒之名物訓詁，則亦何以用力於此！"見《語孟集義序》。推奬漢儒甚至，而顧炎武"經學即理學"之論，蓋體其旨而發。然則玩索朱學之功深，而漸竟其委於漢儒名物訓詁之説，此又必至之勢，自然之符也！同時蕭山毛奇齡、太原閻若璩稍晚出，皆不慊朱子之注經而有所論説。然若璩以《古文尚書疏證》有大名；而古文二十九篇之僞，朱子《語録》已發其覆；特證佐未具，俟若璩出而蒐集，加以論定焉爾。奇齡才氣自負，説經長辨駁，尤與宋儒鑿枘，而雄辨足以濟之；著《四書改錯》一書，於朱子盛氣攻辨，語或過當！然自明以來，申明漢儒之學，使儒者不敢以空言説經，實奇齡開其先路！厥後元和惠棟自乃祖周惕、父士奇三世傳經，其學必求之《十三經注疏》暨《方言》、《釋名》、《釋文》諸書，而一衷於許慎《説文》，以洗宋、元來庸熟之陋，見王昶《春融堂文集·詹事府少詹事錢君大昕墓誌銘》。竺信漢學，謂："漢人通經有家法，故有五經師。訓詁之學，皆師所口授，其後乃著竹帛；所以漢經師之説立於學官，與經並行。古字古言，非經師不能辨。是故古訓不可改也，經師不可廢也。"見《九經古義述首》。休寧戴震於清儒最爲絶出，視惠棟稍後，而其學出自婺源江永，稱永學，自漢經師康成後，罕其儔匹！然永嘗注朱子《近思録》，所著《禮經綱目》，亦本朱子《儀禮經傳通解》。而震傳而衍之，乃至擯落一切，誦説漢學，以許慎《説文解字》書爲宗，遂盡通《十三經注疏》，能全舉其辭，嘗曰："經之至者道也。所以明道者，其詞也。所以成詞者，字也。由字以通其詞，由詞以通其道。"見《東原集》卷九《與是仲明論學書》。學者遵爲典則，而東漢許、鄭之學於是臻極盛焉！嘉、道以後，學者又由許、鄭之學，溯洄而上；《易》宗虞氏以求孟義，《書》宗伏生、歐陽、夏侯以距馬、鄭，《詩》宗齊、魯、韓以正毛、鄭，《春秋》宗《公》、《穀》以難《左氏傳》，發端於武進莊存與、劉逢禄，極倡於仁和龔自珍、邵陽魏源，乃刊落訓詁名物之末，專求所謂微言大義者，號曰西漢今文之學；號曰云者，特清儒以爲號爾，非其本真也。語詳拙著《漢儒顯真理惑論》。述伏、董伏生、董仲舒之遺文，尋武、宣之絶軌，學愈進而愈古，義愈推而愈高！然則清學者，反本修古，不忘其初者也。方始建國，有鉅儒起，循朱子之"道問學"，以救王學"尊德性"之空；而其既也，又發西漢今文十四博士之微言大義，以矯東漢名物訓詁之碎。於是今古之争，不聞於唐宋而極譁於輓清！古學先盛於皖南，江永、戴震爲之先師。今學再振於常州，莊存與、劉申受導其前路。風氣所鼓，寖淫季末。寶應有劉台拱、寶楠、恭冕，儀徵有劉文淇、毓崧、壽曾、師培，並稱揚州二劉家，父子祖孫，世禪其學；而儀徵劉氏四世以《左氏》名家。德清有俞樾，瑞安有孫詒讓，餘杭有章炳麟，並通經學古；而炳麟師俞樾，亦問業詒讓，明習《周禮》，善聲音訓詁之學，亦喜言《左氏春秋》，卓然當代古學大師矣！由是浙江稱古學者之淵藪，而江南之揚州亞焉！湘潭王闓運治今文經學，有盛名於同光間。而善化皮錫瑞稍晚出，亦治今文學。而今學昌於湖南！既，王闓運講學蜀中，其弟子有井研廖平能大其學。而今學衍於四川！南海康有爲能敷説公羊"改制"

以言變法；禪其弟子。新會梁啓超益推而大之，至於無垠。而今學極盛於粵東！由是湘、蜀以迤嶺南，萃今學之秀傑；而常州之聲光熸焉！斯其大較然矣！謹拾誦覽之所記，匡六家於未逮。最其大指，附於目後。無錫錢基博。

（原刊於《南通報》，1926 年 7 月 20 日—24 日）

《茹經堂外集》叙

原本荀子《勸學》之篇，假定國學論衡文準。厥恊六家，明義數之辨；裁於一是，詔躬修之塗。首冬午夜，借題寫懷；朔風蕭瑟，如助哀吟。弁之短言，聊當要刪。大雅君子，尚鑑吾意。

邑老唐蔚芝先生將裒刊生平所著雜文，都爲乙集，曰《茹經堂外集》；屬余序端以發其指。於戲！余讀荀子《勸學》之篇，謂："學惡乎始？惡乎終？曰：其數則始乎誦經，終乎讀禮。其義則始乎爲士，終乎爲聖人。真積力久則入，學至乎没而後止也。故學數有終，若其義則不可須臾舍也。爲之，人也；舍之，禽獸也。""故誦數以貫之"，稽於數也。"思索以通之"，昭其義也。"爲其人以處之"，"始乎爲士，終乎爲聖人也"。"君子之學也，入乎耳，著乎心，布乎四體，形乎動静，端而言，蝡而動，一可以爲法則。小人之學也，入乎耳，出乎口；口耳之間，則四寸耳。曷足以美七尺之軀哉！""君子之學也，以美其身；小人之學也，以爲禽犢。"竊嘗有味乎其言，而持之以盱衡當世學者。蓋"稽於數"者有人矣，"昭其義"者有人矣，獨未見有"爲其人以處之"如唐先生者也。

於戲！吾生四十年矣，並世方聞雅儒，頌其詩，讀其書，睹記所逮者何限。試譔最其尤者：古訓是式，洞見本原，以六書小學爲門户；以《官》、《禮》、《左氏春秋》、周秦諸子爲崖郭；而旁參釋乘以究悟慈氏世親書爲精神命脈；庶幾乎所謂"誦數以貫，思索以通"；厥見乃與漢唐諸儒箋疏瑣碎殊者，有人矣，餘杭章炳麟也。蓋恢張高郵王氏父子念孫、引之之學，推而大之，以至無垠者也。至於爬羅金石，證經補史，以殷墟龜甲、流沙墜簡爲根柢；以六經、諸史、許慎書爲徑塗；竺古之情深，而疑古之牖亦辟；糾許書之有違，徵古史之闕記；而疏通證明；不僅名物度數之間者，有人矣，上虞羅振玉、海寧王國維也。蓋繼晚清潘祖蔭、吴大澂諸人之緒，而睹前人所不記，遂以後來益居上者也。然而穿地不足以匡史，龜甲未能以考文；羅、王二君之所順澤，抑亦章炳麟氏之所厚非，斯可以覘流別者也。其有以疑古者稽古，不爲章炳麟氏之信而好古；以王充《論衡》爲骨幹，而以姚際恒《古今僞書考》、崔述《考信録》暨康有爲《新學僞經考》諸書張羽翼；排擯一切，旁援歐儒，益爲曼衍；謂賢聖爲芻狗之已陳，無當於世教；謂經子悉後出所託僞，奚裨於徵文；喜爲異説而不讓，敢爲高論而不顧；若而人者，績溪胡適實倡之，隨時抑揚，而後進彌以馳逐；漢學揚徽，遂以署新者。於戲！竺古同，而所以竺古之具則異，羅振玉、王國維之於章炳麟是也；稽古同，而所以稽古之情則異，胡適輩之於章炳麟是也。斯又可以覘流別也。然而是必求以實事，論切忌於鑿空。斯則三家者之所不同而同者也，所謂"稽於數"者也。

然而具數或未以竟義，稽古徒矜於博聞，或者亦病之。而蘄多識之貫一，貴通經以致用。疏於論證，敢於昌言，以《春秋》經世爲揭幟，以《公羊》改制爲眉目，刊落訓詁名物之末，專求其所謂微言大義；旁采耶佛，時恣縱而不黨；張三世以演進化，通三統以徵變法者，有人矣，南海康有爲、新會梁啓超也。蓋襲清代劉逢禄、龔自珍之餘論，而蘄措見之政事者也。若乃辨章學術，考鏡源流，以《漢書·藝文志》爲閫奥，以清代章學誠《文史通義》乙篇爲首塗，考信蘄徵乎古，覈實必衷諸名，部次群言，推闡大義者，有人矣，錢唐張爾田、元和孫德謙也。蓋恢史統以紹孔統，上承章學誠氏，而匡違補闕，相與以有成者也。特是張爾田、孫德謙專意述學，紹明史統；而康有爲、梁啓超好爲政論，原本六經；志事不同，而要歸於揚西漢之微言，薄東京之古學，則無乎不同，可爲特筆者也。又抱朴潛修，歸於自得，以佛氏書爲悟機，以孔子爲依歸；而明心見性，不同時賢之外鑠者，有人矣，宛平梁漱溟也。蓋有志紹正宋五子之學，而一新壁壘，用靖人心，補風教者也。凡若此者，皆所謂“昭其義”者也。

大抵稽於數者，必謹名物器數之證論，而昭其義者，喜爲微言大義之籀討，而要之真積力久乃有入則一，其大較然也。特是學問不外記誦，著述以爲禽犢。國學者，聲氣之資；博文者，溺志之由；徒長矜伐，奚裨身心！庸詎知不要其歸於爲人，而所爲“誦數以貫，思索以通”者，徒荀子之所謂學數有終，而無當於不可須臾舍之義也乎！獨宛平梁君有志躬修，近益暗然，學以美身，庶幾君子。惜乎，吾頌其語矣，未見其人也。

最晚近乃得見唐先生。於戲！吾之知名唐先生也最早，又同鄉里，而晤對容顏乃於晚近世者。一素性簡静，不喜交遊，而以先生巨人長德，名輩不接；莫爲之介，亦未敢漫修士相見禮。二則矜氣未化，自問記誦詞章不後於人。而讀先生之文，若無以遠相過者。此則博文溺志之見，質實言之，不足當先生一噱者也。先生實都講吾邑之國學專門學院。比以戎車阻道，大師虚席，俾博暫承乏其事。乃得時時親接其言論，然後知先生躬行君子，不徒沾沾詞章記誦之末。其學以孔子《六經》爲奥竅，以宋五子書爲入德之門。孝友齊於家庭，温恭溢於辭色。世態幻變，而制行有常。窮不失義，達不失道。威儀翼翼，雖未識視古聖賢何如，儻所謂“君子之學，入耳著心，布四體，形動静，端言蠕動，一可以爲法則”者，而今殆見其人歟！而今殆見其人歟！

所著《茹經堂外集》若干卷，而博得見者僅四卷。其中《魯詩有傳無傳考》稱：“《漢書·藝文志》載《魯詩故》二十五卷，《魯詩説》二十八卷，而無詩傳。然據《史記·申公傳》、《楚元王傳》，可以補《班傳》之脱字，徵《魯詩》之有傳。《漢書·申公本傳》云：‘獨以《詩經》爲訓故以教，亡傳，疑者則闕弗傳。’師古注：‘口説其指，不爲解説之傳。’《史記·申公傳》作‘以教無傳疑，疑者則闕不傳’，乃知《班傳》用《史記》脱一‘疑’字。《漢書①·楚元王傳》云：‘申公始爲詩傳，號魯詩。’《詩經》唯《毛詩》合故訓於傳。若三家《詩》，則傳並在故訓之外。劉向、應劭治《魯詩》；而《説苑》引詩傳，又引魯訓，是《魯詩傳》别出於《魯故》‘故者，依古作訓’，是‘故’則訓也。《風俗通》引詩傳，又引詩説，是《魯詩傳》别出於《魯説》。”而卒斷言之曰：“《漢志》著《魯詩故》、《魯詩

① 漢書，原誤作“史記”。

説》，而遺《魯詩傳》不録者，乃班氏之疏漏也。”又如《漢書·藝文志》，《爾雅》屬《孝經》類説，謂：“漢儒釋經之書，或稱‘故訓’，或稱‘傳’。《毛詩》合而爲一，則曰《故訓傳》。”若三家詩，則於故訓之外，皆别有傳。《爾雅》以觀於古，足以辨言，蓋訓故之體。而《孝經》陳示要道，於章末每繫以《詩》語，此傳體也。一則辨釋五經之訓故，一則數陳五經之要道，而要之啓設户牖，鈐鍵六藝，故以並屬一類。凡若此者，咸足以發《七略》之類例，拾六藝之所闕。然則誦經讀禮，通其指意，讀先生是編，豈曰“不稽於數”者哉？信未可以一端窺先生矣。

先生原籍太倉，晚清之季，吾邑搢紳士大夫，有欽先生學行者，遂買地而授館焉。余嘗以縣志事有所請益於先生，致書稱“前輩”而不以鄉人目之。先生裁答，意殊不喜也。茲故尊之曰“邑老”，而並著其因緣於此。

中華民國十六年十一月十四日，鄉後學錢基博。

博按：此文與拙著《今日之國學論》足相表裏，而補所未逮。蓋舊作論學校之國學，而此則詳個人之學術也。自記。

（原刊於《光華期刊》第2期，1927年10月）

今日之國學論

（一）國學正名

（二）國學之两主義

（三）言國學者以何種主義爲宜

太史公曰："儒者斷其義，馳説者騁其辭，不務綜其終始。"見《史記・十二諸侯年表序》。嗚呼！此今日學者之大患也！《易・繫辭》不云乎？"聖人有以見天下之動而觀其會通。"两見《周易・繫辭上傳》。此"窮神知化"，所以稱"德之盛"也！今夏杜門侍親疾，里子弟不廢學，請業者踵至。因爲講説，發難樹義，亦欲以究切情要，箴砭時弊。班固有言曰："惑者既失精微；而辟者又隨時抑揚，違離道本，苟以譁衆取寵。後進循之，是以五經乖析，儒學寖衰。比辟儒之患！"見《漢書・藝文志・諸子略》。寧獨見於漢世哉！於是董理厥指，條爲三事：一曰國學正名，二曰國學之两主義，三曰言國學者以何種主義爲宜。著于篇，爲成學治國聞者考鑑焉。大雅君子，尚哀吾意！

（一）國學正名

必先知“學”之涵義，而後可與言國學。試條析而竟其義：

一何謂“學”？按學之爲言“覺”也。《說文·教部》：“斆，覺悟也。从教，从冂。冂，尚矇也。臼聲。學，篆文斆省。”《白虎通·辟雍篇》：“學之爲言覺也。”“所以疏神達思，怡情理性，聖人之上務也。民之初載，其矇未知；譬如寶在乎玄室，有所求而不見，白日昭焉，群物斯辨矣；學者心之白日也。人心必有明焉，必有悟焉，如火得風而炎熾，如水赴下而流速，斯大聖之學乎神明而發乎物類也。”采徐幹《中論·治學篇》“君子博學而日叄省乎己，則知明而行無過矣。”見荀子《勸學篇》惟“覺”斯徵“學”，惟“學”乃臻“覺”。是故言學者不可不知“義”、“數”之辨，知之者覺；昧之者愚也！何以言其然？《荀子·勸學篇》曰：“學惡乎始？惡乎終？曰：其數則始乎誦經，終乎讀禮；其義則始乎爲士，終乎爲聖人。古人言學以聖爲歸。聖者，大覺至通之稱。《莊子·天運篇》曰：“聖也者，達於情而遂於命也。”《說文·耳部》：“聖，通也。”《白虎通·聖人篇》：“聖者，通也。”真積力久則入，學至乎没而後止也！故學數有終；若其義則不可須臾舍也。爲之，人也！舍之，禽獸也！”此知“義”與“數”之辯者也。《漢書·藝文志》曰：“古之學者耕且養，三年而通一藝，存其大體，玩經文而已；是故用日少而畜德多，三十而五經立也！後世經傳既已乖離；博學者又不思多聞闕疑之義；而務碎義逃難，便辭巧說，破壞形體，說五字之文，至於二三萬言；後進彌以馳逐，故幼童而守一藝，白首而後能言，安其所習，毁所不見，終以自蔽；此學者之大患！”此不知“義”與“數”之辨者也。嗚戲！讓清乾嘉已還，學者方承惠棟、戴震諸老之遺風，襲爲一種考據瑣碎之學，辯物析名，梳文櫛字，刺經典一二字，解說或至數千萬言，繁稱雜引，號曰漢學；群流和附，堅不可易；於是專求古人名物、制度、訓詁、書數，以博爲量，以闚隙攻難爲巧；若舍是不足與於“學”者！庸詎知漢學之所謂名物、制度、訓詁、書數者，荀子之所謂“學數有終”，而無當於“不可須臾舍”之“義”也乎？古人爲學以畜德，貫其義也；後儒講學以馳徒說，逐於數也。雖然，荀子不云乎：“君子之學也，入乎耳，著乎心，布乎四體，形乎動静，端而言，蝡而動，一可以爲法則。小人之學也，入乎耳，出乎口，口耳之間則四寸耳！

曷足以美七尺之軀哉！”見《荀子·勸學篇》此“覺”與“不覺”之别，君子、小人之分也！不可不深察，不可不熟慮！

二、何謂國學？國學之一名詞，質言其義曰：“國性之自覺”云爾！國於天地，必有與立。而人心風俗之所繫，尤必先立乎其大，深造而自有得，相以維持於不敝。其取之它國者，譬之雨露之溉，土肥之壅，苟匪發榮滋長之自有具，安見不求自得而外鑠我者之必以致隆治，揚國華也耶！是故國學之所爲待振於今日，爲能發國性之自覺，而俾吾人以毋自暴也！吾生四十年，遭逢時會，學術亦幾變矣！方予小弱，士大夫好談古誼，足己自封；其梯航重譯通者，胥以夷狄遇之；而詡然自居爲中國，以用夷變夏爲大戒，于外事壹不屑措意。此一時也。“風氣漸通，士知弇陋爲恥；西學之事，問塗日多。然亦有一二巨子，訑訑然謂彼之所精，不外象數形下之末；彼之所務，不越功利之間；逞肊爲譚，不咨其是。討論國聞，審敵自鏡之道，又斷斷乎不如是也！”采嚴復《天演論·序》。此又一時也。既世變日亟，國人曉然於積弱，則又以爲中國事事不如人，舊學寖以放廢！於是“家肆右行之書，人詡專門之選，新詞怪誼，柴口耳而濫簡編；向所謂聖經賢傳，純粹精深，與夫通人碩德，窮精敝神，所僅得而幸有者，蓋束閣而爲鼠蠹之久居矣！”采嚴復《〈涵芬樓古今文鈔〉序》。然而行之二十年，厥效亦既可睹：衡政，則民治徒爲揭幟，而議士弄法不軌，武人爲於大君。論教，則歐化襲其貌似，而上庠馳説不根，學生自名天驕。横流所極，紀綱何存！欲求片詞隻義，足以維繫一國之人心者而渺不可得！國且不國，何有於治！於戲！古諺有之曰：“橘逾淮化爲枳也。”況於謀人之國，敷政播教；將謂樹一國之人文，而可以移植收其全功者乎！此必不可得之數也！其效則既可睹矣！此又一時也！大抵自予之稚以逮今日，睹記所及，其民情可得而言：其始足己而自多！後乃蔑己以徇人！然見異思遷者，徒見人之有可法，而不知國性之有不可蔑！而足己自多者，又昧人之有可法，而不知國性之有不盡適！二者之爲蔽不同，而失之國性之不自覺則均！

是故言“國性之自覺”者，必涵二諦而義乃全：一曰“必自覺國性之有不可蔑”。昔羅馬大哲嘗作詩歌以大誥於國曰：“前車非遠，希臘所程猗！希臘之花，昔何榮猗！彼昏不知，狎侮老成猗！黷其明神，薄其典型猗！萬目異色，群耳無正聲猗！綱絶紐解，人私自營猗！累世之業，黜其沈冥猗！嗟我國人，能勿懲猗！”采梁啓超譯，見《庸言》報第一卷第一號《國性篇》。嗟乎！吾每誦此而感不絕於予心也！儻一國之人，自上下下，不復自知我國歷史久長之難能，文化發揚之可貴；本實已撥，人奮其知，自圖私便；則國與民之所恃以摶繫於不壞散者，僅法律權力之有强制，生命財産之受保障耳！於精神意志之契合何有！一旦敵國外患之强有力者臨之；但使法律權力，足以相制；生命財産，足以相保；而蚩蚩者氓，祇如馴羊叩狗，群帖焉趨伏於敵人之足下已耳！古今之亡國者，未或不由是也！儻有國之人焉，胚胎於前光，謌誦其歷史，涵濡其文化，浹肌淪髓，深入人心。人心不同，而同於愛國；如物理學之攝力，摶捖一國之人，而不致有分崩離析之事也！如化學之化合力，鎔冶國人，使自爲一體，而示異於其它也！然後退之足以自固壁壘，一乃心，齊乃力，外禦其侮；而進焉則發揮光大之以被於全人類，而爲邦家之光！此國性自覺之第一義也。一曰“必自覺國性之有不盡適”。吾國立國於大[①]地者五千年，其與我並建之國，代謝以盡者幾何！而我乃如魯靈光巍然獨存，雖中間或被夷虜，爲國大厲；而漸仆漸起，不旋踵而匡復故物，還我河山，歌斯哭斯以聚國族於斯，其國性之養之久而積之厚也！其入人之深也！此不待言而自解也！然樹藝積久而必萎。國性積久而有窳。時移勢遷，有不適者！故曰：“文久而息，節族久而絕。守法數之有司極禮而褫。”見《荀子·非相篇》。又曰：“禮時爲大。”見《禮記·禮器》。因時制宜，寧容墨守！非有所矯，不能圖存，固也。如人性然，變化氣質，增美釋回；君子道在修身，何莫不然！然而不可不知者：國性可助長而不可創造也；可改良而不可蔑棄也。儻如“戕賊杞柳以爲桮棬”，見《孟子·告子上》桮棬未成而杞柳先戕，庸杞柳之所利爲之乎！然則斲喪國性以致富强，富强未致而國性先墜，庸國人之所利爲之乎！即中知，固知其不利矣！於戲！輓近以還，歐化東漸，國人相競以詔；淺嘗之士，於所學曾未深求，輒捃摭所聞西事以自矜詡，蘄欲措諸施行；而仁義道德之傳自往昔，爲人生所必繇，古今中外莫能易，操之則存，舍之則亡者；則或以其中國老生常談，放言高論，務摧滅之以爲快！人心不安於澹定，國事日徵其蜩螗！貪冒淫侈以爲文明。弱肉强食爲公理。生心害政，以若所爲，而曰“彊國捄群之道在是”，譬於飲酖而捄渴！吾見渴之未捄而大命

① “大”應作“天”。

已傾！國之未彊而人心先壞！安其危而利其菑，所謂“彊國捄群之道”果如是乎！然則國學所爲待振於今日者，爲能發國性之自覺；而俾吾人以毋自暴也！伯爾君子，尚顧名思義而知所從事焉！

（二）國學之两主義

吾觀荀子《勸學》，兼綜“數”、“義”，以爲：“其數則始乎誦經，終乎讀禮；其義則始乎爲士，終乎爲聖人。”見《荀子·勸學篇》。“全之盡之，然後學者也！君子知夫不全不粹之不足以爲美也，故誦數以貫之，思索以通之，爲其人以處之。”見《荀子·勸學篇》。則是荀子勸學，貫“義”與“數”而一之；徹始徹終，非二物也。後儒則離“義”與“數”而二之；譬如耳目口鼻，皆有所明，不能相通。有陳其“數”而疏於“義”者，有明其“義”而遺乎“數”者。將以便舉稱，明殊指，爲之題目，昭其涵容：一曰“人文主義”，一曰“古典主義”。

“人文主義”者，以爲國學之大用，在究明“人之所以爲人之道”；而以名物考據爲瑣碎。此明其“義”而遺乎“數”者也。

“古典主義”者，以爲國學之指趣，在考徵“古之所以爲古之典章文物”；而以仁義道德爲空譚。此陳其“數”而疏于“義”者也。

此之謂“國學之两主義”也。國之有學，非一日矣！曁盡往古，亘極來今，蓋亦有其變遷遞嬗之迹可舉者焉。莊生有言曰：“孰主張是？孰維綱是？孰居無事推而行是？”見《莊子·天運篇》。事實之所詔我，實以两主義相摩相盪，迭爲興仆，運轉而不能自止者也。大抵漢學尚考據，明訓詁，荀子所謂“其數則始乎誦經，終乎讀禮”；“古典主義”之可徵者也。宋儒道性善，明義理，荀子所謂“其義則始乎爲士，終乎爲聖人”，“人文主義”之可徵者也。雖然，猶有辨：

漢學有今古文之分。今文經世以致用，微言大義是尚，此漢學之近於“人文主義”者也。古文稽古以釋經，名物訓詁是謹，此漢學之偏於“古典主義”者也。然而今文極盛於西京，古學代興於東漢；古學既盛而今文遽絕焉！《後漢書·鄭玄傳》曰：“初，中興之後，范升、陳元、李育、賈逵之徒争論古今學，後馬融答北地太守劉環及玄答何休，義據通深，由是古學遂明。”則是“古典主義”擅漢學後起之勝也。

宋儒有朱陸之争。朱子道問學，讀書不害窮理，《宋元學案·晦翁學案》載：陳北溪答李貫文曰："先生教人尊德性，道問學，固不偏廢，而下力處却多在道問學上。"此宋儒之不廢"古典主義"者也。陸象山尊德性，明心乃以見性，《宋元學案·象山學案》曰："宗羲案：先生之學以尊德性爲宗，紫陽之學則以道問學爲主。先生與兄復齋會紫陽於鵝湖，復齋倡詩有：'留情傳注翻榛塞，著意精微轉陸沈。'先生和詩亦云：'易簡工夫終久大，支離事業竟陸沈。'紫陽以爲譏己，不懌。"此宋儒之尤重"人文主義"者也。然朱學極盛於宋、元，陽明崛起於明代，陸學重光，而朱學少衰矣！則是"人文主義"擅宋學後起之勝也。

然當宋儒未起，漢學將變之際，老、莊於魏、晉，佛於隋、唐，士大夫譚名理，崇高致，以清言爲尚，以章句爲塵垢；亦由風氣窮而思變，學術蘄於自覺。厭考據之煩瑣，無補人生；樂名理之簡雋，欲以自慰。此實古今學術升降一大轉機也。徒以玄譚自放，君子不貴；佛説外道，吾儒所鄙；國學一綫，端繫六經。然而魏、晉經學，衍之東漢，統緒分明，詳見《隋書·經籍志》。而有不同於東漢者。蓋同者其傳説，而不同者其精神；東漢言訓詁，或流繁瑣；而魏晉好名理，亦出簡雋也。"漢初諸儒，專治訓詁，如教人亦只言某字訓某字，自尋義理而已。"采《朱子語類》。"自晉以來，改變不同；王弼、郭象輩是也。漢儒解經，依經演説；晉人則不然，依經而自作文。"采《朱子語類》。則是"古典主義"也，而"人文主義"寓焉！後來宋儒之師心説經，其經義大抵汲魏晉之流風者也。然魏晉諸儒尚解經而爲經注，如王弼、韓康伯之注《易》，杜預、范寧之集解《春秋左氏》、《穀梁》，皆經注也。至南北朝，則守一家之注而詮解之，且旁引諸説而證明之，所謂義疏者也。則是義疏者，蓋注注而非注經。是故漢迄魏晉，經學也；南北朝，注學也。皇侃、熊安生、沈文阿、劉焯炫之倫，著録繁夥。至唐孔穎達修訂《五經正義》，賈公彦、元行沖、徐彦、楊士勛賡續有作，遂遍諸經；百川洄注，瀦爲淵海，信經學之極軌也！然則唐學者，殆集南北朝注學之大成，而爲東漢古學尾閭之宣洩焉！

宋儒五子，周敦頤、程顥、程頤、張載、朱熹遊心六藝，旁參禪乘，周敦頤從僧壽崖學，闡太極無極之旨。程顥資性過人，泛濫諸家，出入老釋，返求諸六經，而充養有得。張載勇於造道，已求諸釋老，乃返求之六經。朱子亦闡禪理陰釋，宋儒無不如此。明德新民，壹主於率性修道。國學之人文主義，所以昭明於有宋，如日中天者；實以天竺明心見性，般若大覺之佛説西照；而吾儒率性修道，明德親民之經蘊内宣。男女同姓，其生不蕃；果藝異樹，接種乃佳。生物然，學術亦有然也！惟五子不廢問學，猶於吾儒爲近；而陸王偏尊德性，彌於禪宗有會耳！

然自明中葉，王陽明以致良知，昌明陸學，風靡一世，號曰“姚江學派”，理想繽綸，度越前古！及其敝也，士不悦學，徒長虚憍！談空説有，相矜以口；益見迂闊而遠於事情！横流恣肆，非直無益於國，而且蔑以自淑！逮晚明劉宗周證人一派，已幾於王學之革命矣！及明之既亡，而學風亦因以革變！天下稍稍惡虚趨實。陸世儀、陸隴其等生清之初，始專守朱子，辯僞得真！高愈、張履祥堅苦自持，不愧寅踐。風氣所鼓，一時景從。此由陸王之“尊德性”而反之於朱子之“道問學”者也。至顧炎武、閻若璩等卓然不惑，以爲“經學即理學”，全謝山《鮚埼亭文集·顧先生炎武神道表》曰：“晚益竺志六經，謂：‘古今安得别有所謂理學者？’經學即理學也，自有舍經學以言理學者，而邪説以起。不知舍經學，則其所謂理學者，禪學也。故其本朱子之説，參之以慈溪黄東發《日抄》。所以歸咎於上蔡横浦象山者甚峻。”求是辯誣，開一代之風氣，導厥先路。乾隆以還，惠棟、戴震等精發古義，詁釋聖言，天下所宗。自是學者務於經籍傳注，考訂發揮。“諸經新疏，更迭而出。或更張舊釋，補闕匡違，若邵晉涵、郝懿行之《爾雅》，焦循之《孟子》，胡培翬之《儀禮》，陳奂之《毛詩》，劉寶楠之《論語》，陳立之《公羊》，孫詒讓之《周禮》是也。或甄撰佚詁，宣究微學；若孫星衍之《尚書》，張惠言之《周易》，劉文淇之《左傳》是也。或最括古誼，疏注兼修，若惠棟之《周易》，江聲之《尚書》是也。諸家之書，例精而誼博，往往出皇、孔、賈、元諸舊疏之上！蓋貞觀修書，多沿南學，牽於時制，别擇未精。《易》則宗輔嗣而祧鄭、虞。《左氏》則尊征南而擯賈、服。《尚書》則崇信梅、姚，使伏、孔今古文之學并亡，厥咎邳鉅！加以義尚墨守，例不破注，遇有舛互，曲爲彌縫；孔穎達之正義“五經”，各尊其注，两不相謀，遂成違伐；若斯之類，尤未允愜！而清儒新疏，則抉[①]微捃佚，必以漢詁爲宗；且誼證宏通，注有回穴，輒爲理董；斯皆非六朝、唐人所能及！然則言經學者，莫盛於義疏；而爲義疏者，尤莫善於清乾嘉諸儒！采孫詒讓《籀廎述林·劉恭甫墓表》。此由朱子之“道問學”，反本修古而爲東漢之古學者也。則是“人文主義”之積窳於明季，而“古典主義”於以重光焉！雖然，

① 抉，原作“扶”，今改正。

人苦不自覺，而不安於不自覺，於是乎言學！儻言學者，數典不足以經世，具數無所陳其義；譬如五官百骸，形體徒存，而神明不屬，生氣何託！不以訓詁名物自安，必欲進而求“微言大義”；人之情也！學之道也！清儒既遍治古經，戴震弟子孔廣森始著《公羊通義》，厥爲清儒言今文學者之權輿！南北朝以降，經説學派只爭鄭玄、王肅，今古文之爭遂熄。唐陸德明著《釋文》，孔穎達著《正義》，皆雜宗鄭、王。今所傳《十三經注①疏》者，《易》用王弼，《書》用僞孔安國傳，《詩》用毛公傳、鄭玄箋，《周禮》、《儀禮》、《禮記》皆用鄭玄注，《春秋左氏傳》用杜預注，其餘諸經皆汲東漢古文家之流。西漢所謂今文十四博士者，其學説皆亡，僅存者惟《春秋公羊傳》之何休注而已。今文學之中心在《公羊》，而公羊家言則真所謂“其中多非常異義可怪之論”。然不明家法，治今文學者不宗之！嘉道以還，莊存與、劉逢禄祖孫相嬗，劉逢禄爲莊存與之外孫，弱不好弄，母氏誨之，學必舉所聞於外王父以糾俗師謬説。年十一，初謁外王父，叩以所業，應對如響。曰：“此外孫必能傳吾學。”詳見李兆洛《養一齋文集·禮部劉君傳》，戴望《嫡麟堂文集·故禮部儀制司劉先生行狀》。世以《公羊》名家，刊落訓詁名物之末，專求其所謂“微言大義”者，公羊家言所謂“非常異義可怪之論”，如“張三世”、“通三統”、“絀周王魯”、“受命改制”諸義，次第發明；言今文者宗之！龔自珍説經好莊、劉，尤擅要眇之思；往往引《公羊》義譏切時政，詆排專制，益爲言學者所熹！南海康有爲能敷説“公羊改制”以言變法，禪其弟子；新會梁啓超，益推而大之，至於無垠；聲生勢張，而言今文學者盈天下矣！此由東漢之古學，又溯而上以反諸西漢之今文者也。則是“古典主義”之漸厭於晚清，而“人文主義”相與代興焉！

方輓清今文大昌之日，獨德清俞樾治古學，號東南大師，爲魯靈光！章炳麟《太炎文録·俞先生傳贊》曰：“浙江樸學晚至，則四明、金華之術茀之，昌自先生。賓附者有黄以周、孫詒讓，是時先漢師説，已陵夷矣，漸猶彀張，不弛愈繕。不逮一世，新學�生，滅我聖文，粲而不蟬，非一隅之憂也。”其弟子章炳麟恢張其緒，尤擅聲音訓詁；好稱引左氏，而無害於言革命；謂：“賈逵言‘左氏義深君父’，此與《公羊》反對之辭。若夫‘稱國弑君，明其無道’；則不得以‘義深君父’爲解！杜預於此最爲宏通；而近世焦循、沈彤輩多謂預借此以助司馬昭之弑高貴鄉公，則所謂‘焦明已翔乎寥廓，弋者猶視乎藪澤’也！”見章炳麟《太炎文録·再與劉光漢書》。儒林之言革命者，咸以章炳麟爲巨擘矣！於是治今文者言保皇變法，

① 注，原作“法”，今改正。

學古文者倡排滿革命，昭昭然如涇渭分而鴻溝畫也！清廷既覆，革命功成，言今文者既以保皇變法無所容其喙，勢稍稍衰息矣，而章氏之學迺以大白於天下！一時北京大學之國學教授，最著者劉師培、黄侃、錢玄同輩亡慮皆章氏之徒也！於是古學乃大盛！其時胡適新遊學美國歸，方以譽髦後起講學負盛名，以爲"清儒之所謂漢學者，一名樸學，對於宋儒之理學而言，不外文字、訓詁、校勘、考訂之學。而其治學之法，不外两事：曰'大膽的假設'，曰'小心的求證'。假設不大膽，不能有新發明。證據不充足，不能使人信仰。此歐儒之所以治科學，而吾國惟治樸學者爲得其意焉！"見《胡適文存・清代學者的治學方法》。於是言古學者，益得皮傅科學，託外援以自張壁壘，號曰新漢學，異軍突起！而其所爲不同於東漢古學者；蓋以《周禮》爲僞託，目《尚書》非信史，又謂"六籍"皆儒家記古，胥同今文學説也。惟今文家意在經世，而新漢學主於考古。議論雖同，而歸趣不一，此新漢學之所以異今文，而與東漢古學同其歸者也！然東漢古學欲以信古者考古，而新漢學則以疑古者考古；此又新漢學之所爲不同於東漢古學。而要其歸，在欲"考見古之所以爲古之典章文物"，則又無乎不同者耳！萬流所仰，亦名曰"北大派"，横絶一時，莫與京也！獨丹徒柳詒徵，不徇衆好，以爲古人古書不可輕疑；又得美國留學生胡先驌、梅光迪、吴宓輩以自輔，刊《學衡》雜誌，盛言人文教育，以排難胡適過重知識論之弊。一時之反北大派者歸望焉，號曰"學衡派"。世以其人皆東南大學教授，或亦稱之曰"東大派"。然而議論失據，往往有之！又以東大内畔，其人散而之四方，卒無以大相勝！然"古典主義"者，國學之①歧途；而"人文主義"，則國學之正軌，未可以一時之盛衰得失爲論衡也！吾將更端竟其指。

（三）言國學者以何種主義爲宜

吾以爲言國學者，當以人文主義爲宜。何以言其然？

其故有二：

一就國學二字顧名思義言之。按"學"之爲言"覺"，"國學"之爲言

① 之，原作"文"。形近而誤，今據《〈國學文選類纂〉總叙》改。

“國性自覺”，吾則既言之矣！然惟“人文主義”之國學，斯足以發國性之自覺，而納人生於正軌；理之自然，必至之符也。“人文主義”之一名詞，在歐土與“物質主義”爲對；在吾儒與“古典主義”爲對。“古典主義”，昔人之所輕；“物質主義”，今世之所患。何以言其然？“人文主義”之所寓，昔人謂之“義”；“古典主義”之所陳，昔人謂之“數”。《禮記·禮運》曰：“禮也者，義之實也；協諸義而協，則禮雖先王未之有，可以義起也。”此持“人文主義”者也。荀子《榮辱篇》曰：“循法則、度量、刑辟、圖籍，不知其義，謹守其數，慎不敢損益也，父子相傳以持王公；是故三代雖亡，治法猶存，是官人百吏之所以取祿秩。”此守“古典主義”者也。然“數”有可陳，而其“義”難知，“數”有可革，而其“義”不變。《禮記·郊特牲》曰：“禮之所尊，尊其義也。失其義，陳其數，祝史之事也。故其數可陳也，其義難知也。知其義而謹守之，天子之所以治天下也。”則是“數”有可陳，而其“義”難知也。《禮記·大傳》曰：“立權度量，考文章，改正朔，易服色，殊徽號，異器械，別衣服；此其所得與民變革者也。其不可得變革者則有矣！親親也，尊尊也，長長也，男女有別，此其不可得與民變革者也。”則是“數”有可革，而其“義”不變也。皮之不存，毛將焉附！“義”之未協，“數”徒具文！則是“義”尊而“數”卑，“義”先而“數”後也。故曰“古典主義，昔人之所輕”也。抑吾聞之也：美國哈佛大學文學教授白璧德氏 Irving Babbit 者，嘗倡人文教育以申儆一世。其大指以爲：“西洋近世物質之學大昌，而人生之道遂昧！科學工商日益盛，而人之所以爲人之道愈失！於是熙熙攘攘，惟利是崇！而又激於感情，中於詭辯，群情激擾，人奮其私；是非善惡，無所準繩！而國與國、人與人之間，則常以互相殘殺爲事！孰知科學發達，人心益以不靜，而爲神明之桎梏哉！此其受病之根，在人之昧於所以爲人之道。蓋物質與人生，截然两途，各有其律。科學家發明物質之律，非不精能也！然以物質之律施之人生，則心爲形役，玩物喪志！私欲横流，人將相食！蓋人生自有其律。今當研究人生之律以治人生。人文教育者，即教人所以爲人之道。”見《學衡》第三期胡先驌譯白璧德《中西人文教育談》。可謂有慨乎其言之也。嗚呼！《記》不云乎：“人生而静，天之性也。感於物而動，性之欲也。物至知知，然後好惡形焉！好惡無節於内，知誘於外，不能反躬，天理滅矣！夫物之感人無窮，而人之好惡無節；則是物至而人化物也！人化物也者，滅天理而窮人欲者也！於是有悖逆詐僞之心，有淫佚作亂之事，是故强者脅弱，衆者暴寡，知者詐愚，勇者苦怯，疾病不養，老幼孤獨不得其所；此大亂之道！”見《禮記·樂記》。而今適其會也！數十年來，海内士夫，貌襲於歐化；利用厚生，制馭物質之一切科學教育，未能逮歐人百一；而日縱亡等之欲，物質享樂，駸駸逮歐土而肩隨之。物屈於欲，欲窮乎物，生人道苦，亂日方長！故曰：“物質主義，今日之所患也。”然則驗之當今，惟“人文主義”足以捄“物質主義”之窮！稽之於古，惟“人文主義”足以制“古典主義”之宜。國學者，“人文主義”之教育也；舍“人文主義”之教育，更何所謂“國學”者！蓋惟“人文主義”爲足以發吾人之自覺；亦惟“國學”爲能備“人文主義”之至德要道。舍“人文主義”而言國學，則是遺其精華而拾其糟粕，祛其神明而襲其貌焉也！國性之不自覺，神明不屬，譬之則行尸走肉耳！其何以國於天地！南山可動，吾言不易矣！

二就國學之所由起言之。國學之所由起，所以説明一國之“人文”。“古典”者，“人文”之遺蜕也。春秋以前，我國有政無學，有君、卿、大夫、士而無師儒。周轍既東，官墜其職；於是百官之守，一變而爲百家之學。《漢書·藝文志》曰“某家者流，蓋出於某官”是也。“百家之學”，所爲異於“百官之守”者；蓋“百官之守”者，謹守其“數”；“百家之學”者，宣究其“義”；此國學之所爲起也。余讀《漢書·藝文志》，著録十家；其中農家者流，特明術而不爲學。蓋術者致于用，而學者究其義也。小説家者流，又稗説而不爲學。蓋説者聽諸塗，而學者得於心也。此固卑之無甚高論。即雜家者流，“兼儒墨，合名法”，家而曰雜，則非專門名家矣！其間可得而名家者，曰儒，曰道，曰陰陽，曰法，曰名，曰墨，曰縱横，七者而已。獨儒、道二者，囊括群流，爲一切學術之所自出。其間陰陽、名、墨三者，各守禮官之一事；《漢書·藝文志》明言：“名家者流，蓋出於禮官。”至云：“陰陽家者流，蓋出於羲和之官。”疑即《周禮·大宗伯》禮官之屬所稱“占夢：掌其歲時，觀天地之會，辨陰陽之氣。以日月星辰占大夢之吉凶”；“眡祲：掌十煇之灋，以觀妖祥，辨吉凶”者也。“墨家者流，蓋出於清廟之守。”疑即《周禮·大宗伯》禮官之屬所稱“大祝”、“小祝”者是也。而縱横一家，則出詩教之三百；見章學誠《文史通義·詩教上》。則是陰陽、名、墨者，儒家之支與流裔也。“申子卑卑，施之名實；韓子引繩墨，切事情，明是非；其極慘礉少恩，皆原於道德之意。”見《史記·老莊申韓列傳》。則是法家者，道家之支與流裔也。然則七家之中，獨儒、道二者，囊括群流，爲一切學術之所自出；而筦學術之樞者，舍儒、道二者，其奚屬焉！然儒與道不同學，而同歸於人文主義。“儒家者流，蓋出於司徒之官，助人君，明教化，遊文於六經之中，留意於仁義之際”；其爲“人文主義”，固不待言。至“道家者流，蓋出史官，歷記成敗、存亡、禍福、古今之道，然後知秉要執本，清虛以自守，卑弱以自持，此君人南面之術也；合於堯之克攘，《易》之嗛嗛，一謙而四益”；則是以“古典主義”爲塗徑，而亦以“人文主義”爲歸宿者也。獨是道家法自然，於社會一切人爲之仁義、道德、文物、制度，胥以爲有違於自然，無補於人文，而放絶之，擯棄之；故曰：“大道廢，有仁義；慧知出，有大僞。六親不和，有孝子；國家昏亂，有忠臣。”“絶仁棄義，民復孝慈！絶聖棄知，民利百倍！絶巧棄利，盜賊亡有！此三者以爲文，不足；故令有所屬，見素抱朴，少私寡欲。”引老子書。又曰：“禮者，忠信之薄，而亂之首。”引老子書。又曰：“法令滋章，盜賊多有！”引老子書。至儒者重人爲，凡社會一切相承之文物制度，苟有當於助長人文，罔不因勢利導之，牖之軌物，而資以爲經世之用。於是文王演《易》，周公制禮作樂，孔子删《詩》、《書》，訂禮樂，欲董理一切相承之社會文物制度，以存其適者，汰其不適者，俾後世有所監觀。如六經所載，亦必有所承，匪盡憑虛臆測，託古改制，如今文家云爾也！此其異也。然儒與道不同學，而同歸於“人文主義”。“古典主義”者，特國學歧出之一途，而迫於時勢之不容已耳！漢儒之言“古典主義”也，特以秦皇一炬，《詩》、《書》、百家語燒，非蒐遺考訂，不能重光於刧餘，賡亘古垂絶之人文教育也；時勢則然也。清儒之重賡“古典主義”也，特以清廷禁罔密，而言陸王者多明遺老；士大夫悲世禍，又苦聰明材力無所用，故恣意於名物考訂以自娱嬉，而免時網也；時勢則然也。夫豈得已哉！論者乃以國學之正統目之，僨矣！述《今日之國學論》。

（原刊於《國光》第1卷第1期，1929年1月）

十年來國學之商兑

我敬介紹裘匡廬先生之《思辨廣録》，以供時賢之論衡而開思辨之境涯。

近十年之國學，無他演變；大抵承前十年或前數百年之塗徑以爲遞禪。其新穎動人而爲青年髦士之所津津樂道者，厥爲以科學方法整理國學。而大師宿學，則或講宋明理學，欲以矯清代治漢學者訓詁瑣細之失。其尤河漢無涯者，益侈陳三教會通，故爲荒唐之言，無端涯之辭。海内之學者具此而已矣！余粗好文章，而於道苦未有聞；兹事體大，未敢論衡，獨睹裘匡廬先生所著《思辨廣録》稿本，籀誦乙過；其大指以程朱衡學，以佛明儒，箴砭時賢，直探源頭，揭“真參實悟”四字，當頭作棒喝；語無泛設，極高明而道中庸，並世學人，罕有倫也。先生，名毓麐，匡廬其字，慈溪人。舊譯學館畢業，昇入京師分科大學，以民國二年赴美，留學加利福尼大學，習政治經濟，五年回國。曾爲文著論歐美社會之崇勢利而薄仁義，終無以善其後，而不如孔孟之道爲可大可久，刊登《時報》。方以新思潮澎湃，莫之省也。於是閉門讀書，二十年於兹，精究程朱，旁参釋老，積久有得，而著爲書。獨以生平服膺，最在太倉陸桴亭先生《思辨》一録，恨其未睹今日之極變，而不及與之論證也，故以《思辨廣録》題篇。嗚呼！世有此人而不顯名，世有此人而不譚學；乃如僕輩，濫吹上庠，汗顏入地。謹仿《後漢書·王符仲長統列傳》之例，要删其指，以詔當世而發深省，可謂博學通人也已。

其自叙治學之經歷曰：“余三十以前，年少氣鋭，事事喜新惡舊，固不知有佛法；惟每聞佛寺鐘聲，心中惘惘然若有無窮感慨者，一時不知身在何處，口亦不能言其所以然之故。後讀方望溪所作《舒子展哀辭》云：‘舒年少時而意緒頽然，間脱冠，形神似老僧，嘗曰：吾夙世必髡緇，每聞鐘聲鈴響，則惘惘然；造物者俾余一識宦婚之況耳！’讀之親切有味，不啻爲余一吐十數年來胸中之疑蓄也。《大本阿陀經》云：‘世間人民前世曾學佛法，或親近善知識，今世一聞佛名，慈心喜悦，志意親浄，毛髪聳然，淚即流出。’就佛理言之，則天下之事事物物，無不由於夙因，無種子之現行，亦決無現行而不復爲將來之種子。就吾儒言之，則爲感應。伊川所謂‘有感必有應；凡有動皆爲感，感則必有應，所應復爲感，所感復有應，所以不已’也。儒釋所説雖不同，而理則一也。就余學佛之事而言，當知吾人一生之事業，冥冥中均有主宰，即自己亦無力與之抵抗，隨業牽引，而輾轉必達於應至之地。因緣未至，無可强求；因緣既熟，亦無可避免。余三十歲以前，固爲一純粹學校之學生，彼時所喜研究者，厥惟西儒之科學。吾國聖經賢傳尚不厝意，遑論佛典。設當時有人勸余學佛者，則余必斥其謬妄。乃自美回國，數年後，偶得佛經讀之，恍然如久處黑暗之中，驟睹光明，奇趣妙理，日出無窮，讀之愈久，好之愈篤；恨未能悉屏世事，專修浄業。見《辨儒釋》余近年修浄業，往往於念佛時，凡平日讀書不能探索之思想，反能於念佛時無意中得之。論念佛之工夫，仍是雜念未浄；此即永嘉大師所謂串習；謂斯人於習静中本無心憶及此事，串習忽起，正如天際浮雲，欻然而起，莫明其故；此種雜念不除，則念佛決難得力。然可悟凡知慧，必由静定中自得之；彼專以博自夸者，決無精思之可言也！見《雜説》。往年余思研國學，欲略知宋儒道學之梗概，取《近思録》讀之，不能得其精意；其卷首《道體》一卷，則更難以明曉。閲一二年，喜閲釋典。《近思録》一書已久置之矣，如是三四年，復取《近思録》讀之，則昔所不能解者，已明白無遺。濂、洛、關、閩之徒，無不視釋子如蛇蝎，見佛典如鳩毒。然余得窺見程朱之義理者，乃不由儒門入，而特由佛典人。此皆余親身經歷之事，自不同空談泛説之無據。見《辨儒釋》。凡讀古昔聖賢心性之書，就余一己經歷言之，至少有二感覺：一曰觸發。讀之如觸電氣，全身震動。如《孟子·告子篇》中之《牛山章》、《魚與熊掌章》、《放心章》，其啓發人天良之語，均極痛切透闢；讀之如當頭棒喝，通體汗下；如深夜聞鐘，發人猛省。凡古人之書，讀之能觸發我性靈者，雖欲不好，不可得也。讀之而無所觸發，必其書無深意之可言；或讀者鈍根人，麻木不仁者也。二曰融合。即杜元凱所謂'若江海之波，膏澤之潤，涣然冰釋，怡然理順，然後爲得'也。讀之，覺古人所説者，無不恰好；又彼所言者，皆爲我胸中所欲説，却被他句句先我道出；更覺書中所説，添一字不得，減一字不得，一字亦不多，一字亦不少。當讀之時，讀者之心與作者之心，融洽一片，無少間隔。上所説两種境界，凡讀心性之書者，必同具此感覺；若始終無此感者，必其人頑鈍無知者。"見《無題》。

其論青年修習國學方法曰："余見某氏即胡適《國學入門應讀書目》，標曰'最低限度'；而所列之書，廣博無限。經學小學，則清代名家之大部著述，以及漢、魏、唐、宋諸儒之名著，無不列入。理學則宋、元、明、清學案及《二程全書》、《朱子全書》、《朱子大全集》、《陸象山全集》、《王文成全集》，復益以宋、元、明、清儒專集數十種。子則《二十二子》及其注解，復益以周秦後諸家所作爲世所傳誦者。佛典則《華嚴》、《法華》等經，《三論》、《唯識》等論，禪宗語録，相宗注疏，廣爲搜羅。此所謂思想部也。若文學則歷代名人詩文專集百數十家，宋元來通行之詞曲小説多種。凡此皆某先生所謂'最低限度'書目也。然論其數量，則已逾萬卷；論其類别，則昔人所謂專門之學者，亦已逾十門；凡古來宏博之士，能深通其一門者，已爲翹然傑出之材；若能兼通數門，則一代數百年中，不過數人。若謂綜上所列諸門而悉通之者，則自周孔以來，尚未見其人。何也？人生數十寒暑，心思材力，究屬有限；而人之天資，語其所近，不過一二種；兼通數門，已稱多材。長詞章者，未必兼通考據；有得於心性之學者，未必樂鑽故紙。故精漢學如閻、戴、段、王，若語以宋明諸儒精微之説，未必能解也。工詩文者如韓、柳、歐、蘇，若與之辯訓詁音韻之微，則非所習也。文人談禪，不過供臨文時捃摭之資；若進而與之論教相，辯判科，則茫然矣！宋元詞曲鉅子，若與之論經傳之大義，談老莊之玄旨，則瞠目結舌矣！天之生人，决無付以全知全能之理；

而人之於學，非專習決不能精。凡人於一種學問，已得門徑，意趣日出；則所讀者，必多同類之書。長經學者，必多讀經傳之注解；工文辭者，必多讀名家之專集。若舍其素習而讀他種書，則雖宿儒，無異初學；苟非以全力攻破其難關，將見始終格格不入。語曰：'讀書萬卷'，實則讀萬卷書，尚非難事；而多讀門類不同之書以明其大義者，古今無幾人也。紀昀於近儒中讀書最富，而余讀其評理學之語，開口即錯；經學亦有隔膜。《曾文正公日記》有云：'閱《宋元學案》中《百源學案》，於邵子言數之訓，一無所解，愧憾之至。'陳蘭甫先生與友人書，自言：'生平未曾讀宋儒書；晚歲猶思補讀。'曾公命世之英，蘭甫博學而享大年，猶有未盡讀未盡通之書。凡自謂於學無所不通，此僅可欺淺學無識之輩；若通儒則決無此論。而自漢唐以來，未聞有一人而兼經學、小學、性理、考據、佛典、詞章、詞曲之長者也。今以古今鴻儒碩士所萬不能兼通者，某先生乃欲令中學學生兼習之，又復標其名曰'最低限度'。吾不解某先生所謂'高等'者，其課程復將奚若！其將盡龍宮鐵塔之藏，窮三洞四輔之秘乎？凡此皆欺人之甚，而言者悍然不慚，聞者茫然莫辨。世人既多妄人，復多愚人；非妄人無以益愚人之愚，非愚人無以長妄人之妄！

"余讀近人著作，胸中輒作二疑。觀其繁稱博引，廣列群書，則疑其人無書不讀。及見其立論之淺謬，往往於古人極淺近之旨，尚未明了，則又疑其人實未曾讀過一書。今日學術界之大患，幾於無事不虛僞，無語不妄；且愈敢於妄語者，則享名亦愈盛！然而文人詭誕，自古有之：如清毛西河、戴東原二氏，二百年來，學者仰如泰斗；然二子均喜欺人，其生平示人之語，殆無一由衷之談。試翻《全謝山集》中之《蕭山毛檢討別傳》，及章實齋《文史通義》之《朱陸篇書後》兩篇，歷舉毛戴二人種種欺人妄語之事實，其例甚多。大抵文人好名而性復詭詐，其對於後進欽風慕名而向之請益者，則必廣舉艱深宏博之書多種以告；又復恍惚其詞，玄之又玄，令人無從捉摸。其實彼所舉之書，或僅知其書名，或得其梗概於書目提要中，其書固未曾入目也；或涉獵之而未得其大意，猶之未讀也。然在初學，震其高論，貿然從之；始爲好名喜功之心所歆動，尚能振奮一時；迨鑽研不入，久無所得，鋭氣一消，頹然廢學，猶以爲彼自高明，我則昏昧，無由趨步；不知被其所欺，誤盡一生而不自知也。又凡人治一種學問，其入手之處，大抵得力於淺近之書；惟因其淺近，往往近俗，每爲通人所不屑道；故在好名之人，雖最初得力於淺近之書，往往終身諱莫如深，雖親友亦不輕洩。設有人問入手方法，則決不肯告人以己最初所讀之得力者，必別舉一艱深之書；聽者不察而深信之，始則扞格不入，繼則望洋生嘆，終亦必至自甘於自暴自棄而已。余近年讀書稍多，見理稍明，覺今昔文人所説，大抵夸而不實，高而不切，欺世之意多而利人之心少，自炫之意多而作育之心少。余十數年前，思温習《四書》，以應讀何種注解，詢之某先生，當世所謂經學大師也。某先生即以劉寶楠《論語正義》、焦循《孟子正義》對。余讀之年餘，毫無多得，以其博而寡要也。翻然改計，日取朱子《四書集注》温一二章，令可默誦，參以《四書反身録》、《困勉録》、《四書大全》、《松陽講義》、《四書近指》、《中庸集解》、《論語集解》、《論語義疏》、《論語後案》及《通志堂經解》中宋元諸儒集釋，自覺年有進境；此余身歷之事。余深疾近世文人之誣誕，生平論學，誓不作欺人之語；學者但信吾言，終身自有受用真實之處，切勿尚虛名而受實害也。修習國學，必以誦讀古書爲本，不外聖經賢傳及周秦諸子而已。自來學人苟於經子根柢之學無所闚見，雖文辭華贍，記誦醜博，終不免爲無源之末學，不足貴也！

“而自秦漢以來，論誦讀古書之法，無逾於朱子。朱子教人讀書之法，散見於《朱子語類》及文集者不下百數十條。而最其指要，可分五端：書須熟讀；熟則義理融浹，胸中不期效而效自至；一也。讀書時，貴端身静慮，意不外馳，則氣凝心明，義理自出；二也。心貴純一，業尚專精；泛濫群書，不如精一；少得多惑，古訓照然；三也。聖意幽遠，未易窺測；凡情淺鄙，懸隔天壤；偶有所見，未必即是；一有執著，即塞悟門；四也。吾生有涯，義理無窮，虛心觀書，本意自見；穿鑿强通，必多誤謬；五也。古來名儒論學者衆矣，求其精當切近，收效廣而流弊少者，自以朱子之説爲最。何也？詞章考據之士，或規規於考訂訓詁之細，或沈溺於聲調格律之中，不復探求經傳之大義，心性之微旨，故其説瑣細淺陋，終無當於聖賢之學。陸王言學，掃去一切枝葉，直截根源。上智之士，聞其言而頓契微旨，自較徑捷。然世多中人而少上智；精微幽玄之旨，自非常人所易領悟，稍有差誤，天壤懸隔；强加附會，誤人益深。朱子論學，以熟讀精思，循序漸進爲的。學者但循循不已，自有豁然貫通之一日。凡古人之書，讀之，覺中庸平直，無矜才使氣之語，而多忠厚惻怛之思者，必真實語也。初讀之甚覺新奇可喜，繼讀之則無精意，其立說專求勝人，而惟以見知於世爲務者，必多僞言也。嘗見某禪師語録，有佛光魔光之辨；謂見之令人清涼安適者，佛光也；見之使人震耀蕩惑者，魔光也。其説甚辯。讀古人書亦猶是矣！然非曾經一番苦工，於學問根源處有所窺見者，亦未易辨其誠僞也。吾國舊書自《六經》外，後儒説理精深者，殆無過於周、邵、程、張諸子矣，此稍有識者所公認也。然吾讀數先生之書，苦不能明者，甚深微妙之義耳！至於字句之間，顯明極矣，並無僻字奥語，予人以難解者。反之如近人龔定庵、湯海秋輩，舉世所驚爲奇才碩學者也。余誦其書數過，亦實無過人之見地；惟喜以奇字僻典困人，淺學者自覺難解。若以顯明之筆出之，其意亦人所易知者也。誣世惑民，好名之過，於是著書者揀難的寫以炫人，讀書者揀難的讀以誤己。蘇子瞻謂揚雄揀難的説以驚世釣名，往往'以艱深文其淺陋'，此實語也。"見《青年修習國學方法》。

其論文士於道概乎未有聞曰："秦漢以來，文人至昌黎極矣！其文誠足雄視百代，論其識無過人處。吾人於學以識爲最難，亦最無可免强掩飾。凡識所不及者，聞其語可立見底蘊。昌黎作《進學解》，不啻自述其平生爲學工夫。其論'六經'曰：'上窺姚姒，渾渾無涯。周誥殷盤，佶屈聱牙。《春秋》謹嚴，《左氏》浮夸。《易》奇而法，《詩》正而葩。'就'六經'之文論之，昌黎之見自超卓；然於'六經'之義，無一語道及：於以知昌黎之治經，亦僅玩其文辭而已；固無意於微言大義。陽明謂昌黎文人之雄，自是定評。人各有能有不能；後世之尊韓者，乃競舍文而言道。不知韓之於道，實遠不如宋明諸儒。即就昌黎自述於儒之工夫，不過'觝排異端，攘斥佛老'而已。且韓文之可附於論道者，不出《原道》、《諫迎佛骨表》二篇，於是尊韓者遂以衛道闢佛，比於孟子之距楊墨。不知韓於儒既淺，於佛更一無所知，闢佛之語，粗淺不足取。顧亭林謂：'韓文公文起八代之衰，若但作《原道》、《原毁》、《争臣論》、《平淮西碑》、《張中丞傳後序》諸篇，而一切銘狀概爲謝絶；則誠近代之泰山北斗矣！今猶未敢許之也。'誦者以爲名言。顧余謂亭林之説非也。昌黎於道，所得本不深；即使昌黎不作諛墓之文，自知道者觀之，昌黎於道學之地位，未必增高；而後世之增重韓文者，未必至於如此之極也。余謂昌黎之名，所以流傳千古者，正惟其能多作銘狀、贈序等文；集中雄文名句，掇拾無盡。蘇明允所謂‘如長江大河，渾浩流轉，魚黿蛟龍，萬怪惶惑’，其氣勢魄力，均非後代文人所能及。凡人能有一事，足以獨步千古，斯亦可自豪矣！何必强以其生平所不長之事，牽强附會以屈没其人之本來面目，不可謂非吾國文人之惡習也。東坡詩：‘溪聲便是廣長舌，山色豈非清净身。’凡文人之喜談禪者，咸奉爲無上妙諦；即不知禪者亦喜其語之超脱；其實詩境儘佳，以云乎禪，則未也。宋天竺證悟禪師初習天台，爲文字之學，謁護國此庵元禪師。語次，師舉東坡《宿東林偈》，且曰：‘亦不易到此田地！’元曰：‘尚未見路徑，何言到耶！’曰：‘祇如他道“溪聲便是廣長舌，山色豈非清净身”。若不到此田地，如何有這個消息？’元曰：‘是門外漢！’曰：‘和尚不吝，可爲説破。’元曰：‘却祇從這裏猛著，精彩覷捕着。若覷捕得他破，則亦知本命元辰落着處。’師通夕不寐。及曉鐘鳴，去其秘蓄，以前偈别曰：‘東坡居士太饒舌，聲色關中欲透身。溪若是聲山是色，無山無水好愁人！’持以告元。元曰：‘向汝道是門外漢。’師禮謝。夫東坡之深於禪，王漁洋評蘇詩所謂‘淋漓大筆千年在，字字華嚴法界來’，文苑久傳爲美談。平心而論：東坡天資高，生平喜讀内典，又與佛印、元公友善，固不得謂於禪無知見者。然以未曾苦參實悟之故，就宗門正法論之，終難免目爲門外漢也。見《辨儒釋》。

“金聖嘆之慧，小慧也！其智僅足以知《水滸》、《西厢》而已。余童時讀其書狂喜，覓其所批古文、杜詩不得，則悒悒不樂。後讀所批《左傳》、《國策》古文等書，殊不稱意。迨三十後讀之，則見其紕繆百出。蓋聖嘆之慧，見小而不見大，見淺而不見深。《左》、《國》雜記春秋人士之言行，雖非專言性道之書；然其義理固非《水滸》、《西厢》之比。聖嘆之智，自不足以識之矣。聖嘆尚擬批《法華經》，未作而罹難。設此書成，則更不知所云矣！聖嘆於根柢之學，本無所知；乃逞其私智，肆其譎辨。無識之徒從而附和之，乃其焰益張；於是以粗疏淺狹之心思，而欲概古昔聖賢精微幽深之義理，是何異以管窺蠡測之見，妄測虚空大海之高深。見《無題》。

“惲子居雄於文，於桐城外獨樹一幟；而生平於禪，則僅玩弄光景而已。非真有所得也。其輯《五宗語録删定》一書，於歷代古德之語，任意高下，漫加簡擇。文人之病，往往自視過高，以爲天下事物之理，予既盡知之矣；其可以意識卜度，則穿鑿附會之；其不能解者，則漫加詆毁，任意誣蔑，不復探索其真意之所在。而後人讀其書者，又多才華之士，於禪理一無所知，徒驚其文辭之華贍，議論之閎肆，遂翕然心折，以爲理實如是。不知向上一事，千聖不傳；人間之聰明學問，至此絲毫無用力處；《楞嚴經》所謂‘如以手掌撮摩虚空，祇益自勞；虚空云何隨汝把捉’。惲之删定《五宗語録》，是殆以手掌撮摩虚空之類也。近世嘉興沈穀人先生名善登，著《需時眇言》、《大學順文》，糾正紫陽《孔門大義》爲宋儒所遮抹者，鄭重證明，尤爲有功儒教；非漢學家沾沾訓詁而興辨難者所可同語。而先生尤深佛學，著有《報恩論》一書，見理精深，議論透闢。日本《續藏》已録其書。而論中於宋儒拂佛，陽距陰用之處，尤抉剔爬梳，洞燭幽隱，爲延慶本諸大師及劉、沈、彭諸居士所未逮，近代不可多得之名著也！見《辨儒釋》。《適來子》一書，華亭張潤貞著。張撰述頗富，著有《四書説》二十卷、《詩説》十卷、《卧易》二卷、《逸士傳》二卷、《詩文集約》二十卷，均未刊。《適來子》則刻於乾隆乙亥，板散佚，復刊於嘉慶甲戌，坊間流傳不多。受古書店有一册，索價十元。余友某君許以八元，不肯售。其書四卷，似道家言；而一、二两卷尤經心之作，亦近代一名著也。然余無取焉。其病則在行文仿子家語，字模句擬，反少生氣；至義則因襲道家常談。道家者流見之，皆糟粕耳；無取陳陳相因。苟僅習考據詞章之士，則并此亦未能了解；以義理雖非幽深，而辭句則力求奥古，又非淺學所易明也。明道先生曰：‘凡立言欲含蓄意思，不使知德者厭，無德者惑！’此類著述，正使知德者厭，無德者惑也。且一代之文，自有一代之氣運習尚爲之範圍，非可强同，亦非可强相摩仿。周濂溪之《通書》，邵康節之《皇極經世》，張横渠之《正蒙》，自是宋代之文。薛河東之《讀書録》，陸桴亭之《思辯録》，自是明代之文。諸先生均未嘗仿古而自足傳後。揚雄、王通，學識非不過人，徒以仿《周易》、《論語》之故，反騰後人之譏謗。書之傳不傳，文辭之高古不高古，固在此不在彼也。”見《倫理學》。

其論清代學者曰：“清代治程朱之學者，就余私見言之，自當推太倉陸桴亭先生爲最。乃論者競稱陸平湖、張楊園两先生，則未免耳食之論也。顧亭林先生以過人之天資學力，竭畢生之精力而成《日知録》一書；然以與陸之《思辯録》較，則尚不逮。余讀《思辯録》凡數次：初泛覽一過無所得；四十後讀之，始覺有意；其後每讀一過，則意味愈雋；顧世人知讀《思辯録》者尠，讀而好之者則更無幾人。辛未夏，余於舊書店見湘鄉劉蓉著《思辯録疑義》一書；以余好讀《思辯録》也，見此書喜，亟購而讀之，甚失望。劉氏才智之士，與曾文正友善，文辭亦美；而於理學則僅涉獵清代治程朱學者之説；大約近師倭艮峰、唐鏡海，遠宗陸平湖、張楊園而已。於《思辯録》中言及心性精微之處，均疑之駁之，以爲此即王學心學。蓋劉氏所服膺者，均爲清中葉理學家之説，當時講理學者惡而諱言心；一言悟，即詆爲禪學；一言心，即訾爲王學；成爲一時風氣。劉氏習見之而不悟其非；今見《思辯録》所説，多異乎平日之所聞者，自不憚辭而闢之矣。其實舍悟舍心而言理學，吾不知所謂理學者尚有何事耶？程朱平日言學，何嘗不尚悟境，重性靈；其所以不肯輕言悟者，恐學者舍學而專期悟，則易蹈脱空之弊；不肯輕言則有之，非不言也。此意朱子於詔石洪慶時，已明明揭出其中苦心矣！若絶悟境，舍心靈而言理學，則惟清中葉後有此怪論；明以前所絶無也。當知心性之學，苟非真參實悟，即使踐履篤實，充其極不過善人而止；所謂聖人，吾不得而見之矣！清初自熊相國賜履、孫侍郎承澤講學，以排斥王學爲務；一時矯飾之士，乃假衛道尊朱之名，以爲趨逢迎合之計；託名至高，志實污下。同時方望溪爲學，固篤守程朱者也；然不以當時諸人攻擊王氏爲然。其文如《重建陽明祠堂記》、《鹿忠節公神堂記》，皆發明此意；而《陽明祠堂記》言尤痛切，謂：‘自余有聞見，百數十年，北方真儒死而不朽者三人，曰：定興鹿太常、容城孫徵君、睢州湯文正，其學皆陽明王氏爲宗；鄙儒膚學，或剿程朱之緒言，謾詆陽明以釣聲名而逐勢利。故余於生平共學之人，窮在下者，則要以默識躬行；達而有特操者，則勗以睢州之志事而毋標講學宗指。’又曰：‘陽明之門，如龍溪心齋，有過言畸行，而未聞其變詐以趨權勢也。再傳以後，或流於禪寂，而未聞其貪鄙以毁廉隅也。若口誦程朱而私取所求，乃孟子所謂失其本心，與穿窬爲類者。陽明之徒，且羞與爲伍’云云。望溪殆深悉當日詆毁陽明者之隱，故不覺其言之痛也。熊、孫既以朝貴而倡排斥王學之説，登高而呼，附和者衆。當時號稱大儒者如陸清獻、張楊園、張武承輩，亦以詆毁陽明爲務。清獻之名尤高。風氣已成，凡稍有志於理學者，必先以攻擊陸、王爲務，一若非此不足自名正學者；又承漢學家支離繁瑣之弊，梳文櫛字，析及毫芒，繁稱博引，遊衍而不得所歸；蓋至是舉世已不復知有心性之學矣！於是見昔賢精微高深之論，凡非己所能解者，則概以王學心學斥之。陸、王之學既避之若浼；而程、朱之學，至是亦盡失其精意矣。於是陸、王之學亡，而程、朱之學亦隨之俱亡。清季好學之士，亦有心厭漢學之繁瑣無當，反求諸宋學以修己教人者；唐鏡海、倭艮峰二公治之尤勤。顧唐、倭之學，以平湖、楊園爲宗；外此者皆目爲異説。唐撰《國朝學案小識》，專標此旨。然陸、張之學，醇正有餘，精微不逮。唐、倭復專宗之而悉擯其餘，則規模更形狹隘，意趣更覺膚淺。曾文正以命世之英，生平治學艱苦絶人，所得亦於近人爲最；而治理學則師確慎而友文端，故其所得亦僅止此；不能與宋明諸賢媲美。風氣囿人，賢者不免。迨清末而徐桐輩以僅習制藝之腐儒，亦靦然以道學家自命；於是理學益爲人所輕視。歐化東漸，舉世舍其舊而新是圖。於是數千年來所恃以維持國脈民心者，至此根本動摇矣！”見《論理學》。

其論東西學術之不同曰：“近人喜言以科學治學方法整理國學者，是殆未明吾東方固有之學術，其性質與今之所謂科學者迥别。研究科學及一切形質之學者，如積土爲山，進一簣有一簣之功，作一日得一日之力，論其所得之高下淺深，可以計日課程而爲之等第也。治心性義理之學者，如掘地覓泉，有掘數尺即得水者，有掘數丈始得水者，有掘百數十丈然後得水者，有掘百數十丈而終不得水者，有所掘深而得水多，亦有掘深而得水反少者，有所掘淺而得水少，亦有所掘淺而得水反多者；而所得之水，又有清濁之分，甘苦之别，不能尅日計工，而衡其得水之多寡清濁也。其一旦得水也，固由於積日累功而成；然當其未及泉也，則無論用力如何勤苦，經營如何之久，若欲預計其成功之期，則固無人能言其明確之時日者也；所謂掘井九仞而不及泉，猶爲棄井也；治心性義理之學，亦猶是矣。當其體察鑽研，沈潛反復，雖志壹氣凝，用力極其勤奮；苟未至於一旦豁然貫通之日，則無論用力如何勤苦，杳不知其成功之究在何時也。且此所謂一旦者，不能以日計，不能以月計，亦不能以年計；但由正知正見而入，至於用力之久，則終當有此一旦已耳；然亦有用力既勤且久而終無此一旦者，亦正不尠！就其大别言之，有得人一言之啓發而即大悟者，有積數年數十年之力學苦參而始悟者，有勤奮終身而仍未大悟者，有勤奮終身而終不悟者。蓋學之偏於實者，其程效可以計功計日。學之偏於虚者，苟非實有所悟，則決無漸臻高深之望。語其成功，不聞用力之多寡，爲時之久暫也。明陳白沙先生論學曰：‘學有由積累而至者，有不由積累而至者。有可以言傳者，有不可以言傳者。’大抵由積累而至者，可以言傳也。不由積累而至者，不可以言傳也。東西學術之别視此矣！凡西哲之學問，莫不重系統，有階級，故其學皆由積累而至，皆可以言語文字傳授者。若吾東方之學術則異乎是。不特性命之根源，精微之義理，本非可以積累而至，可以言傳；即九流末伎如醫卜星相之徒，苟語及精微之處，設於道一無所知，則終身亦決無自臻於高明之境。道如一大樹，聖賢得其根幹，方伎得其枝葉；此中道妙，父不能傳之於子，師不能授之於弟；亦不由積累而至，亦非可以言語傳授者也。聖賢相傳之道，非古聖能創作也；不能因其固有之道舉以告人耳！如黄山、天台之景，天下之奇觀也；然此境非吾曹所能創造，亦非吾曹所能建設，天地間原有此境。欲知此境，衹須親到親見；聖賢不過先到此境，先見此境而已。吾人苟能篤信古聖之所指示，孳孳日進，終必有實到此境，實見此境之一日；迨已到已見之後，方知此境本爲古今人人之共有，既非先聖所能創作，亦非後聖所能改造。且如黄山、天台，天地間既實有此山；此山終古不改，則凡曾到此山者，其所見即無一不同。千萬年以前，曾見此山者，所説如是；千萬年以後，凡見此山者，所説亦必如是；決不能於實際增益分毫，亦決不能於實際減削分毫，以稍有增減，即與固有者本然者不合也。歷聖所傳之道亦猶是矣。道既無二，道既不變，歷聖既同傳此道，宜所見無不同，所説亦無不同矣！不獨堯、舜、禹、湯、文、周、孔、孟同此道也，即推至羲、黄以前，下至後世程、朱、陸、王之所見，旁及柱下、漆園之所説，亦無不同也；不特中國諸聖之道同也，即西方大聖人所説，若語道之根源，亦無一不同也。蓋地無分東西，時無分今古，凡聖人設教之本心，無非欲世人共知此道，共明此道而已。此道範圍天地，無古無今，先天不違，後天奉時，諸聖之所明者明此，諸儒之所學者學此；不明此，不足以爲聖；不知此，不足以爲學；所謂惟此一事實，餘二即非真之大道，無論何時何人，決非可以憑一己之心思才智，創立新説異見者也。以孔子之大聖，猶云述而不作。竊嘗論之：既爲聖人，必明大道；既明大道，即無可作。孔子祖述堯、舜，無所謂作也；即堯、舜亦不得謂之作，不過祖述堯舜以上之聖人而已；推而至於羲、黄以來，均述而非作；即推而至於羲、黄以上，亦無人可稱作者。何也？所謂聖學者，蓋天地間實有如是一件道理，聖人不過知此見此覺此説此，欲人人共明此而已。此實際之道理，聖人不能增益分毫，亦不能減損分毫；如天地間既實有黄山、天台等山，前人曾遊此山者，既説山之高低遠近以示世人矣；山既經古今無稍改變；寧有後人見此山者，其所説竟與前人異乎？且此道不因世生聖人而有，亦不因世無聖人而滅；故道因聖人之存亡而分晦明，非因聖人之存亡而生有無；猶山初不因遊人之多少、有無而少改變其原有狀態也。若云聖人有所創作，則此道不啻已爲聖人所私有；已不能謂之先天而天不違，後天而奉天時之大道矣。故曰：‘先聖後聖其揆一也。’又曰：‘東海西海有聖出，此心此理同也。’西儒之言哲學，則全與之相反。哲學派别既多，意見各異。一説既興，則必有絶對相反之説與之並立；故既有一元説，則即有二元説起而與之抗；既有唯心論，則更有唯物論出而與之争；各是其是，無所折中。而研此學者亦必兼收并包，莫定一尊。既無同揆之可言，更難期收一貫之效。是故西儒之治哲學，如人造園庭，各人所作各各不同。一人所作之園庭，可由一人之意匠經營而爲建設布置；故後人所作之園庭，不必同於前人，亦不難勝於前人。是以西儒之治哲學，往往後勝於前，今密於古，不同東方人之學道者，先聖既造其極，決無後可勝前之理；無論後人用力如何勤奮，悟道如何深遠，謂所見同於先聖，可也；謂所見等於先聖，可也；若謂所見異於先聖，或謂其過於先聖，則非愚即妄矣！

“爲學之道，惟信爲能入。孔子曰：‘信而好古。’又曰：‘篤信好學。’子張曰：‘執德不宏，信道不篤’，‘焉能爲有，焉能爲亡！’而以今日學者之淺陋，讀聖賢精微之經傳；苟非信至極處，決難望有所得也。無論天資如何高明，用工如何勤奮，願十年之内，萬不可輕言有疑，惟當以全身靠在聖賢語言上，然後虚心静氣，優遊玩索，以身體之，以心驗之，從容默會於幽閒静一之中，超然自得於書言象意之表。如口之於味，鼻之於臭；吾人欲知味臭之區别，設非親嘗之，親臭之，則決無真知確見之可言。論味則蜜與糖同甘，而糖之甘自異於蜜；梅與醋同酸，而醋之酸不同於梅。論臭則蘭蕙與旃檀之香同而復有别；鮑魚與屎溺之臭同而不相混；若欲詳辨四者之分别，雖使善文者覃思深慮而出之，仍不過得其髣髴而已；若復令讀者其文，即可辨其異同，則雖上智亦決不能也。然使其人一嘗其味，一嗅其臭，則雖愚夫亦能立辨之而無爽焉！此即陽明所謂：‘啞子吃苦瓜，與爾説不得，爾要知此苦，還須爾自吃。’悟即自吃之謂也。可知不自吃，則終不知味；不自悟，則終於道無所得也。由信得悟，由悟證道。古人之論悟道也，曰：‘言語道斷，心行處滅。’又曰：‘口欲言而辭喪，心欲思而慮亡。’又曰：‘窮諸玄辯，若一毫置於太虚。竭世樞機，似一滴投諸巨壑。’非古人好爲微妙幽深之語，使世人難於窺測也。蓋有以見道體本質如此。故曰：‘此事極奇特，極玄妙，而又極平庸，極真實。’其入手最要之方，則莫若静；静而後能定；既静且定，然後能發慧；則吾心廣大本體靈光發見，然後方可期有得耳。由信得悟，由静生明，惟静而後能虚靈。宋儒言心以虚靈爲貴，此言亦善；必虚而後能靈；既虚且靈，方能默契先聖精微之旨。若專以博學多聞爲貴，終其身皇皇然以搜求捃摭爲務，如清中葉漢學家之所爲，則此心已實而窒矣；實而窒，又焉能悟道妙哉！所以學道者，決非博觀强記探賾索深之謂；必澄心息念，收視返觀而後期有得；其未得也，不能尅日計功，由於積累而成；其已得也，先覺者亦不能以言語文辭，傳之後進；學者苟非真參實悟，無由知其妙微。若西儒之治哲學，則不外博覽群書，廣采物情，全憑意識以爲推求，歷舉事例以爲比較，無所謂澄心返觀之法也。大抵西人治學之塗徑，不外分别、比較二術；名數質力，日擾其心，終日思索，神勞則昏，尚安有心體靈光發見之一日耶？聖賢之學，全由聖賢心體靈光發見，非由外得。故言道學者，前聖已造其極，決無後可勝前之理；故學儒者決無人能過孔、孟，學道者決無人能過老、莊，學佛者決無人能過釋迦。學者既明此理，則但當終身安心作孔、孟、老、莊之信徒，不當妄思欲作孔、孟、老、莊之試官。若近日淺人之所爲，字意未明，句讀未真，便欲評其高下，論其是非，是無異人人可作孔、孟、老、莊之試官矣！人人欲作孔、孟、老、莊之試官，勢必至無人復能解孔、孟、老、莊之真意矣！”見《東西學術之不同》。

其論三教會通曰：“天下物極必反。自清季倡言變法，朝野上下，事事舍舊圖新，乃擾攘二十年，紀綱墮地，未收變法之效，先亡立國之本；法愈新而國事愈紊，學愈新而民德愈下。深思遠慮之士，知徒事紛張，無補實際，欲返而探求古昔聖賢學術之綱領，治國之要圖，乃復索諸宋明理學，旁及釋道二教之説，於是會通三教之説，復瀰漫於國中；聚徒立説，所謂某社某教者比比而是。信奉其説者，不僅鄉愚婦孺；乃至達官貴人，奉爲至教，信爲大道，爲之奔走扶持；亦有名士宿學，入社奉教。余初不解所以，迨推求其故，而知事之不偶然也。清季革命，争民施奪，士大夫日以科學之功利主義，陷溺其心，頭没頭出，心神膠擾；而於此有人焉，廣談心性，語多玄妙；聞之形神灑濯，歡喜贊嘆；譬之久居炎瘴之地，驟入清涼世界，翻然信奉而不悔者，自出於誠意好善之心，未可以淺薄而厚非之也。然以好學向善之心，轉爲詖辭邪説所蔽惑，不復知有真知真見，此固天下事之最可痛心者！三教分立，由來已久；雖根本之地，原無不可會通之處；然門庭施設，各自不同；通一教已不易，而侈言會通乎！自古兼通儒、釋二教者，如宋之明教嵩、東林總、大慧杲，明之蓮池、憨山，居士如楊大年、張無垢、耶律晉卿、宋景濂、趙大洲輩，其初皆由一門深入，得發妙悟，復餘力兼及，自易了解；其兼通佛、道二教者，則自古罕聞。蓋禪門鄙道家爲外凡，深通佛理者決不復羨長生；而道家亦以性命雙修爲獨得之秘，不肯舍己從人；故道家除宋張紫陽外，其著作鮮能入佛知見者。以一人而會通三教，談何容易！且諸公之書俱在，在佛言佛，在儒言儒，在道言道，即兼通而不必會通。如張紫陽著《悟真篇》，叙金丹要術，則不雜宗門一語；而著外集，則演禪門中最上一乘宗旨，亦不雜玄門一語；未聞一書之中，必以融通貫串爲貴也。三教各有微言大義，其教人入門之塗徑，又各不同，決不可强爲比附，又未易輕言會通也。乃今之言會通者，惟捃摭門面之語以爲裝點掩飾之計，既以長生成仙之説，動俗人之歆羨，又剽竊一二虚空玄通之談以欺淺陋不學之輩。始以名利之故，惑世誣民；繼見附從者衆，益大言不怍，靦然以教主自居；不知爲知，未悟言悟，謗大般若，種地獄因，世間惡業，未有甚於此者。而始創三教合一之説者，爲明季林兆恩，即世所謂林三教，著《三教正宗》一書；雖無精義，然尚不如近日所説之謬。清同治五年，山東黄崖之獄，教首張積中，江蘇儀徵縣人，其教即溯源於林三教，尋遭誅夷。國體既更，教禁遂弛，往昔秘密之會社，咸得公開傳授，異説蠭起，雖同標三教合一之旨，而派别分歧。有論其儀式則爲佛教，然教中所傳授者，不外吐納導引昇降之術，則又道教之支流焉。有所誦之經，不過禪門日誦中之數種，與僧徒無異者。亦有釋、道二教尋常通行之經，其徒均未列入日課，别由創教之人造成一經，教中人視爲秘本，非經教中規定之等級不能傳授，絶不許教外人見之者。有傳教之人及教中刊布之書，專喜引用《學》、《庸》、《易經》中語，驟視之似儒教，而推究其旨，則專以金丹大道之説强加附會，實於儒門本義不啻千里萬里者。聚徒立説，多者或數百萬人，少亦不下千百焉。”見《論三教異同》。

其表章潛德樸學曰：“清季宣統三年間，余肄業京師大學分科。一日，余至東安市場，見地攤上賣舊貨者，有譯學館《輿地講義》百數十册。余未入分科前，先畢業於譯學館，一見此書，即驚異；問其價，則每册僅銅元四枚，全書共四册，以洋白連史紙印，亦頗華美，每册約百頁，四册價銅元十六枚，可謂廉矣！問此書購者多乎？答中國無人要，日人購去百餘本耳。聞之令人短氣。余知此爲湘潭韓樸存先生手筆。先生爲地理專家，與鄒代鈞先生齊名，共創輿地學會；此書以四年之歲月脱稿，殆先生畢生心力之所寄焉。同時任譯學館歷史教員者爲駐日公使汪衮父先生，才華絶出，年少負高名，而心折韓先生之篤學，遇歷史地理有疑者，必以問先生。吾鄉楊遜齋先生生平專攻史地之學，歷任北京大學、浙江高等學校講座逾三十年，每語余曰：'譯學館《輿地講義》極精審，決非外省坊間所能成也。'以如此精審有用之書，又以舉世罕有之廉價，乃以國人之無人過問，而爲日人捆載以去，供其侵掠窺伺之資；天下傷心之事，孰有過於是者乎！此書至今無人爲之重印，其實決無第二種中國地理書可與比者。設日人竊爲己有，以之出版，或反能一新吾國人之耳目，群震爲外國學者之名著；此事往來於余心者逾二十年，平居每一念及，輒淒然欲涕焉。又吾鄉有宿儒范柳堂先生者，長於考據史地之學；生平無它嗜好，惟喜讀書；年七十餘，尚不一日廢書，曾任吾郡中學教員，入民國後，任浙江統志局編纂五六年，以編纂《天台山志》，身入天台山，爲學不苟如是。先生杜門寡交遊，鄉人知之者亦尠；乃以民國二十年秋，北平某文化會會長橋川時雄者，忽致函，辭極撝謙，謂：'欽慕之日久，前月南下，本欲面領教誨，乃至車站，狂風暴雨，不克如願。先生著作，如有已刊者，請各寄一部；未刊者録副見賜。'先生如其言。覆信則措詞彌恭，謂：'奉讀大作，無異貧兒暴富。未刊之稿，儻蒙許可，當敬爲代刊以廣流傳。'會東北事發，先生乃不復作覆。先生在鄉里，目之爲古董，爲怪物，終歲無人登門；乃異國人反能於數千里外慕其名，索其書，慇慇請求，珍逾球璧，是亦有識之所悼心，志士爲之短氣者也。"見《無題》。

觀其所稱，見解超卓，議論中正，以聰明人，説老實話；其論不必爲近十年發；而近十年之國學商兑，惟先生殫見洽聞，洞見癥結，人人所欲言，人人不能言。要删如右，以備多學治國聞者考覽焉。

（原刊於《光華大學半月刊》第3卷第9期、第10期合刊，1935年6月3日）

唐文治先生創設國學專門學校之宗旨

國學所以牖啓國性之自覺

學生必以表現自覺之生活

天相中國，抗戰勝利，然多難古有興邦，殷憂今未啓聖，放僻邪侈，人將相食；不惟人心日壞，而撫寸衷，亦茫無所措！因思明之亡也，顧亭林先生太息而言："有亡國，有亡天下。易姓改號，謂之亡國；仁義充塞而至於率獸食人，謂之亡天下。"而在今日，博則以爲民族不能自衛，降志辱身，而失其抵抗以受異族之統治者，謂之亡國。人心不能自主，反道敗德，而無所操持以成民族之墮落者，謂之亡民族。有民族之訓齊有素，而國雖暫亡，必能藉其民族以維繫不亡者，吾之敵人日本及德國是也。有民族之風紀盡蕩，而國幸不亡，無不隨其民族以淪胥俱盡者，吾中國是也。顧亭林言："知保天下，然後知保其國。保國者，其君其臣肉食者謀之。保天下者，匹夫之賤，與有責焉耳矣！"而在今日，則知保民族，然後能保其國。唐先生則以保國之大任，國之元首，責無旁貸；而保天下，保民族，則奮以自任，而欲以轉任之諸生，教澤所沛，引一世而偕之大道，此國學專門學校之所以創設也，然則諸生譚何容易以無忝爲國學專門學校之一學生！

唐先生之學，以孔孟爲教，而以“仁義”二字提撕人心。博追隨唐先生以主任校務者亦且五年，而謂諸生負笈以來，必先明何謂“國學”。“學”之爲言覺也；夫“國學”所以牖啓國性之自覺；而“學生”必以表現自覺之生活！國於天地，必有與立；争民施奪，其何能國！生乎今之世，由今之道，必先自覺人生之異於物競，而後能居仁由義以相維於不敝！“仁”之爲言人也，“義”之爲言宜也。由消極而言：“行一不義，殺一不辜，而得天下不爲！”而見世之所謂民族英雄，則行盡天下不義，殺盡天下不辜，而得擅政當國，則爲之；此革命之所以常爲中國病，而不應天順人也！以積極言之：“禹思天下有溺者，由己溺之也。稷思天下有飢者，由己飢之也。”“由己”之言責無旁貸，而不必如注家之作“猶”字解；幾見天下無不死溺，而禹獲免於魚鱉；天下無不死於飢，而稷獨饜其口腹者！顧目論者皮傅歐化，而以争民施奪爲天演之自然；其大蔽在以人生爲物競！英國哲學家達爾文氏昌言天演，徵見物競，優勝劣敗，適者生存；而顧致督於人生之不可蔑棄道德，其持論以謂：“道德之原，實起於親子之有愛；擴而充之，則爲同族同類之兼相愛；斯稱爲動物之群性，而與動物之自利性，如車之有两輪，如鳥之有雙翼，并偕有生以俱來。天演物競，自然淘汰，此群性之於人類，乃日繼長增高以有緝熙於光明者，此何以故？蓋壞國喪家，必由營私；專欲難成，多助得順，故群性之發展，亦爲適者資格之一，就一國家一社會之個人而言，忠信篤敬，仁人良士之子孫，角智争雄，較之貪夫敗類，詐僞桀黠者之子孫，孰爲勝利，雖未可必；而以團體競争言，則多數忠敬篤信，仁人良士之個人所構成之國家之社會，必較諸多數貪夫敗類，詐僞桀黠之個人所構成之國家之社會，爲繁榮而强固，何者？蓋營私自利，壞國喪家，人道或幾乎息，寧我之能獨存！”此孟子之所以言“仁人心也”！則人生之不動物競，達爾文固明著之，而赫胥黎之論天演，則謂：“自禽獸以至爲人，其間物競之用，固無時或休；而所以與萬物並存戰勝而種盛者，中有最宜者在也；是最宜云何？曰自營而已！夫自營爲私；然私之一言，乃無始來斯人種子，由禽獸得此漸以爲人，直至今日而根株仍在者也！是故凡屬生人，莫不有欲；莫不求遂其欲；其始能戰勝萬物而爲天之所擇以此；其後用以相賊而爲天之所擇亦以此！何則？自營甚者必侈於自由；自由侈則侵；侵則争；争則群涣；群涣則人道所恃以爲存者云，而人種滅矣！”此孟子所以言“仁義充塞，則率獸食人，人且相食”；而顧亭林以致懼於天下之亡也！觀於今日之吾人，乘機射利；勝利未臨，則居奇走私以發國難財；勝利既臨，則巧取豪奪以發勝利財；幸災樂禍，上下交征利，莫不利國家之多難以爲一己之樂利，自營之甚而仁義充塞，争民施奪，幾何其不爲人之相食！如人而不嫌於相食，充類至盡，吾國四萬萬人，自相吞噬以至於無孑遺；亡國滅種，何必待敵國外患之至！然吾國人之未受教於唐先生，而負笈以來國學專門學校者，宜其不知仁義充塞之必人將相食；倘國學專門學校之學生，而不自覺居仁由義之爲人生，則唐先生之志荒矣！

獨念二十六年十月，唐先生以寇之涉吾地，青年心理純潔之如一片白紙，未可以染；自忘其老，而以七十高齡，跋涉山川，護送諸生以移漢口，轉湘入桂，遂以委重於馮振心先生而責以代理校長。馮振心先生受命危難，當仁不讓，始則闢北流之家園以開講舍；繼則得廣西省政府之協助以移桂林；建校舍於穿山，羅名師於四方！然而私立之校，不同國立學院專校經費之資國帑挹注；諸生無公費，學校無經費，馮先生困心衡慮以力拄難危；諸生忍飢耐寒以相從危難！及三十三年十二月，寇深國危而桂林亦陷，穿山新建之校舍，付之一炬，馮先生則率諸生以入猺山；戎馬轉徙，未嘗一日廢弦誦；艱苦同嘗，而無一人出怨言。此其艱貞蒙難，咸有一德，仁之至，義之盡，豈惟延唐先生之斯文一脈於西南，而實以續如縷不絕之國命！及窮寇納命，河山重光，而馮先生率諸生以歸命於唐先生。然而復員之經費未發，道塗之跋涉倍艱，在廣州則候船三月，及上船則忍飢數日。然則險阻艱難之備嘗，諸生倍甚於他校，然而吾不爲諸生慰，而爲諸生幸者，幸得與全國四萬萬人共其苦難也！倘全國四萬萬人無不水深火熱，而我一人焉獨席豐履厚以恣情享樂，則是我幸災樂禍以負衆生之債！苟全國四萬萬人無不酒池肉林，而我一人焉獨啼飢號寒以不得生活，則是衆生般樂怠敖以負債於我！孰爲心安理得，可不待辨而自明，此中得失，博校之已熟！獨念天未厭亂，人不悔禍，喪亂未平，而災害並至，此後之憂患或且甚於今日；凡我共學，體念時艱，發心與四萬萬人共憂患，此仁之所以爲人心也！設法與四萬萬人共憂患，此義之所以爲人路也！操心慮危，弗震弗愨！猶憶民國五年，英使朱爾典回國，而侯官嚴又陵先生往送行，與談中國之無望，不覺老淚如綆！朱爾典慰之曰：

“君毋然！吾觀中國四千餘年柢固根深之教化，不至歸於無效！天之待國殆猶人，眼前顛沛流離，即復甚苦；然放開眼光看去，未必非所以玉成之也，君其勿悲！”旁觀者清。而吾中國四千餘年柢固根深之教化，舍仁義何求！苟非我國學專修學校之問學思辨以牖啓國性之自覺，必不能以維持民族以不敝！支之不存，毛將焉附！民族之亡，國以何保！而必自來學諸生居仁由義以無負唐先生之教，而表現自覺之生活，然後有以樹人紀，而吾中國四千餘年根深柢固之教化，乃不終歸於無效！張子不云乎：“爲天地立極，爲生民立命，爲萬世開太平。”此則唐先生之所以創設國學專門學校也！百爾來學，共勉之矣！

（原刊於《江蘇民報》，1946年6月29日）

何謂國學

（華中大學湖南同學會演詞）

抗戰以來，余避難湖南，亦且八年，湖南已不啻我第二故鄉；諸生自湖南來，亦承以父老視我，相招演講，余愧無以相益，而諸生責我以講國學。試問何謂“國學”？

（一）“國學”一詞之所由起。“國學”之稱，不見經史！而“文學”之稱最古；《論語》“文學子游、子夏”是也。宋儒講致知窮理之學，謂之“理學”；而以理學之究極，可以明心見道，亦稱“道學”。清儒致力於詁經以推本漢儒，謂之“經學”；亦曰“漢學”；多見載籍。而未聞有稱“國學”者！“國學”一詞之所由來，不過数十年，乃對西學而有稱。歐化東漸，曰以富强相傲。吾國人矜奇騖新，亦以仁義爲迂談；幾欲屏棄一切以相從事；放僻邪侈以爲自由；長傲縱欲以言平等；反道敗德以託革命；禮義廉恥，蕩焉無存；方且以爲外國之文明如此；我何爲不如此；而亂日以長，儳焉不可終日！人窮則反本，而“國學”之名以起：“國學”云者，乃承歐化之披昌，而以明吾國之自有學；反本修古，所以防禦西來之文化侵略，而涵有精神國防之意味焉！

（二）“國學”一詞之涵義。欲知何謂“國學”，必先知何謂“國”，何謂“學”。《白虎通》：“學之爲言覺也。”《説文》“學”作“斅”，訓“覺悟也”。“學”而冠以“國”者，《説文》：“國，邦也：从囗，从或。”“或，邦也，从囗，从戈以守一：一，地也。”是知國之爲訓，誼在防禦；而从囗於外者，所以示國之有境，不可放棄；疆土然，論學亦然，國之有學，所以徵國性之自覺！吾人可以學人之長以補己之短；而不可蔑我所學以徇人之學！吾人可以請益於人，而不可以歸化於人也！國於天地，必有與立。苟國性失其自覺，斯民心不知所守；見異思遷之以同化於人者，抑何難投降稱順以納土於人！苟吾人不知明德新民，居仁由義，國之所以爲學；則舍己芸人，學西洋之科學藝術，皮傅歐化，亦徒賊夫人之子！須知今日之吾人，失其國性，而并失其人性；不知所以愛國，遂亦不知所以爲人！同室操戈，殺人盈野，忍心害理，不知人間有悲憫事；而主持之者，孰非國之秀傑；問學以濟貪詐，義理以文奸言，由不知所以爲學，遂不知所以爲人！而非促國性之自覺，無以發人性之自覺！

（三）我之所以言“國學”。國不能無學；而“國學”不可以名家；則以“國學”，乃舉國四萬萬人，人人之所宜爲學！而我之所以言“國學”，欲牖導國性之自覺以啓發人性之自覺；知所以爲人而爲一君子。六經所明，不外人道。“仁”之爲言人也。《論語》二十篇，千言萬語，不論人之所以爲我，而詔人之所以爲人；是故標“仁”字以立人道之極，揭“君子”以立人倫之範。“子”者，男子之通稱：“君”者，善群者也；“君子”之言善群之男子也：故曰“君子群而不黨”。“群而不黨”，斯人之所由以偶俱無猜，而講信修睦，示民之有常者也；仁孰大乎是！《中庸注》：“人，讀如相人偶之人。”黨則有偶有不偶；群則無之而不偶，含宏光大，仁之至也！“仁”字从人从二，以見我之一人外，尚有人在；古人造字自有深意。天下之大，豈自便身圖之所能一意孤行；而必恃乎全人類之講信修睦以相與有成；然而知此者鮮！争民施奪，天下大亂，無不起於爲我！所以古文“我”字从戈从勿；勿者，古人州里所建旗以爲揭幟，象其柄有三旒；揭幟自我而他人勿恤，爾詐我虞，戎心興焉；此我之所以从戈，而孔子必以毋我爲大戒也，今勝利雖臨而喪亂未已，邦分崩離析，其大病在無一黨團，無一階級乃至無一人不思擅勝利於我以自便私圖！君子不欲多上人；而今無一人肯降心相從以爲人類之公仆！無一人不標高揭己以欲上人爲領袖！争利者必先攘權，不仁者以身發財。斷金不見同心；同室日以操戈！一人貪戾，一國作亂，其機如此；而人道或幾乎息！我不恤人，人誰恤我！希臘哲人蘇格拉底言：“個人當在群衆之下！人生之最高目的，在實現道德之存在。”不知此者，不足以言“國學”！

然則“國學’’爲人道之學；人道不泯，國學不亡！而治國學必藉讀書。特經史子集，浩如烟海，執簡御繁，莫如两書；讀《四書》以揭人道之綱，讀《通鑑》以盡人事之變。善讀者玩索而有得焉，則終身用之有不能盡者矣！

（原刊於《蘇訊》第77、78合期，1947年4月30日）

國學文選類纂 GUOXUEWENXUANH

目　　次

胡培翬　《〈詁經文鈔〉序》

陳壽祺　《〈經郛〉條例》

蒙文通　《議蜀學》

丙集序目（子學之部）

莊子　《天下篇》

太史公談　《論六家要指》

劉孚京　《諸子論甲》儒家

陳三立　《讀〈荀子〉》

劉孚京　《諸子論乙》道家

陳三立　《〈老子注〉序》

章炳麟　《〈莊子《齊物》論釋〉序》

陳三立　《讀〈列子〉》

謝无量　《〈韓非〉叙略》

孫詒讓　《〈墨子間詁〉序》

戴　望　《汪仲伊〈握奇圖解〉序》

姚　鼐　《讀〈司馬法〉〈六韜〉〈孫子〉》

汪　中　《〈吕氏春秋〉序》

梅曾亮　《〈淮南子〉書後》

總　　敘

《國學文選類纂》之輯録既畢，意有未申，於是濡毫吮墨以發其指曰：

《記》曰：“作者之謂聖，述者之謂明。”仲尼曰：“述而不作，信而好古。”博文質無底，奚所能爲役！獨念博學通人，希聖有作，亦有辨章學術，條析流派，以示塗轍，牖方來。謹以誦覽所及，寫著其文，以當明述，輯爲六類：曰小學之部，曰經學之部，曰子學之部，曰史學之部，曰文學之部，曰校讎目録之部，而題其耑曰《國學文選類纂》。將以宏闡國學，考鏡源流，統斯文之條貫，詔學者以知方；庶幾國學之筦樞，文章之林囿也！儻有睹記旁逮，足備考論，見仁見知，義各有當，附之於篇，爲後學治國聞者覽觀焉。然而鄙懷之所欲陳，則固别有在。儻挾册而以爲窺國學之宏秘焉？博願有以進之也。誠竊以爲必先知“學”之涵義，而後可與國學。試條析而竟其義：

一、何謂“學”？按“學”之爲言“覺”也；《説文·教部》：“斆，覺悟也。从教，从冂。冂，尚矇也。臼聲。學，篆文，斆省。”《白虎通·辟雍篇》：“學之爲言覺也。”“所以疏神達思，怡情理性，聖人之上務也。民之初載，其矇未知；譬如寳在乎玄室，有所求而不見；白日昭焉，群物斯辯矣；學者，心之白日也。今心必有明焉，必有悟焉，如火得風而炎熾，如水赴下而流速，斯大聖之學乎神明而發乎物類也。”采徐幹《中論・治學篇》“君子博學而日參省乎己，則知明而行無過矣。”見《荀子・勸學篇》惟“覺”斯徵“學”，惟“學”乃臻“覺”。是故言“學”者不可不知“義”與“數”之辯，知之者覺，昧之者愚也！何以言其然？《荀子・勸學篇》曰：“學惡乎始？惡乎終？曰：其數則始乎誦經，終乎讀禮；其義則始乎爲士，終乎爲聖人，古人言學以聖爲歸。聖者，大覺至通之稱。《莊子・天運篇》曰：“聖也者，達於情而遂於命也。”《説文・耳部》：“聖，通也。”《白虎通・聖人篇》：“聖者，通也。”真積力久則入，學至乎没而後止也！故學數有終，若其義則不可須臾舍也！爲之，人也！舍之，禽獸也！”此知“義”與“數”之辯者也。《漢書・藝文志》曰：“古之學者耕且養，三年而通一藝，存其大體，玩經文而已；是故用日少而畜德多，三十而五經立也。後世經傳既已乖離，博學者又不思多聞闕疑之義，而務碎義逃難，便辭巧説，破壞形體，説五字之文至於二三萬言，後進彌以馳逐。故幼童而守一藝，白首而後能言，安其所習，毁所不見，終以自蔽。此學者之大患！”此不知“義”與“數”之辯者也。於戲！讓清乾嘉已還，學者方承惠棟、戴震諸老之遺風，襲爲一種考據瑣碎之學，辯物析名，梳文櫛字，刺經典一二字，解説或至數千萬言，繁稱雜引，號曰漢學；群流和附，堅不可易；於是專求古人名物、制度、訓詁、書數，以博爲量，以窺隙攻難爲功；若舍是不足與於“學”者！庸詎知漢學之所謂名物、制度、訓詁、書數者，徒荀子之所謂“學數有終”，而無當於“不可須臾舍”之“義”也乎？古人爲學以畜德，貫其義也。後儒講學以馳説，逐於數也。雖然，荀子不云乎：“君子之學也，入乎耳，箸乎心，布乎四體，形乎動静，端而言，蝡而動，一可以爲法則。小人之學也，入乎耳，出乎口，口耳之間則四寸耳！曷足以美七尺之軀哉！”見《荀子・勸學篇》此“覺”與“不覺”之别，“君子”、“小人”之分也！不可不深察！不可不熟慮！

二、何謂國學？國學之一名詞，質言其義曰“國性之自覺”云爾！國於天地，必有與立。而人心風俗之所繫，尤必先立乎其大，深造而自有得，相以維持於不敝。其取之它國者，譬之雨露之溉，土肥之壅，苟匪發榮滋長之自有具，安見不求自得而外鑠我者之必以致隆治，揚國華也耶！是故國學之所爲待振於今日，爲能發國性之自覺，而俾吾人以毋自暴也！

吾生四十年，遭逢時會，學術亦幾變矣！方予小弱，士大夫好談古誼，足已自封；其梯航重譯通者，胥以夷狄遇之；而詡然自居爲中國，以用夷變夏爲大戒，於外事壹不屑措意，此一時也。“風氣漸通，士知弇陋爲恥；西學之事，問涂日多。然亦有一二巨子，訑然謂彼之所精，不外象數形下之末，彼之所務，不越功利之間；逞臆爲譚，不咨其是。討論國聞，審敵自鏡之道，又斷斷乎不如是也！”采嚴復《天演論序》。此又一時也。既，世變日亟，國人曉然於積弱，則又以爲中國事事不如人，舊學寖以放廢！於是“家肄右行之書，人詡專門之選，新詞怪誼，柴口耳而濫簡編；向所謂聖經賢傳，純粹精深，與夫通人碩德，窮精敝神，所僅得而幸有者，蓋束閣而爲鼠蠹之久居矣！”采嚴復《涵芬樓古今文鈔序》然而行之二十年，厥效可指：衡政，則民治以爲揭櫫，而議士弄法不軌，武人爲於大君；論教，則歐化襲其貌似，而上庠馳説不根，罔學徒恣横議！放僻邪侈，紀綱無存！欲求片詞隻義，足以維繫一國之人心者而渺不可得！國且不國，何有於治！於戲！古諺有之曰：“橘逾淮化爲枳也。”況於謀人之國，敷政播教；將謂樹一國之人文，而可以移植收其全功者乎！此必不可得之數也！其效則既可睹矣！此又一時也！大抵自予之稚以逮今日，睹記所及，其民情可得而言：其始足己而自多！後乃蔑己以徇人！然見異思遷者，徒見人之有可法，而不知國性之有不可蔑！而足己自多者，又昧人之有可法，而不知國性之有不盡適！二者之爲蔽不同，而失之國性之不自覺則均！是故言“國性之自覺”者，必涵二諦而義乃全：一曰“必自覺國性之有不可蔑”。昔羅馬大哲嘗作詩歌以大誥於國曰：“前車非遠，希臘所程猗！希臘之花，昔何榮猗！彼昏不知，狎侮老成猗！黷其明神，薄其典型猗！萬目異色，群耳無正聲猗！綱絶紐解，人私自營猗！累世之業，隳其沈冥猗！嗟我國人，能勿懲猗！”采梁啓超譯。見《庸言》報第一卷第一號《國性篇》。嗟乎！吾每誦此，而感不絶於予心也！儻一國之人，自上下下，不復自知我國歷史久長之難能，文化發揚之可貴；本實已撥，人奮其知，自圖私便；則國與民之所恃以摶繫於不壞散者，僅法律權力之有强制，生命財産之受保障耳！於精神意志之契合何有！一旦敵國外患之强有力者臨之，但使法律權力足以相制，生命財産足以相保；而蚩蚩者氓，只如馴羊叩狗，群帖焉趨伏於敵人之足下已耳！古今之亡國者，未或不由是也！儻有國之人焉，胚胎於前光，歌誦其歷史，涵濡其文化，浹肌淪髓，深入人人。人心不同，而同於愛國；如物理學之攝力，摶捖一國之人，而不致有分崩離析之事也！如化學之化合力，熔冶國人，使自爲一體，而示異於其它也！然後退之足以自固壁壘，一乃心，齊乃力，外禦其侮；而進焉則發揮光大之以被於全人類而爲邦家之光！此國性自覺之第一義也。一曰“必自覺國性之有不盡適”。吾國立國於大[①]地者五千年，其與我並建之國代謝以盡者幾何！而我乃如魯靈光巍然獨存！雖中間或被夷虜，爲國大厲；而漸仆漸起，不旋踵而匡復故物，還我河山，歌斯哭斯以聚骨族於斯；其國性之養之久而積之厚也！其入人之深也！此不待言而自解也！然樹藝積久而必萎。國性積久而有窳。時移勢遷，有不適者。故曰：“文久而息，節族久而絶，守法數之有司極禮而褫。”見《荀子・非相篇》。又曰：“禮時爲大。”見《禮記・禮器》。因時制宜，寧容墨守；非有所矯，不能圖存；固也。如人性然，變化氣質，增美釋回；君子道在修身，莫不然。然而不可不知者：國性可助長而不可創造也，可改良而不可蔑棄也。儻如“戕賊杞柳以爲桮棬”，桮棬未成而杞柳先戕，庸杞柳之所利爲之乎！然則斲喪國性以致富强，富强未致而國性先墜，庸國人之所利爲之乎！即中知，固知其不利矣！於戲！晚近以還，歐化東漸，國人相競以詔；而淺嘗之士，於所學曾未深求，輒捃摭所聞西事以自矜詡，遂欲有所施行；其仁義道德傳自往昔，爲人生所必繇，古今中外莫能易，操之則存，舍之則亡者；則或以其中國老生常談，放言高論，務摧滅之以爲快！其尤甚者，乃至以弱肉强食爲公理，以裸體相向爲美術，以貪冒淫侈爲文明！問其所以？曰：“歐儒云爾，我亦云爾也！”人心日即於浮囂；國事日徵其蜩螗！生心害政，以若所爲，而曰“强國救群之道在是”；譬於飲酖而救渴！吾見渴之未救而大命已傾！國之未强而人心先壞！安其危而利其菑，所謂“强國救群之道”，果如是乎！然則國學之所爲待振於今日者，爲能發國性之自覺，而俾吾人以毋自暴也！倘欲發國性之自覺，其必自言學者知“義”與“數”之辯始。見《孟子・告子上》。

昔荀子勸學，兼綜“數”“義”；以爲：“其數則始乎誦經，終乎讀禮。其義則始乎爲士，終乎爲聖人。”見《荀子・勸學篇》。“全之盡之，然後學者也！君子知夫不全不粹之不足以爲美也，故誦數以貫之，思索以通之，爲其人以處之。”見《荀子・勸學篇》。則是荀子勸學，貫“義”與“數”而一之；徹始徹終，非二物也。後儒則離“義”與“數”而二之；譬如耳目口鼻，皆有所明，不能相通。有陳其“數”而疏於“義”者，有明其“義”而遺乎“數”者。

① “大”應爲“天”之訛字。

將以便舉稱，明殊指，爲之題目，昭其涵容：一曰“人文主義”，一曰“古典主義”。

“人文主義”者，以爲國學之大用，在究明“人之所以爲人之道”；而以名物考據爲瑣碎。此明其“義”而遺乎“數”者也。

“古典主義”者，以爲國學之指趣，在考徵“古之所以爲古之典章文物”；而以仁義道德爲空譚。此陳其“數”而疏於“義”者也。

於戲！國之有學，非一日矣！曁盡往古，亘極來今，蓋亦有其變遷遞嬗之迹可舉者焉。莊生有言曰：“孰主張是？孰維綱是？孰居無事推而行是？”見《莊子・天運篇》。事實之所詔我，實以兩主義相摩相盪，迭爲興仆，運轉而不能自止者也。大抵漢學尚考據，明訓詁；荀子所謂“其數則始乎誦經，終乎讀禮”；“古典主義”之可徵者也。宋儒道性善，明義理；荀子所謂“其義則始乎爲士，終乎爲聖人”；“人文主義”之可徵者也。雖然，猶有辯：

漢學有今古文之分：今文經世以致用，微言大義是尚；此漢學之近於“人文主義”者也。古文稽古以釋經，名物訓詁是謹；此漢學之偏於“古典主義”者也。然而今文極盛於西京，古學代興於東漢，古學既盛而今文遽絶焉！《後漢書・鄭玄傳》曰：“初，中興之後，范升、陳元、李育、賈逵之徒爭論古今學，後馬融答北地太守劉瓌及玄答何休，義據通深，由是古學遂明。”則是“古典主義”擅漢學後起之勝也。

宋儒有朱陸之爭：朱子道問學，讀書不害窮理；《宋元學案・晦翁學案》載：陳北溪答李貫之曰：“先生教人尊德性，道問學，固不偏廢，而下力處却多在道問學上。”此宋儒之不廢“古典主義”者也。陸象山尊德性，明心乃以見性；《宋元學案・象山學案》曰：“宗羲案：先生之學以尊德性爲宗，紫陽之學則以道問學爲主。先生與兄復齋會紫陽於鵝湖，復齋倡詩有‘留情傳注翻榛塞，著意精微轉陸沈’。先生和詩亦云：‘易簡工夫終久大，支離事業竟陸沈。’紫陽以爲譏己，不懌。”此宋儒之尤重“人文主義”者也。然朱學極盛於宋、元；陽明崛起於明代，陸學重光，而朱學少衰矣！則是“人文主義”擅宋學後起之勝也。

然當宋儒未起，漢學將變之際；老、莊於魏、晉；佛於隋、唐；士大夫譚名理，崇高致，以清言爲尚，以章句爲塵垢；亦由風氣窮而思變，學術蘄於自覺；厭考據之煩瑣，無補人生；樂名理之簡雋，欲以自慰；此實古今學術升降一大轉機也！徒以玄譚自放，君子不貴；佛說外道，吾儒所鄙；國學一綫，端繫六經！然而魏、晉經學，衍之東漢，統緒分明；詳見《隋書・經籍志》。而有不同於東漢者。蓋同者其傳説，而不同者其精神；東漢言訓詁，或流繁瑣；而魏晉好名理，亦出簡雋也。“漢初諸儒，專治訓詁，如教人亦只言某字訓某字，自尋義理而已。”采《朱子語類》。“自晉以來，改變不同；王弼、郭象輩是也。漢儒解經，依經演説；晉人則不然，依經而自作文。”采《朱子語類》。則是“古典主義”也，而“人文主義”寓焉矣！後來宋儒之師心説經，其經義大抵汲魏晉之流風者也。然魏晉諸儒，尚解經而爲經注；如王弼、韓康伯之注《易》，杜預、范寧之集解《春秋左氏》、《穀梁》，皆經注也。至南北朝則守一家之注而詮解之，且旁引諸説而證明之，所謂義疏者也。則是義疏者，蓋注注而非注經。是故漢迄魏晉，經學也；南北朝，注學也。皇侃，熊安生，沈文阿，劉焯、炫之倫，著録繁夥。至唐孔穎達修訂《五經正義》，賈公彦、元行沖、徐彦、楊士勛賡續有作，遂遍諸經；百川洄注，瀦爲淵海，信經學之極軌也！然則唐學者，殆集南北朝注學之大成，而爲東漢古學尾閭之宣洩焉！

宋儒五子，周敦頤、程顥、程頤、張載、朱熹遊心六藝，旁參禪乘，周敦頤從僧壽崖學闡太極無極之旨。程顥資性過人，泛濫諸家，出入老釋，返求諸六經，而充養有得。張載勇於造道，已求諸釋老，乃返求之六經。朱子亦闡禪理，陽儒陰釋。宋儒無不如此。明德新民，壹主於率性修道。國學之人文主義，所以昭明於有宋，如日中天者；實以天竺明心見性，般若大覺之佛説西照；而吾儒率性修道，明德親民之經藴内宣。男女同姓，其生不蕃。果藝異樹，接種乃佳。生物然，學術亦有然也！惟五子不廢問學，猶於吾儒爲近；而陸王偏尊德性，彌於禪宗有會耳！

然自明中葉，王陽明以致良知，昌明陸學，風靡一世，號曰“姚江學派”，理想繽綸，度越前古！及其敝也，士不悦學，徒長虚憍！談空説有，相矜以口，益見迂闊而遠於事情！横流恣肆，非直無益於國，而且蔑以自淑！逮晚明劉宗周證人一派，已幾於王學之革命矣！及明之既亡，而學風亦因以革變！天下稍稍惡虚趨實。陸世儀、陸隴其等生清之初，始專守朱子，辯僞得真！高愈、張履祥堅苦自持，不愧寅踐。風氣所鼓，一時景從。此由陸王之“尊德性”而反之於朱子之“道問學”者也。至顧炎武、閻若璩等卓然不惑，以爲“經學即理學”，全謝山《鮚埼亭文集·顧先生炎武神道表》曰：“晚益竺志六經，謂‘古今安得别有所謂理學者？’經學即理學也。自有舍經學以言理學者，而邪説以起。不知舍經學，則其所謂理學者，禪學也。故其本朱子之説，參之以慈溪《黄東發日抄》。所以歸咎於上蔡、橫浦、象山者甚峻。”求是辯誣，開一代之風氣，導厥先路。乾隆以還，惠棟、戴震等精發古義，詁釋聖言，天下所宗。自是學者務於經籍傳注，考訂發揮。“諸經新疏，更迭而出。或更張舊釋，補闕匡違；若邵晉涵、郝懿行之《爾雅》，焦循之《孟子》，胡培翬之《儀禮》，陳奐之《毛詩》，劉寶楠之《論語》，陳立之《公羊》，孫詒讓之《周禮》，是也。或甄撰佚詁，宣究微學；若孫星衍之《尚書》，張惠言之《周易》，劉文淇之《左傳》，是也。或最括古誼，疏注兼修；若惠棟之《周易》，江聲之《尚書》，是也。諸家之書，例精而誼博，往往出皇、孔、賈、元諸舊疏之上！蓋貞觀修書，多沿南學，牽於時制，別擇未精。《易》則宗輔嗣而祧鄭、虞。《左氏》則尊征南而擯賈、服。《尚書》則崇信梅、姚，使伏、孔今古文之學並亡，厥咎郅鉅！加以義尚墨守，例不破注，遇有舛互，曲爲彌縫；孔穎達之正義《五經》，各尊其注，兩不相謀，遂成違伐；若斯之類，尤未允愜！而清儒新疏，則抉[1]微捃佚，必以漢詁爲宗；且誼證宏通，注有回穴，輒爲理董；斯皆非六朝、唐人所能及！然則言經學者莫盛於義疏，而爲義疏者尤莫善於清乾嘉諸儒！”采孫詒讓《籀廎述林·劉恭甫墓表》。此由朱子之“道問學”，反本修古而爲東漢之古學者也。則是“人文主義”之積窳於明季，而“古典主義”於以重光焉！雖然，人苦不自覺，而不安於不自覺，於是乎言學！倘言學者，數典不足以經世，具數無所陳其義；譬如五官百骸，形體徒存，而神明不屬，生氣何託！不以訓詁名物自安，必欲進而求微言大義；人之情也！學之道也！清儒既遍治古經，戴震弟子孔廣森始著《公羊通義》，厥爲清儒言今文學者之權輿！南北朝以降，經說學派只爭鄭玄、王肅，今古文之爭遂熄。唐陸德明著《釋文》，孔穎達著《正義》，皆雜宗鄭、王。今所傳《十三經注疏》者，《易》用王弼，《書》用僞孔安國傳，《詩》用毛公傳、鄭玄箋，《周禮》、《儀禮》、《禮記》皆用鄭玄注，《春秋左氏傳》用杜預注，其餘諸經皆汲東漢古文家之流。西漢所謂今文十四博士者，其學說皆亡，僅存者惟《春秋公羊傳》之何休注而已。今文學之中心在《公羊》，而公羊家言則真所謂“其中多非常異義可怪之論”。然不明家法，治今文學者不宗之！嘉道以還，莊存與、劉逢祿祖孫相嬗，劉逢祿爲莊存與之外孫，弱不好弄。母氏誨之，學必舉所聞於外王父以糾俗師謬說。年十一，初謁外王父，叩以所業，應對如響。曰：“此外孫必能傳吾學。”詳見李兆洛《養一齋文集·禮部劉君傳》、戴望《謫麟堂文集·故禮部儀制司劉先生行狀》。世以《公羊》名家，刊落訓詁

---

① 抉，原作“扶”，今改正。

名物之末，專求其所謂“微言大義”者；凡公羊家言所謂“非常異義可怪之論”，如“張三世”、“通三統”、“絀周王魯”、“受命改制”諸義，次第發明；言今文者宗之！龔自珍説經好莊、劉，尤擅要眇之思；往往引《公羊》義，譏切時政，詆排專制，益爲言學者所憙！南海康有爲能敷説《公羊》改制以言變法，禪其弟子；新會梁啓超，益推而大之，至於無垠；聲生勢張，而言今文學者盈天下矣！此由東漢之古學，又溯而上以反諸西漢之今文者也。則是“古典主義”之漸厭於晚清，而“人文主義”相與代興焉！

方輓清今文大昌之日，獨德清俞樾治古學，號東南大師，爲魯靈光！章炳麟《太炎文録·俞先生傳贊》曰：“浙江樸學晚至，則四明、金華之術茀之，昌自先生；賓附者有黄以周、孫詒讓。是時先漢師説已陵夷矣，浙猶彀張，不弛愈繕。不逮一世，新學�生，滅我聖文，粲而不蟬，非一隅之憂也。”其弟子章炳麟恢張其緒，尤擅聲音訓詁；好稱引《左氏》，而無害於言革命；謂“賈逵言‘《左氏》義深君父’，此與《公羊》反對之辭！若夫‘稱國弑君’，‘明其無道’；則不得以‘義深君父’爲解！杜預於此最爲宏通；而近世焦循、沈彤輩多謂預借此以助司馬昭之弑高貴鄉公，則所謂‘焦明已翔乎寥廓，弋者猶視乎藪澤’也！”見章炳麟《太炎文録·再與劉光漢書》。儒林之言革命者，咸以章炳麟爲巨擘矣！於是治今文者言保皇變法，學古文者倡排滿革命，昭昭然如涇渭分而鴻溝畫也！清廷既覆，革命功成，言今文者既以保皇變法無所容其喙，勢稍稍衰息矣。而章氏之學，乃以大白於天下。一時北京大學之國學教授，最著者劉師培、黄侃、錢玄同輩，亡慮皆章氏之徒也。於是古學乃大盛！其時胡適新遊學美國歸，方以譽髦後起講學負盛名，以爲“清儒之所謂漢學者，一名樸學，對於宋儒之理學而言，不外文字、訓詁、校勘、考訂之學。而其治學之法，不外两事：曰‘大膽的假説’，曰‘小心的求證’。假設不大膽，不能有新發明。證據不充足，不能使人信仰。此歐儒之所以治科學，而吾國惟治樸學者爲得其意焉！”見《胡適文存·清代學者的治學方法》。於是言古學者，益得皮傅科學，託外援以自張壁壘，號曰“新漢學”，異軍突起！而其所爲不同於東漢古學者，蓋以《周禮》爲僞託，目《尚書》非信史，又謂六籍皆儒家託古，胥同今文學説也。惟今文家意在經世，而新漢學主於考古，議論雖同而歸趣不一。此新漢學之所以異今文，而與東漢古學同其歸者也！然東漢古學，欲以信古者考古；而新漢學，則以疑古者考古。此又新漢學之所爲不同於東漢古學，而要其歸，在欲考見“古之所以爲古之典章文物”，則又無乎不同者耳！萬流所仰，亦名曰“北大派”，横絶一時，莫與京也！獨丹徒柳詒徵，不徇衆好，以爲古人古書，不可輕疑；又得美國留學生胡先驌、梅光迪、吴宓輩以自輔，刊《學衡》雜誌，盛言人文教育，以排難胡適過重知識論之弊。一時之反北大派者歸望焉，號曰“學衡派”。世以其人皆東南大學教授，或亦稱之曰“東大派”。然而議論失據，往往有之！又以東大内畔，其人散而之四方，卒亦無以大相勝！然“古典主義”者，國學之歧途；而“人文主義”，則國學之正軌；未可以一時之盛衰得失爲衡也！誠竊以爲言國學者當以人文主義爲宜。何以言其然？

其故有二：

一就國學二字顧名思義言之。按“學”之爲言“覺”，“國學”之爲言“國性自覺”，吾則既言之矣！然惟“人文主義”之國學，斯足以發國性之自覺，而納人生於正軌；理之自然，必至之符也。“人文主義”之一名詞，在歐土與“物質主義”爲對，在吾儒與“古典主義”爲對。“古典主義”，昔人之所輕。“物質主義”，今世之所患。何以言其然？“人文主義”之所寓，昔人謂之“義”。“古典主義”之所陳，昔人謂之“數”。《禮記・禮運》曰：“禮也者，義之實也；協諸義而協，則禮雖先王未之有，可以義起也。”此持“人文主義”者也。荀子《榮辱篇》曰：“循法則、度量、刑辟、圖籍，不知其義，謹守其數，慎不敢損益也，父子相傳以持王公；是故三代雖亡，治法猶存；是官人百吏之所以取禄秩。”此守“古典主義”者也。然“數”有可陳，而其“義”難知；“數”有可革，而其“義”不變。《禮記・郊特牲》曰：“禮之所尊，尊其義也。失其義，陳其數，祝史之事也。故其數可陳也，其義難知也。知其義而謹守之，天子之所以治天下也。”則是“數”有可陳，而其“義”難知也。《禮記・大傳》曰：“立權度量，考文章，改正朔，易服色，殊徽號，異器械，别衣服，此其所得與民變革者也。其不可得變革者則有矣！親親也，尊尊也，長長也，男女有别，此其不可得與民變革者也。”則是“數”有可革，而其“義”不變也。皮之不存，毛將焉附！“義”之未協，“數”徒具文！則是“義”尊而“數”卑，“義”先而“數”後也。故曰“古典主義，昔人之所輕”也。抑吾聞之也：美國哈佛大學教授白璧德氏（Irving Babbit）者，嘗倡人文教育以申儆一世。其大指以爲：“西洋近世物質之學大昌，而人生之道遂昧！科學工商日益盛，而人之所以爲人之道愈失！於是熙熙攘攘，惟利是崇！而又激於感情，中於詭辯，群情激擾，人奮其私；是非善惡，無所準繩！

而國與國、人與人之間，則常以互相殘殺爲事！科學發達，人心益以不静，而爲神明之桎梏！哀哉！此其受病之根，在人之昧於所以爲人之道。蓋物質與人生，截然两途，各有其律。科學家發明物質之律，非不精能也！然以物質之律施之人生，則心爲形役，玩物喪志，私欲横流，人將相食，蓋人生自有其律。今當研究人生之律以治人生。人文教育者，即教人所以爲人之道。”見《學衡》第三期胡先驌譯白璧德《中西人文教育談》。有慨乎其言之也！嗚呼！《記》不云乎：“人生而静，天之性也。感於物而動，性之欲也。物至知知，然後好惡形焉！好惡無迹於内，知誘於外，不能反躬，天理滅矣！夫物之感人無窮，而人之好惡無迹；則是物至而人化物也！人化物也者，滅天理而窮人欲者也！於是有悖逆詐僞之心，有淫佚作亂之事，是故强者脅弱，衆者暴寡，知者詐愚，勇者苦怯，疾病不養，老幼孤獨不得其所。此大亂之道也！”見《禮記·樂記》。而今適其會也！數十年來，海内士夫，貌襲於歐化；利用厚生，制馭物質之一切科學教學，未能逮歐人百一；而日縱亡等之欲，物質享樂，駸駸逮歐土而肩隨之！物屈於欲！欲窮乎物！生人道苦，亂日方長！故曰：“物質主義，今日之所患”也。然則驗之當今，惟“人文主義”，足以救“物質主義”之窮！稽之於古，惟“人文主義”足以制“古典主義”之宜。國學者，“人文主義”之教學也；舍“人文主義”之教學，更何所謂“國學”者！蓋惟“人文主義”，爲足以發吾人之自覺；亦惟“國學”，爲能備“人文主義”之至德要道。舍“人文主義”而言國學，則是遺其精華而拾其糟粕，祛其神明而襲其貌焉也！國性之不自覺，神明不屬，譬之則行尸走肉耳！其何以國於大地！南山可動，吾言不易矣！

二就國學之所由起言之。國學之所由起，所以説明一國之“人文”。“古典”者，“人文”之遺蜕也。春秋以前，我國有政無學，有君、卿、大夫、士而無師儒。周轍既東，官墜其職；於是百官之守，一變而爲百家之學。《漢書·藝文志》曰：“某家者流，蓋出於某官”是也。“百家之學”，所爲異於“百官之守”者：“百官之守”者，謹守其“數”；“百家之學”者，宣究其“義”。此國學之所爲起也。余讀《漢書·藝文志》，著録十家；其中農家者流，特明術而不爲學，蓋術者致於用，而學者究其義也。小説家者流，又稗説而不爲學，蓋説者聽諸途，而學者得於心也。此固卑之無甚高論。即雜家者流，“兼儒墨，合名法”，家而曰雜，則非專門名家矣！其間可得而名家者，曰儒，曰道，曰陰陽，曰法，曰名，曰墨，曰縱橫，七者而已。獨儒、道二者，囊括群流，爲一切學術之所自出。其間陰陽、名、墨三者，各守禮官之一事；《漢書·藝文志》明言："名家者流，蓋出於禮官。"至云："陰陽家者流，蓋出於羲和之官。"疑即《周禮·大宗伯》禮官之屬所稱"占夢：掌其歲時，觀天地之會，辨陰陽之氣。以日月星辰占六夢之吉凶"；"眡祲：掌十輝之法，以觀妖祥，辨吉凶"者也。"墨家者流，蓋出於清廟之守。"疑即《周禮·大宗伯》禮官之屬所稱"大祝"、"小祝"者是也。而縱橫一家，則出詩教之三百；見章學誠《文史通義·詩教上》。則是陰陽、名、墨者，儒家之支與流裔也。"申子卑卑，施之名實；韓子引繩墨，切事情，明是非；其極慘礉少恩，皆原於道德之意。"見《史記·老莊申韓列傳》。則是法家者，道家之支與流裔也。然則七家之中，獨儒、道二者囊括群流，爲一切學術之所自出；而管學術之樞者，舍儒、道二者，其奚屬焉！然儒與道不同學，而同歸於人文主義。"儒家者流，蓋出於司徒之官，助人君，明教化，遊文於六經之中，留意於仁義之際"，其爲"人文主義"，固不待言。至"道家者流，蓋出史官，歷記成敗、存亡、禍福、古今之道，然後知秉要執本，清虛以自守，卑弱以自持，此君人南面之術也；合於堯之克攘，《易》之嗛嗛，一謙而四益"；則是以"古典主義"爲途徑，而亦以"人文主義"爲歸宿者也。獨是道家法自然；於社會一切人爲之仁義道德文爲制度，胥以爲有違於自然，無補於人文，而放絶之，擯棄之；故曰："大道廢，有仁義。慧知出，有大僞。六親不和，有孝慈。國家昏亂，有忠臣。""絶仁棄義，民復孝慈！絶聖棄知，民利百倍！絶巧棄利，盜賊亡有！此三者以爲文，不足；故令有所屬，見素抱朴，少私寡欲。"引老子書。又曰："禮者，忠信之薄，而亂之首。"引老子書。又曰："法令滋章，盜賊多有！"引老子書。至儒者重人爲；凡社會一切相承之文爲制度，苟有當於助長人文，罔不因勢利導之，牖之軌物，而資以爲經世之用；於是文王演《易》，周公制禮作樂，孔子删《詩》、《書》，訂禮樂，欲董理一切相承之社會文爲制度，以存其適者，汰其不適者，俾後世有所監觀，如《六經》所載，亦必有所承，匪盡憑虚臆測，託古改制，如今文家云爾也！此其異也。然儒與道不同學，而同歸於"人文主義"。"古典主義"者，特國學歧出之途，而迫於時勢之不容已耳！漢儒之言"古典主義"也，特以秦皇一炬，《詩》、《書》百家語燒，非蒐遺考訂，不能重光於劫餘，賡亘古垂絶之人文教育也；時勢則然也。清儒之重賡"古典主義"也，特以清廷禁罔密，而言陸王者多明遺老，士大夫懼世禍，又苦聰明材力無所用，故恣意於名物考訂以自娱嬉，而免時網也；時勢則然也。夫豈得已哉！論者乃以國學之正統目之，傎矣！

乃若茲編之所輯録者，特國學之涉於“古典主義”者耳！清儒重賡之漢學耳！數也，非義也。儻以自溺而不反焉！是則所謂“不知‘義’與‘數’之别”者也！太史公不云乎：“儒者斷其義。馳説者騁其辭，不務綜其終始。”見《史記·十二諸侯年表序》。班固有言曰：“惑者既失精微，而辟者又隨時抑揚，違離道本，苟以嘩衆取寵。後進循之，是以五經乖析，儒學寖衰！此辟儒之患！”見《漢書·藝文志·諸子略》。寧獨見譏於漢世哉！於是董理厥指以弁於編。大雅君子，尚鑑吾意！

中華人民造國之十五年十二月一日無錫錢基博

甲集序目

小學之部

許慎　《〈説文解字〉叙》

朱筠　《重刻許氏〈説文解字〉叙》

江聲　《六書説》

章炳麟　《小學略説》

章炳麟　《理惑論》

姚華　《〈説文古籀補補〉序》

楊蔭杭　《挨及文與華文同源説》

右文六家，所以辨章小學之源流者也。往者南皮張之洞言：“讀古經古子，宜先識古字。下筆宜寫今字，而讀古書必識古字。讀書吟詩可用今音，而讀古書必審古音。語言筆劄可用今義，而解古書必用古義。識古字之形①，

① 形，《輶軒語》及《“古書治要”之教材舉例》均作“音”；下文“今音之訛”之“音”均作“形”。

曉古語之聲，乃能明古書之義。大率字類定於形，字義生於聲。知古字之形，則可覺今形之非。知古讀之音，則可訂今音之訛。故形聲爲識字之本。”見《輶軒語》。小學者，蓋識字之學也，故以甲於編首焉。小學之書，本之許慎。今録許慎《〈説文解字〉叙》，所以明小學之所宗。録朱筠《重刻許氏〈説文解字〉叙》、江聲《六書説》，所以析許書之條例。録章炳麟《小學略説》，所以闡小學之内涵。録章炳麟《理惑論》、姚華《〈説文古籒補補〉序》，所以窮小學之流變。而以楊蔭杭《挨及文與華文同源説》殿焉，將以擴小學之途徑，博意趣於斯文。其詳不可以具論，然而博也嘗聞其略也：言小學者兼文字之形、聲、義三者而言。許慎《説文解字》，則形書也；《自叙》歷舉古文、奇字、大篆、小篆、隸書、刻符、蟲書漢曰“鳥蟲書”、摹印漢曰“繆篆”、署書、殳書、草書之十一體，而著見者三種：一古文，二大篆，三小篆。《叙》稱“大史籒著《大篆》十五篇，與古文或異”；可見其大體不離古文而改者少也。又稱：“秦始皇帝兼天下；李斯作《倉頡篇》，趙高作《爰歷篇》，胡毋敬作《博學篇》，皆取史籒《大篆》或頗省改。”則所改頗多。然“頗”字之上，加以“或”字，可見小篆之於古籒，或仍或省改，而不必盡省改；其仍者十之七八，省改者十之一二而已。許君書叙篆文，合以古籒。仍，則小篆皆古籒也，故不更出。省改，則古籒非小篆也；則更出曰“某古文某”或“籒文某”，如“弌，古文一”，“蕼，籒文蓐从茻”之屬；是也。此外又有所謂奇字者，《説文》厘两見：儿下云：“古文奇字人也。”无下云：“奇字無也。”《叙》所稱“即古文而異”者也。然自清儒據出土之金文，籒《説文》之字體，而闡許學者乃闢一新途焉！按許君《叙》稱：“古文，孔子壁中書也。壁中書者，魯恭王壞孔子宅而得《禮記》、《尚書》、《春秋》、《論語》、《孝經》。又北平侯張蒼獻《春秋左氏傳》。郡國亦往往於山川得鼎彝，其銘即前代之古文，皆自相似。雖叵復見遠流，其詳可得略説。”然則考文者，搜山川之鼎彝，證六書之古籒；固許君之家法也！漢以後，彝器之出，自宋始盛；而宋人所録金文，其書存者，有吕大臨、王楚、王俅、王厚之諸家，而以薛尚功《歷代鐘鼎款識》爲最著。然薛氏之旨，在於鑑别書法，而非斠校許書。迨清之乾嘉，言許學者大盛。《説文》十四篇校訂、注釋、考證之作朋興；而研討篆籒，多蒐證於鼎彝。儀徵阮元遂集諸家拓本，賡續薛書，撰《積古齋鐘鼎彝器款識》。南海吴榮光有《筠清館金石文録》，亦以《金文》五卷冠首而先行世。阮氏所録既富，又萃一時之方聞邃學以辨證其文字，故其考釋精確，率可依據。吴氏釋文，蓋仁和龔自珍所撰，孤文甄誼，偶窺扃奥，自詡冥合倉、籀之指，而鑿空貤繆，見譏博物，往往有焉！道、咸以後，名家者有海豐吴式芬、濰縣陳介麒、吴縣潘祖蔭、吴大澂及福山王懿榮等；而式芬有《攈古録金文》，介麒有《簠齋吉金録》，祖蔭有《攀古樓彝器款識》，大澂有《愙齋集古録》，蒐采咸稱精博；而其考釋文字，多一時師友互相賞析所得，非必著者一人私言也。惟古器日出，時多異文；而考文者，其初援許以釋器，既乃因器以疑許。於是武進莊述祖撰《説文古籀疏證》，吴大澂撰《説文古籀補》，瑞安孫詒讓撰《古籀拾遺》、《古籀餘論》，以及晚近閩縣林義光撰《文源》，黄縣丁佛言撰《説文古籀補補》，東莞容庚撰《金文編》，所不知者，蓋尚缺如。而依據金文，訂補許書，遂蔚成一時之風尚焉。夫許君得山川鼎彝以證古文；而近儒即據後出彝器以難許書，乃云："李斯作篆已多承誤，叔重沿而不治。"

獨餘杭章炳麟博學通人，不憙時論，信許書以不祧，陳彝器之可疑；作《理惑論》，猶曰未足，重著其説於《〈文始〉叙例》。自是譚小學者有宗許、訂許之殊。蓋章炳麟者，固宗許之大師；而訂許之名家，並世當推上虞羅振玉、海寧王國維二氏。然羅、王二氏之所以訂許者，又非鼎彝而爲甲骨。甲骨者，光緒戊戌、己亥間，河南安陽縣西北五里之小屯洹水厓岸，爲水齧而崩，得龜甲牛骨，鐫古文字。羅氏考其地環洹水三周而居，即《史記·項羽本紀》所謂"洹水南，殷虚上"，因名所得曰"殷虚甲骨文"，謂殷商貞卜文字之遺也。福山王懿榮、丹徒劉鶚始收藏之；而劉氏爲夥，選拓成書，曰《鐵雲藏龜》凡十册。後鶚死，英人哈同得其所藏八百片，影行《戩壽堂所藏殷虚文字》一卷，則又出《鐵雲藏龜》之外者也。然尚不如羅振玉所藏之爲尤夥，傳者謂有三萬片。其拓墨影行成書者，有《殷虚書契前編》八卷、《後編》二卷、《殷虚書契菁華》一卷。所刻皆殷先王卜占、祭祀、征伐、行幸、田獵之事，其文字之數，比彝器尤多且古，故裨益於文字學者尤大。惟事類多同，故文字亦有重複。《鐵雲藏龜》未及别白，而羅氏之編，則分别部居，祛其重復，精審固視《鐵雲藏龜》過之！而瑞安孫詒讓先就《鐵雲藏龜》，考其文字，成《契文舉例》二卷；而《名原》之作，亦多根據甲文；雖創獲無多，而殷虚文字研討之途，實自孫氏發之！然亦不如羅振玉、王國維之後來居上！振玉有《殷商貞卜文字考》、《殷虚書契考釋》、《殷虚書契待問》。國維有《戩壽堂所藏殷虚文字考釋》。而其中足以訂補許書者約有五事：一曰“甲骨文之不見《説文》者幾及千字，可以補許氏之所未備”也；二曰“甲骨文之與《説文》形體不同者，可以斠正許氏之譌①”也；三曰“甲骨文有與大篆、小篆相同者，可以證籀、斯之或異或頗省改，不過董理前文，而匪師心自用，仍舊貫者亦不少”也；四曰“甲骨文之象形，恍若圖畫，可以悟象形之所由名”也；五曰“甲骨文之會意，有殊體而實一字者；例如牢之從牛從羊，或殊體而實一字。亦可以拾許氏之遺”也。論者多以爲發千古文字之秘藏！獨章炳麟猶盛疑之，謂：“《周禮》釁龜，未聞銘勒。其餘見於《龜策列傳》者，乃有白雉之灌，酒脯之禮，梁卵之祓，黄絹之裹，而刻畫書契無傳焉。夫骸骨入土，未有千年不壞！壐質白盛，其化非遠；龜甲何靈而能長久若是哉？”見《理惑論》。然則地藏所發，訂許者崇爲鴻寶，宗許者疑爲雁器，取捨不同，亦勢然也！惟章炳麟之治小學，實以音韻爲骨幹，通其殊變；然形體或非所長！獨推稱邯鄲淳書《正始三體石經》，謂“通許氏字指，其間殊體，庶可采録。”見《文始叙例》、《理惑論》。而其以《三體石經》訂正許書傳寫之譌者，則有無錫丁福保得洛中新出土拓本六頁以證許書之“甲”從“十”而非“丅”，“𠙹”爲“由”而非“甾”，“四”之古文爲“亖”，“文”之古文從“心”。其大指以爲：“十爲古文甲字，即押字；今田父野老猶習用之。石經《尚書》有‘祖甲’、‘大甲’两‘甲’字，皆作‘𠇗’；而後知《説文》甲、早、卓等字體作‘𠇗’不作‘𠇗’之爲傳寫譌也！《説文》苗、迪、胄、笛、宙等三十一字，皆從‘由’；而正文無‘由’字。今按石經《尚書》‘非克有正迪惟前人光’、‘天不可信我迪惟寧王德延’，凡‘迪’字中之‘由’，皆作‘𠙹’；而後知《説文》卷十二下‘𠙹東楚名缶曰由象形’；‘缶’、‘由’聲近，正合方言音轉而變；而大小徐以‘𠙹’作‘甾’，音作‘側詞切’者誤也！孫詒讓《名原》謂：‘《説文》四字古文作𦉲，籀文作亖。考金文甲文皆作亖，要以積畫爲近古，未必皆出史籀後。疑亖爲古文，𦉲爲籀文，許書傳寫誤易耳。’今考《三體石經》古文四字正皆作亖；而後知孫説之不刊！吴大澂《字説》謂：‘《尚書》“寧人”之“寧”，乃“文”字之誤。’歷舉古文‘文’字有從心

① “譌”下原衍一“訛”字，今删。

者，與‘寧’字相似。今考《石經》‘寧’之古文，確可爲‘文’字之變形，而後知吴説之不刊!”見《〈説文解字〉詁林後序》。雖聲名不如羅、王二氏，然亦當代訂許之一家也！然丁氏之所以訂許者，蓋取資於《三體石經》者少，而資之唐僧慧琳、遼僧希麟《正續一切經音義》引許書者多；據以補《説文逸字》，補《説文説解》中奪字，補《説文説解》中逸句，訂正《説文説解》中删改之句，訂正《説文説解》中傳寫之譌，考訂《説文》某聲，具見《〈一切經音義彙編〉自序》。惟丁氏之旨，在讎正許書寫刻之譌奪而已；與莊述祖、吴大澂以下諸人之致難於許者意又有殊。丁氏誦許書三十年，蒐藏許學之書，自南唐大小徐以迄輓近章炳麟、羅振玉、王國維諸家，積七百餘卷，依許書次第，逐字編注，纂《説文解字詁林》五百餘卷，而孜矻未有已。蓋吾鄉人之劬於許學者，莫之或先也！余籀誦許書，未遑博涉，粗述誦覽，以當啓蒙而綴寫目之後。

許慎《説文解字》叙

古者庖犧氏之王天下也，仰則觀象於天，俯則觀法於地，視鳥獸之文與地之宜，近取諸身，遠取諸物，於是始作《易》八卦以垂憲象。及神農氏結繩爲治而統其事，庶業其繁，飾僞萌生。黄帝之史倉頡見鳥獸蹏迒之迹，知分理之可相别異也，初造書契，百工以乂，萬品以察，蓋取諸夬，夬，揚於王庭。”言文者，宣教明化於王者朝廷，君子所以施禄及下，居德則忌也。

倉頡之初作書，蓋依類象形，故謂之文。其後形聲相益，即謂之字。文者物象之本；字者，言孳乳而浸多也，著於竹帛謂之書。書者，如也。以迄五帝、三王之世，改易殊體，封於泰山者七十有二代，靡有同焉。《周禮》八歲入小學。保氏教國子，先以六書：一曰指事。指事者，視而可識，察而見意，二、二是也。二曰象形。象形者，畫成其物，隨體詰詘，日、月是也。三曰形聲。形聲者，以事爲名，取譬相成，江、河是也。四曰會意。會意者，比類合誼，以見指撝，武、信是也，五曰轉注。轉注者，建類一首，同意相受，考、老是也。六曰假借。假借者，本無其事，依聲託事，令、長是也。及宣王太史籀著《大篆》十五篇，與古文或異。至孔子書六經，左丘明述《春秋傳》，皆以古文，厥意可得而説。其後諸侯力政，不統於王，惡禮樂之害己，而皆去其典籍。分爲七國，田疇異畝，車途異軌，律令異法，衣冠異制，言語異聲，文字異形。秦始皇帝初兼天下，丞相李斯乃奏同之，罷其不與秦文合者。斯作《倉頡篇》，中車府令趙高作《爰歷篇》，太史令胡毋敬作《博學篇》，皆取史籀大篆，或頗省改，所謂小篆者也。是時秦燒滅經書，滌除舊典。大發隸卒，興役戍，官獄職務繁，初有隸書，以趣約易，而古文由此絶矣！

自爾秦書有八體：一曰大篆，二曰小篆，三曰刻符，四曰蟲書，五曰摹印，六曰署書，七曰殳書，八曰隸書。漢興，有草書。《尉律》：學童十七已上，始試，諷籀書九千字，乃得爲吏，又以八體試之，郡移太史并課，最者以爲尚書史。書或不正，輒舉劾之。今雖有尉律，不課；小學不修，莫達其說久矣。孝宣時，召通《倉頡》讀者，張敞從受之。涼州刺史杜業、沛人爰禮、講學大夫秦近，亦能言之。孝平時，徵禮等百餘人，令說文字未央廷中，以禮爲小學元士。黄門侍郎揚雄，采以作《訓纂篇》，凡《倉頡》已下十四篇，凡五千三百四十字，群書所載，略存之矣。

及亡新居攝，使大司空甄豐等校文書之部，自以爲應制作，頗改定古文。時有六書：一曰古文，孔子壁中書也。二曰奇字，即古文而異者也。三曰篆書，即小篆，秦始皇帝使下杜人程邈之所作也。四曰佐書，即秦隸書。五曰繆篆，所以摹印也。六曰鳥蟲書，所以書幡信也。

壁中書者，魯恭王壞孔子宅而得《禮記》、《尚書》、《春秋》、《論語》、《孝經》。又北平侯張蒼獻《春秋左氏傳》。郡國亦往往於山川得鼎彝，其銘即前代之古文，皆自相似；雖叵復見遠流，其詳可得略說也。而世人大共非訾，以爲"好奇者也，故詭更正文，鄉壁虛造不可知之書，變亂常行以耀於世"。諸生競逐説字解經誼，稱秦之隸書爲倉頡時書，云："父子相傳，何得改易？"乃猥曰"馬頭人爲長"、"人持十爲斗"、"蟲者屈中也"。廷尉説律，至以字斷法，苛人受錢，苛之字，止句也。若此者甚衆，皆不合孔氏古文，謬於史籀。俗儒啚夫，玩其所習，蔽所希聞，不見通學，未嘗睹字例之條，怪舊藝而善野言，以其所知爲秘妙，究洞聖人之微旨。又見《倉頡篇》中"幼子承詔"，因號古帝之所作也，其辭有神仙之術焉。其迷悟不諭，豈不悖哉！

《書》曰："予欲觀古人之象。"言必遵修舊文而不穿鑿。孔子曰："吾猶及史之闕文，今亡矣夫。"蓋非其不知而不問，人用己私，是非無正，巧説衺辭，使天下學者疑。蓋文字者，經藝之本，王政之始，前人所以垂後，後人所以識古，故曰“本立而道生”，知天下之至嘖而不可亂也。今叙篆文，合以古籀；十四篇，五百四十部，九千三百五十三文，重一千一百六十三，解説凡十三萬三千四百四十一字。其建首也，立一爲耑，方以類聚，物以群分；同牽條屬，共理相貫，雜而不越；據形系聯，引而申之以究萬原；畢終於亥。十四篇以下八十二字，本在第十五下篇，今移置此，以便誦解。博采通人，至於小大，信而有證；稽撰其説，將以理群類，解謬誤，曉學者，達神恉。分别部居，不相雜廁，萬物咸睹，靡不兼載。厥誼不昭，爰明以諭。其稱《易》孟氏、《書》孔氏、《詩》毛氏、《禮》周官、《春秋左氏》、《論語》、《孝經》，皆古文也。其於所不知，蓋闕如也。

考證：

黄帝之史倉頡。〇金壇段玉裁《〈説文解字〉注》曰：“‘倉’或作‘蒼’。按《廣韻》云：‘倉姓，倉頡之後。’則作‘蒼’，非也。”東莞容庚《金文編自序》曰：“古之作書者，世傳自倉頡始。《荀子·解蔽篇》曰：‘好書者衆矣，而倉頡獨傳者，壹也。’《韓非子·五蠹篇》曰：‘古者倉頡之作書也，自環者謂之厶，背厶謂之公。公厶之相背也，乃倉頡固以知之矣。’《吕氏春秋·君守篇》曰：‘倉頡作書。’是皆言倉頡作書，而不詳其爲何代人也。寖假而《説文叙》言‘黄帝之史倉頡’，《論衡·骨相篇》言‘倉頡四目爲黄帝史’矣。考‘倉頡’二字，《説文》：‘倉，从食省，口象倉形。’‘頡从頁，吉聲。’一爲會意兼象形字，一爲形聲字，皆非初文所宜有；則倉頡之有無其人，未可知。”

倉頡之初作書，蓋依類象形故謂之文；其後形聲相益，即謂之字。〇吴縣江聲據此以斷“六書始於造字之初”，詳見所著《六書説》。不惟揆之進化之順序爲不可通，且非許君《叙》本意如此。蓋“其後形聲相益，即謂之字”句，明與“倉頡之初作書，蓋依類象形故謂之文”句爲對文，而指“倉頡以後”，叙意甚明。段玉裁《〈説文解字〉注》曰：“倉頡有指事、象形二者之文而已。其後文與文相益而爲形聲，爲會意，謂之字；如易本衹八卦，卦與卦相重而得六十四卦也。”此説得之。

形聲者，以事爲名，取譬相成，江、河是也。〇安邱王筠《説文釋例》

曰："形聲之江河两字，工、可第取其聲而已，毫無意義；此例之最純者。推而廣之，則有兼意者矣。義寄於聲，誠爲造字之本，亦爲用字之權。"博按王氏既謂"義寄於聲，爲造字之本"；是固明明知聲義相連，聲中有義，義在聲中；乃謂"形聲字毫不取義者，爲形聲最純之例"，斯蓋忽視許君"以事爲名，取譬相成"之説而未之思耳。夫事之與名，一理相通，乃賓實之異；義不可通，何能取譬？意不可合，安得相成？准許之言，無聲不義。誠以言語之起，先於文字。文字之起，依於聲音。若事不相通，義不相成，古文又安得取譬同一之聲以爲名乎？此聲義不可相離之理也。但義之所涵者廣，猶物形之具六面，故一字引伸得兼多義；相字而合，各有攸宜；然亦殊途同歸，不背其本。江、河從工可得聲，亦有取譬之意；匪如王氏所謂"第取其聲，毫無意義"也。考"工"訓"巧飾也，象人有規榘"。段玉裁注："直中繩，二平中准，是規矩也。"然細審其形，有縱横之象。且匠人飾物而施規矩，其畫式也，必先横而後縱，覈其行事，與象實同。長江之水，一瀉千里，横亘中國；故江从工得聲，取譬"横亘"之意也。其它若"虹"、"扛"、"杠"、"釭"、"項"从工得聲者，皆取"横亘"、"亘直"之意。"訌"从工得聲者，取"縱横不一"之意。工字横即句，豎即股；凡工之事，一規巨盡之；圓出於方，方出於巨，巨之法，一句股盡之，故"巨"从工而訓"規巨"也。河從可得聲；"可"訓"肎"，有委曲相從意。可从丂得聲；丂，反丂也，讀若呵，謂氣之舒也；氣之舒出也，其形詰詘，故"可"有"委曲銜接"之意。黄河九曲，不似長江之横直，故从可得聲。其它若"疴"、"何"、"砢"、"奇"皆取象於"委曲"。"軻"則取"委曲銜接"之意。"妸"則取義於"委曲隨從"。何謂"第取其聲，毫無意義"耶？試再舉例以明之；如"仲，中也，从人中聲。"《釋名》曰："仲，中也，言位在中也。""衷，裏褻衣也，从衣中聲。""忠，敬也，从心中聲。"《論語》"忠恕而已矣"，《皇疏》謂"盡中心"。此取譬"中聲"而其義相成者也。"延，正行也，从辵，正聲。""證，諫也，从言，正聲。"按寧亦爲證，證必得其正也。"政，正也，从攴，正聲。"《釋名》曰："政，正也，下所取正也。"此取譬"正聲"而其義相成者也。"諏，聚謀也，从言，取聲。""聚，會也，从乑，取聲。""娶，取婦也，从女，从取，亦聲。"此取譬"取聲"而其義相成者也。然則形聲之聲，取譬同義；而義在聲中，匪無意義也。

轉注者，建類一首，同意相受，考、老是也。○博按轉注之説有三：（一）部首之説。南唐徐鍇《説文解字繫傳》曰：“‘轉注者，建類一首，同意相受。’謂老之别名，有耆，有耋，有壽，有耄，又孝子養老是也。‘一首’者，謂此孝等諸字，皆取類於老，則皆从老；若松柏等，皆木之别名，皆同受意於木，故皆从木，後皆象此。轉注之言，若水之出源，分岐别派，爲江爲漢，各受其名，而本同主於一水也。”此義最古。其後清儒江聲襲其説，以爲“‘建類一首’，即始一終亥五百四十部之首；而下云‘凡某之屬皆从某’，即‘同意相受’。”詳見所著《六書説》。自書勒石謂發千古不傳之秘，而不知爲徐鍇所已言。蓋造字之初，苦難孳乳，依類象形以立一部首；而其後同類之字，即依之以形聲相益，而生生不窮矣！此轉注之所以爲六書之妙用也。（二）互訓之説，義稍後起。清儒戴震《答江慎修論小學書》曰：“轉注之云，古人以其語言立爲名類；通以今人語言，猶曰‘互訓’云爾。轉相爲注，互相爲訓，古今語也。《説文》於考字訓之曰‘老也’，於老字訓之曰‘考也’，是以序中論轉注舉之。《爾雅·釋詁》有多至四十字共一義者，其六書轉注之法歟？别俗異言，古雅殊語，轉注而可知。故曰‘建類一首，同意相受’。”段玉裁注：“轉注，猶‘互訓’也。注者灌也，數字輾轉互相爲訓，如諸水相爲灌注，交輸互受也。轉注者，所以用指事、象形、形聲、會意四種文字者也。數字同義，則用此字可，用彼字亦可；漢以後釋經謂之注，出於此。”即本戴氏之説。信如所言，則是數字而當一字之用也。古人造字不多，雖必不可缺之字，不周於用，而其體無從生，猶將依聲託事，假借以濟其窮，豈有數字同義而造以當一字之用者乎？此不可通之説也。然近儒儀徵劉師培猶盛推衍其説而爲之辭，謂：“上古之時，一義僅有一字，一物僅有一名，後因方言不同，乃各本方言造文字，故義同而形不同，音必相近。戴氏所謂‘别俗異言，古雅殊語，轉注而可知’者也。”劉氏又舉《爾雅》爲證；謂：“《爾雅·釋詁》於字之一義數字者，互相訓釋，即爲轉注之公例；然音概相近。如哉、基、胎皆訓爲始，洪、龐、旁、弘、穹、戎六字皆訓爲大，而音多相近。”夫以《爾雅》，爲轉注之書，本是戴、段舊説。然按之《爾雅》，初、首、肇、祖、元、俶、落、權、輿九字與哉、基、胎三字同訓爲始，而音不近於始，且不必互相近。洪、龐、旁、弘、穹、戎六字皆訓爲大，而音不必近於大；且龐、旁二字之音，又不必與洪、弘、穹、戎相近。則是義同而形不同者，音不必相近也。（三）聲類之説，最爲新義。近儒餘杭章炳麟《轉注假借説》曰："許君'建類一首'四字，'類'爲'聲類'，鄭君《周禮序》云'就其原文字之聲類'。考、老同在幽類，其義相互容受，其音小變；按形體成枝別，審語言同本株，雖制殊文，其實公族也。非直考、老，言壽者亦同；《詩·魯頌傳》：壽，考也。考、老、壽皆在於幽類。循是以推，有雙聲者，有同音者，其條例不異；適舉考、老疊韻之字以示一端，得包、彼二者矣。"因歷引字之相互訓者，如"齋"與"宴"，《説文》：齋謂之宴。庸與用，標與杪，《説文》：標，木杪末也。杪，木標末也。晏與曣，《説文》：晏，天清也。燕，星無雲也。蘴與慴，垚與堯，《説文》：垚，土高也。堯，高也。皆疊韻也。屏與藩，雁與鵝，亡與無，謀與謨，媼與嫗，爨與炊，皆雙聲也。其訓詁相同，而聲音相轉，爲一語之變，若是者謂之轉注。類謂"聲類"，不謂"五百四十部"也。"首"謂"聲首"，不謂"凡某之屬皆从某"也。蓋仍推衍戴、段互訓之説而以爲"建類一首"者，蓋立一聲類以爲之首。"首"者今所謂"語基"；其後雖因雙聲疊韻，輾轉遞變，而總不離此語基也。視戴、段之説爲博通矣！然博以爲不如部首之説於許君《序》爲有據也。許君叙五百四十部部首而卒言之曰："此十四篇五百四十部九千三百五十三文，其建首也，立一爲耑，方以類聚，物以群分；同牽條屬，共理相貫，雜而不越，據形系聯。"所以發凡起例，明無背於轉注之法，而重申"建類一首，同意相受"之指也。曰"其建首也，立一爲耑，方以類聚，物以群分"，非所謂"建類一首"者耶？曰"同牽條屬，共理相貫，雜而不越，據形系聯"，非所謂"同意相受"者耶？曰"據形系聯"，則非"聲類"可知。故曰"不如部首之説於許君《叙》爲有據"也。

及宣王大史籀著《大篆》十五篇，與古文或異。〇海寧王國維《史籀篇疏證序》曰："《班志》、《許序》以史籀爲周宣王太史，其説蓋出劉向父子。考《周禮》春官大史職、小史職、内史職，古之書皆史讀之。《説文》云：'籀，讀也。'又云：'讀，籀書也。'籀書爲史之專職。昔人作字書者，其首句蓋云'大史籀書'以目下文；後人因取首句史籀二字以名其篇；此古書之通例。'大史籀書'，猶云'大史讀書'；《太史公自序》言'紬石室金匱之書'，猶用此語。劉、班諸氏不審，乃以史籀爲著此書之人，其官爲大史，其生當宣王之世。"其説新穎可喜。然博按《漢書·藝文志·六藝略》載"《史籀》十五篇"，注："周宣王太史，作《大篆》十五篇，建武時亡六篇矣。"又曰："《史籀篇》者，周時史官教學童書也，與孔氏壁中古文異體。"舉凡作者之仕歷，篇數之存亡，暨於字體之奚異，罔所不備悉，是豈得曰不審《史籀篇》者？許君《序》稱："周宣王太史籀著《大篆》十五篇，與古文或異。"王氏言："其所謂'籀文與古文或異'者，非謂史籀大篆與史籀以前之古文或異，而實謂許君所見《史籀》九篇與其所見壁中書時或不同。"見王氏《説文所謂古文説》。則是許君之見《史籀》九篇而審其與所見壁中書時或不同；王氏且明言之矣。蓋劉、班、許及見《史籀篇》原書，而王氏則就《説文》所存《史籀篇》遺字而爲臆測之辭；其曰"昔人作字書者，其首句，蓋云'大史籀書'以目下文，後人因取首句'史籀'二字以名其篇"。曰"蓋云"，蓋亦存疑而未敢論定之云焉爾。假如王氏所説"《史籀篇》之首語曰'大史籀書'"，開宗明義，展卷可知；而"籀"、"讀"互訓，即出《説文》；許君豈如師丹之善忘，而胥待王氏千載以後之提命者？至王氏謂"《詩》、《書》及周秦諸子，大抵以首句二字名篇；此古代書名之通例"。然古人著書，以作者姓名爵謚題目，此亦古代書名之通例。而據《漢書・藝文志》所睹記：六藝則有《易》之《孟氏京房》十一篇，《京氏段嘉》十二篇；《禮》之《曲台后蒼》九篇。諸子則有儒家之《子思》二十三篇，《李克》七篇，《寧越》一篇，《公孫固》一篇，《陸賈》二十三篇，《劉敬》三篇，《賈山》八篇，《賈誼》五十八篇，《董仲舒》百二十篇，《兒寬》九篇，《公孫宏》十篇，《終軍》八篇，《吾丘壽王》六篇，《莊助》四篇，《臣彭》四篇；道家之《伊尹》五十一篇，《辛甲》二十九篇，《力牧》二十二篇，《曹羽》二篇；陰陽家之《公孫發》二十二篇，《南公》三十一篇，《張蒼》十六篇，《馮促》十三篇，《周伯》十一篇，《公孫渾邪》十五篇；法家之《鼂錯》三十一篇；名家之《鄧析》二篇；縱横家之《龐煖》二篇，《鄒陽》七篇，《主父偃》二十八篇，《徐樂》一篇，《莊安》一篇；雜家之《伍子胥》八篇，《由余》三篇，《尉繚》二十九篇，《東方朔》二十篇，《公孫尼》一篇；農家之《董安國》十六篇，《氾勝之》十八篇，《蔡葵》一篇。兵書則有權謀之《公孫鞅》二十七篇，《吴起》四十八篇，《范蠡》二篇，《娷》一篇，《龐煖》三篇，《兒良》一篇，《韓信》三篇；形勢之《蚩尤》二篇，《孫軫》五篇，《繇叙》二篇，《王孫》十六篇，《尉繚》三十一篇，《李良》三篇；陰陽之《封胡》五篇，《力牧》十五篇，《鬼容區》三篇，《東父》三十一篇，《萇弘》十五篇；技巧之《伍子胥》十篇。數術則有五行之

《猛于閭昭》二十五卷。凡六十家龐煖、尉繚、力牧、師曠、伍子胥重出者不計。八百四十八篇二十五卷。其它著姓而冠以子或氏者，更難以僕數終也。此古書之以作者姓氏名號題篇者也。又六藝則有春秋之《太史公》百三十篇。諸子則有儒家之《魏文侯》六篇，《平原君》七篇；道家之《太公》二百三十七篇；陰陽家之《杜文公》五篇；農家之《神農》二十篇。兵書則有權謀之《廣武君》一篇；形勢之《魏公子》二十一篇；陰陽之《黄帝》十六篇，《風后》十三篇。凡九家三百二十五篇。此又古書之以作者爵謚官號名篇者也。至《史籀》十五篇，蓋古書之以作者之名題篇而冠以官位者；如此之類，蓋亦數見不鮮；諸子則有儒家之《周史六弢》六篇，原注惠、襄之間，或曰顯王時，或曰孔子問焉。博按：六弢，疑大弢之譌；史之名也。《莊子·則陽》有仲尼問於大史大弢，疑即其人也。《鈎盾冗從李步昌》八篇；宋祁曰：冗當作宂。道家之《郎中嬰齊》十二篇；陰陽家之《宋司星子韋》三篇；墨家之《尹佚》二篇；王國維曰："尹字從又持丨，象筆形。持中爲史，持筆爲尹。内史之長曰内史尹，亦曰作册尹，其職在書王命與制禄命官；與太師同秉國政。故《詩·小雅》曰：'赫赫師尹，民具爾瞻。'見《釋史》然則尹佚即史佚也。"縱横家之《秦零陵令信》一篇，《待詔金馬聊蒼》三篇；小説家之《師曠》六篇。兵書則有權謀之《大夫種》二篇；陰陽之《師曠》八篇；凡九家六十一篇。此古書之以作者之名題篇而冠以所官者也。曰史籀者，蓋史以著其官，籀以章其名，亦如《周史大弢》、《郎中嬰齊》、《尹佚》、《師曠》、《大夫種》諸家之比耳。奚獨以疑於《史籀》？考之記傳，言史某者不一：周有"史佚"見《周書·世俘》、《左氏·僖十五年傳》、《周語上》；"史扁"見《文選注》引《六韜》；"太史辛甲"見《左氏·襄四年傳》、《晉語》、《韓非》、《説林》；"太史周任"見《論語》、《左氏·隱六年傳》；"左史戎夫"見《周書》、《史記》；"史角"見《吕覽·當染》；"史伯"見《鄭語》；"内史過"見《左氏·莊三十二年傳》、《周語上》；"内史叔興"見《左氏·〈僖十六年〉〈二十八年傳〉》，《周語上》；"内史叔服"見《左氏·文元年傳》；"太史儋"見《史記·老子傳》；"史大弢"見《莊子·則陽》；虢有"史嚚"，見《晉語二》；晉有"史趙"，見《左氏·襄三十年傳》；楚有"左史倚相"，見《左氏·昭十二年傳》；有"史皇"見《定四年傳》；趙有"史墨"，見《昭二十九年傳》，其它類此者衆，罔不冠"史"以著其官，曰"某"以章其名，皆史籀之比也；奚獨以疑於史籀？使執"籀"、"讀"之互訓，而可望文生義，臆説史籀曰"太史讀書"；使持"佚"有放失之義，而説"史佚"曰"史闕文”；“扃”有“閉關”之義，而説“史扃”曰“史閉門”；“墨”有“書墨”之義，而説“史墨”曰“史書墨”；謂一切無其人，可乎？博按劉向、歆仍父子相繼領校中五經秘書，見《漢書》本傳；《漢書·固叙傳》自稱“永平中爲郎，典校秘書”；而許君“以詔書校書東觀”，見許君《序》附沖書。豈皆不通古今者？其於史籀，表其官曰“太史”，著其生世曰“周宣王”，詞意鑿然，必有所據，未可以輓出意必之談而廢之也！

秦始皇帝初兼天下；丞相李斯乃奏同之，罷其不與秦文合者。斯作《倉頡篇》，中車府令趙高作《爰歷篇》，太史令胡毋敬作《博學》，皆取史籀大篆，或頗省改；所謂小篆者也。是時秦燒滅經書，滌除舊典。大發吏卒，興戍役；官獄職務繁，初有隸書，以趣約易；而古文由此絶矣！〇海寧王國維《史籀篇疏證序》曰：“《史篇》文字就其見於許書者觀之，固有與殷周間古文同者。然其作法大抵左右均一，稍涉繁複，象形象事之意少，而規旋矩折之意多。推其體勢，實上承石鼓文，下啓秦刻石，與篆文極近。至其文字出於《説文》者才二百二十餘。然班固、許慎謂《倉頡》、《爰歷》、《博學》三篇文字，多取諸《史籀篇》。”《史籀》十五篇文成數千，而《説文》僅出二百二十餘字，其不出者必與篆文同者也。考戰國時，秦之文字，如傳世《秦大良造鞅銅量》，乃孝公十六年作，其文字全同篆文。《詛楚文》摹本文字，亦多同篆文，而𣪘、㕘、𠟭、𢡱四字，則同籀文。篆文固多出於籀文，則李斯以前秦之文字，謂之用篆文可也；謂之用籀文亦可也。則《史籀篇》文字，秦之文字，即周、秦西土之文字也。至許書所出古文，即孔子壁中書，其體與籀文、篆文頗不相近，六國遺器亦然。壁中古文者，周、秦間東土之文字也。然則《史籀》一書，殆出宗周文勝之後，春秋、戰國之間，秦人作之以教學童，而不行於東方諸國；故齊、魯間文字作法體勢與之殊異；諸儒著書口説，亦未有及之者；惟秦人作字書，乃獨取其文字，用其體例；是《史篇》獨行於秦之一證。”又《戰國時秦用籀文六國用古文説》曰：“秦之小篆，本出大篆；而《倉頡》三篇未出，大篆未省改以前，所謂‘秦文’，即籀文也。六藝之書，行於齊、魯，爰及趙、魏而罕流布於秦，（猶《史籀篇》之不行於東方諸國。）其書皆以東方文字書之；漢人以其用以書六藝，謂之古文；而秦人所罷之文與所焚之書，皆此種文字；是六國文字，即古文也。觀秦書八體中有大篆，無古文，而孔子壁中書與《春秋左氏傳》凡東土之書，用古文，不用大篆；是可識矣。故古文籀文者，乃戰國時東西二土文字之異名。自秦滅六國以至楚漢之際，十餘年間，六國文字，遂遏而不行；漢人以六藝之説，皆用此種文字，又其文字爲當日所已廢，故謂之古文。此語承用已久，遂若六國之古文，即殷、周之古文，而籀篆皆在其後，如許叔重《説文序》所云者，蓋循名而失其實矣!”博按王氏謂“秦之小篆，本出大篆”。《漢書·藝文志》暨許君《叙》稱“秦丞相李斯等所作《倉頡》、《爰歷》、《博學》三篇，文字多取《史籀篇》，而篆體省改，或復頗異”，叙次本自明白。而許君《叙》史籀著《大篆》十五篇，廁之六書既備之後，箸於周宣王之世，而又爲秦篆之所本；則王氏所稱“《史籀》體勢，上承石鼓，下近秦篆，與篆文極近”，亦固其所，無足怪者。惟《漢書·藝文志》曰：“《史籀篇》者，周時史官教學童書也。”而王氏乃彊改之曰：“《史籀》一書，秦人作之以教學童。”而不言何據。博按保氏教國子六書，箸於《周官》，而《禮記·内則》亦載“子十年出就外傅，學書計”，書謂六書；則是周制教學童文字六書，典籍有徵。而秦人虜使其民，并心於進取，未嘗以文教爲意；何有作《史籀》以教學童之事?斯爲不根之譚，奚待論者?至王氏謂“古文籀文，乃戰國時東西二土文字之異名”。蓋以“六藝之書，皆書以東方文字，即古文，行於齊、魯，爰及趙、魏而罕流布於秦；猶《史籀篇》之不行於東方諸國。漢人以其用以書六藝，故謂之古文也”。斯尤鑿空無稽。而據博所睹記，則春秋、戰國之間，六藝之書，未嘗不流布於秦，而秦人未嘗艱通六國之文書。迨並天下以後，亦有書以秦篆之六藝，傳之其人，所謂今文家言者是也。何以知其然?按《史記·商君列傳》叙趙良見商君，再引“《詩》曰”，一引“《書》曰”；而商君曰“子不説吾治秦歟?”《樂書》：“秦二世尤以爲娱。丞相李斯進諫曰：‘放棄《詩》、《書》。’”則是《詩》、《書》豈罕流布於秦而爲所不稱説者耶?然李斯故楚人，而趙良或係六國人之客於秦者，未可爲信。博又按之《春秋左氏·僖十五年傳》載：“秦伯伐晉。卜徒父筮之吉，其卦遇《蠱》；曰：‘蠱之貞，風也；其悔，山也。’”注：“徒父，秦之掌龜卜者。”則是秦人卜用《易》而《易》流布於秦之證也。《史記·秦本紀》：“由余觀秦。繆公怪之，問曰：‘中國以《詩》、《書》、《禮》、《樂》法度爲政。’”則是秦人稱説《詩》、《書》、《禮》、《樂》，而《詩》、《書》、《禮》、《樂》流布於秦之證也。又丞相李斯曰：“非博士官所職，天下敢有藏《詩》、《書》、百家語者，悉詣守尉雜燒之。”則是秦禁《詩》、《書》流布民間而故藏博士之證也。且《詩·風》采秦，康公有刺；《書》終《秦誓》，以休繆公，皆在春秋之世。而《詩》、《書》序刪自孔子，六藝之文，亦有采及秦者，則是秦文流布東方諸國之證。而匪如王氏臆想“秦文《史籀篇》之不行於東方諸國，猶六藝之罕流布於秦”也。使如王氏所云“秦文《史籀》不行於東方諸國；故齊、魯間文字作法體勢與之殊異；諸儒著書口説，亦未有及之者”；則是東西二土，文字懸隔，而東方諸國之著書，當非秦人所能通其讀者。然《史記·老莊申韓列傳》叙韓非善著書，人或傳其書至秦。秦王見《孤憤》、《五蠹》之書；曰：“嗟乎！寡人得見此人與之遊，死不恨矣！”李斯曰：“此韓非之所著書也。”按韓非，韓之諸公子也；其寫定著書，自當用王氏所謂“六國文字”即“古文”者。然人或傳其書至秦，秦王見之而嗟，未嘗如漢宣帝之以《倉頡》多古字而召通《倉頡》讀者，則是秦人未嘗艱通六國之文書也。且韓非之著書，尚或有人傳至秦；寧有久經流傳之《詩》、《書》、“六藝”而罕流布於秦者？意者王氏生今之世，徒見東西洋文字之不同；遂懸想春秋、戰國之間，東西二土文字之異，當亦如此。不知春秋百二十國，車涂同軌；下逮戰國七雄，合縱連横，亦壤土犬牙相錯；匪近日東西洋之重洋懸隔可比。而會盟交聘之事，無日不書；亦未聞大夫出疆，國書載聘，有如今日之象鞮寄譯。孔子生春秋之季，尚曰“今天下，書同文”；而七國之所謂“文字異形”，當不過假省别體，大同小異；如後世所見鐘鼎、彝器、刻文之或體耳。許君《叙》稱“李斯奏同，罷其不與秦文合者”。推言外之意，當必有七國文字與秦文合者，不在斯所奏罷之列；以其或有殊體，而推厥所自，同用《史籀》也。按《史記·秦始皇本紀》載：“二十六年，秦初并天下；書同文字。三十四年，丞相李斯奏：‘非博士官所職，天下敢有藏《詩》、《書》、百家語者，悉詣守尉雜燒之；有敢偶語《詩》、《書》，棄市。’”前後相距八年，方當李斯既奏同文字，未奏禁《詩》、《書》之日，《詩》、《書》傳誦民間，自當用秦文寫定之本；功令所在，可斷言者。考漢之《今文尚書》，出故秦博士伏生。《漢書·藝文志·六藝略》稱：“秦燔書盡學，濟南伏生獨壁藏之，漢興亡失，求得二十九篇，以教齊、魯之間。訖孝宣世，有歐陽、大小夏侯氏。《古文尚書》者，出孔子壁中。武帝末，魯共王壞孔子宅，欲以廣其宫，而得《古文尚書》，皆古字也。”則歐陽、大小夏侯所傳，伏生藏壁二十九篇之無古字，與《古文尚書》不同可知。《史記·儒林列傳》曰："孔氏有《古文尚書》；而安國以今文讀之，因以起其家，逸書得十餘篇。"所謂"安國以今文讀之"者，《索隱》說："安國以今文讎古篆隸，推科斗以定五十餘篇。"蓋據《古文尚書》二十九篇之今文所有者，因以推定古文某形之爲今文某文，逐字讎讀，明其大較；然後以讀今文之所無，而知二十九篇外之"逸書，得十餘篇"；是即伏生壁藏於秦燔書之日，而漢興求之之所亡失，故曰"逸書"也。然則安國之"以今文讀"者，乃據伏生二十九篇今文以考讀《尚書古文》之字；而匪如王氏所謂"句讀之讀"。見王氏《史記所謂古文說》。《漢書·儒林傳》增一"字"字，曰"孔安國以今文字讀之"，意益明顯。又《藝文志》稱"孔安國得《古文尚書》以考二十九篇，得多十六篇"；是即《儒林傳》所稱"孔安國以今文字讀之"者也。"今文"者，伏生二十九篇之寫定以秦篆書者也。則是《尚書》之有秦篆書本也。《藝文志》又叙"秦燔書，而《易》爲卜筮之事，傳者不絶。漢興，田何傳之，訖於宣、元，有施、孟、梁丘、京氏，列於學官。劉向以中古文《易經》校施、孟、梁丘經，或脱去'无咎'、'悔亡'。"則是《易》之有秦篆書本，與古文《易經》不同也。又《藝文志》稱："漢興，高堂生傳《士禮》十七篇；訖孝宣世，后倉最明；戴德、戴聖、慶普皆其弟子；三家立於學官。《禮古經》者，出於魯淹中及孔氏，與十七篇文相似，多三十九篇。"猶《古文尚書》之以考二十九篇，得多十六篇。則是高堂《士禮》十七篇之爲秦篆書本，不同《禮古經》也。又《藝文志》載"《春秋古經》十二篇，《經》十一卷"；而"《經》十一卷"之下，注《公羊》、《穀梁》二家。"《論語》古二十一篇"，注"出孔子壁中，两《子張》"；"齊二十二篇"，"魯二十篇"。"《孝經》古孔氏一篇"，注："二十二章；師古曰：'劉向云古文字'也。""《孝經》一篇"，注"十八章；長孫氏、江氏、后氏、翼氏四家"。叙稱"《孝經》者，漢興，長孫氏、博士江翁、少府后倉、諫大夫翼奉、安昌侯張禹傳之，各自名家。經文皆同，惟孔氏壁中古文爲異"。則是《春秋》公羊、穀梁之二家《經》十一卷，《論語》之齊二十二篇、魯二十篇，《孝經》之長孫氏四家皆用秦篆寫定其書，不同壁中古文也。由是觀之，自李斯奏同文字之後，而孔氏壁中書未發以前，六藝之書祇有秦篆寫本；迨孔氏壁中書發於孝武之世，乃有古文本與秦篆本並行。而秦篆本謂之今文，以别於壁中書之古文。馬《史》、班《書》臚叙甚明。何有如王氏所稱"漢人以六藝之書皆用古文"之事？王氏又謂“《藝文志·六藝略》諸經之冠以古字者，所以别其家數，非以其文字”；見王氏《漢書所謂古文説》。此尤似是而非之談也。不知經學之所以别今古文者，其初本起於文字之不同而後因以别其學派。《漢志》所稱“劉向以中古文《易經》校施、孟、梁邱經，或脱去‘无咎’、‘悔亡’”；“《古文尚書》者，出孔氏壁中，皆古字也”；“《孝經》長孫氏等各自名家，惟孔氏壁中古文爲異”；所謂“古文”者，皆明指文字而言；豈如王氏所言“非以其文字”乎？斯又“遁辭知其所窮”者矣！

是時秦燒滅經書，滌除舊典。大發吏卒，興戍役，官獄職務繁，初有隸書，以趣約易，而古文由此絶矣！自爾秦書有八體，一曰大篆。〇金壇段玉裁《説文解字注》曰：“不言古文者，古文在大篆中也。”博按秦書八體不言古文者，自以古文之絶。許君《叙》上文明言“古文由此絶矣”。《太史公自序》曰：“秦撥去古文。”此亦“古文自秦絶”之一證。段《注》非是。

《尉律》：“學童十七已上，始試諷籀書九千字，乃得爲史。”〇金壇段玉裁《説文解字注》曰：“籀文字數不可知。《尉律》‘諷籀書九千字，乃得爲史’，此‘籀’字訓讀書，與宣王太史籀，非可牽合。或因之謂‘籀文有九千字’，誤矣！”海寧王國維《史籀篇疏證序》曰：“張懷瓘謂‘籀文凡九千字，《説文》字數與此適合，先民謂即取此而釋之’。近世孫氏星衍序所刊《説文解字》猶用其説。此蓋誤讀《説文叙》也。《説文叙》引漢《尉律》‘諷籀書九千字’，諷籀即諷讀；《漢書·藝文志》所引無籀字可證。且《倉頡》三篇僅三千五百字，加以揚雄《訓纂》亦僅五千三百四十字，不應《史籀篇》反有九千字。”

孝宣皇帝時，召通《倉頡》讀者，張敞從受之。涼州刺史杜業、沛人爰禮、講學大夫秦近亦能言之。孝平皇帝時，徵禮等百餘人，令説文字未央廷中；以禮爲小學元[1]士。〇博按此可以證古文之在漢時，非盡人所能通讀。金壇段玉裁《説文解字注》曰：“《藝文志》曰：‘《倉頡》多古字，俗師失其讀。宣帝時，徵齊人能正讀者。張敞從受之，傳至外孫之子杜林，爲作訓故。’按云‘《倉頡》多古字’者，謂《倉頡篇》中大半古文大篆；‘俗師失其讀’者，失其音義也；‘正讀’者，正其音義。張敞，字子高，河東平陽人。

---

① 元，原誤作“博”。

杜業，字子夏，本魏郡繇陽人也；其母張敞女，從敞子吉學問，得其家書。吉子竦，又從業學問，亦著於世，尤長小學。業子林，亦有雅材，其正文字過於業、竦。《平帝紀》：‘元始五年，徵天下通知逸經、古記、小學、史篇教授者，在所爲駕一封軺傳遣詣京師。至者數千人。’《王莽傳》曰：‘元始四年，徵天下通一藝教授十一人以上，及有逸禮、古書、《毛詩》、《周官》、《爾雅》、史篇文字，通知其意者，皆詣公車，令記説庭中。’紀傳所説，正是一事。爰禮等百餘人説文字未央庭中，正其時也。禮等通小學史篇文字者也。史篇，孟康曰：‘史籀所作十五篇古文書也。’”蓋倉籀古文者，三代之所以，而秦之所廢絶；迨漢，俗師失其讀，故徵能通讀者尊顯之以爲罕貴也。乃海寧王國維作《史記所謂古文説》，謂：“武、昭以後，古文之書，學者如劉子政父子，皆未聞受古文字學而均能讀；是古文訖於西京之末，尚非難識。嗣是訖後漢如杜伯山、衛敬仲、徐巡、班孟堅、賈景伯、馬季長、鄭康成之徒，皆親見壁中書或其傳寫之本，然未有苦其難讀者。是古文難讀之説，起於王仲任輩未見壁中書者，其説至魏晉之間而大盛，不知漢人初未嘗有是事。”此矛盾無稽之談也！使王氏之言而信，博誠不解《漢書·藝文志》所稱“《倉頡》多古字，俗師失其讀”者何指？“孝宣皇帝召通《倉頡》讀者”何事？而“張敞從受”又何爲？王氏謂“劉子政父子未聞受古文字學”；獨不思張敞之“好古文字”，美陽得鼎，按其銘勒，而謙曰“臣愚不足以迹古文”。師古曰：“尋其文迹”，言迹古文之難也。見《漢書·郊祀志》；而其“從受通《倉頡》讀者”，則見《藝文志》及許君此叙；固人人之所熟聞也。寧獨張敞！《太史公自序》曰：“年十歲，則誦古文。”《漢書·儒林傳》曰：“孔氏有《古文尚書》，孔安國以今文字讀之，因以起其家。而司馬遷從安國問故；遷書載《堯典》、《禹貢》、《洪範》、《微子》、《金縢》諸篇多古文説。”此司馬遷受古文字學之證。《左氏傳》多古字古言，見《漢書·劉歆傳》而司馬遷據《左氏》、《國語》，見《漢書·司馬遷傳贊》成一家之言，亦以古文誦習之有素也。不能以史不言“向、歆父子誦古文”，而没“司馬遷誦古文”，“司馬遷從安國問故”，“張敞從受通《倉頡》讀者”三事置不提；而遽斷“漢人未嘗有古文難讀之事”。且王氏既謂“漢人初未嘗有古文難讀之事”矣；顧又曰“古文難讀之説，起於王仲任輩，未見壁中書者”。不知王仲任是漢人乎？抑非漢人乎？博按《後漢書·王充傳》叙“王充字仲任，師事扶風班彪”。其著《論衡·正説篇》，謂："魯恭王得百篇《尚書》於屋壁中，使使者取視，莫能讀者。"自指壁中書初發見而未經孔安國讀以今文字之時而言；或者即本所師班彪之説。班彪者非它，班孟堅之父也。寧有如王氏所稱"壁中書或其傳寫之本"，班孟堅之所得親見，而王仲任與之同時同學，目未經見者？此又不可通之論也！

壁中書者，魯恭王壞孔子宅而得《禮記》、《尚書》、《春秋》、《論語》、《孝經》。又北平侯張蒼獻《春秋左氏傳》。郡國亦往往於山川得鼎彝，其銘即前代之古文，皆自相似；雖叵復見遠流，其詳可得略説也。而世人大共非訾，以爲"好奇者也，故詭更正文，鄉壁虚造不可知之書，變亂常行以耀於世"。諸生競逐説字解經誼，稱秦之隸書爲倉頡時書，云'父子相傳，何得改易？'乃猥曰'馬頭人爲長'，'人持十爲斗'，'蟲者屈中也'。廷尉説律，至以字斷法，苛人受錢，苛之字止句也。若此者甚衆，皆不合孔氏古文，謬於《史籀》。○博按許君此言，所以明《説文》所收古文之依據有自。其所依據者：一曰"壁中書"，二曰《春秋左氏傳》，三曰"郡國山川鼎彝"。而郡國山川鼎彝之所以可依據者，以"其銘即前代之古文"也。所以知"其銘即前代之古文"者，以許君見"孔子書六經，左丘明述《春秋》，皆以古文"；而郡國山川所得之鼎彝，其銘"皆自"與"壁中書"、《春秋左氏傳》"相似"故也。"自"之爲言自然相似，不待考釋也。"皆自相似"之"皆"，即"皆以古文"之"皆"；"皆"之爲言，概"壁中書"、《春秋左氏傳》二者而言也；文氣直貫而下，連讀意自明，而鼎彝，漢之所得，史文可徵者；《史記·封禪書》、《漢書·郊祀志》叙"武帝即位，李少君見"。上有古銅器，問少君，曰："此器齊桓公十年陳於柏寢。"已而按其刻，果齊桓公器。師古曰："刻，謂器上所銘記。"又《郊祀志》叙宣帝即位，美陽得鼎，獻之，下有司議。張敞好古文字，按鼎銘勒，而上議曰："鼎有刻書曰：'王命尸臣，官此栒邑，賜爾旂鸞，黼黻琱戈，尸臣拜手稽首曰：敢對揚天子丕顯休命。'臣愚不足以迹古文。竊以傳記言之：'此鼎，殆周之所以褒賜大臣，大臣子孫刻銘其先功。'"又有漢武帝元鼎元年，得鼎汾水上一事，以其文鏤無款識，故不識録。許君《叙》所謂"郡國亦往往於山川得鼎彝，其銘即前代之古文"者，正指此類而言。惟許君《叙》曰"亦往往"，蓋致言郡國所得之多，當不止此二事；而史佚不見。吴縣潘祖蔭《攀古樓彝器款識序》謂："許君書中古文本於經文者，必言其所出。其不引經者，皆憑古器銘識"。其説是也。惟海寧王國維《説文所謂古文説》謂："許君書所有重文古文五百許字，皆出'壁中書'及張蒼所獻《春秋左氏傳》，其在正字中者亦然，未嘗據鼎彝。漢代鼎彝所出無多。"然則許君《叙》稱"郡國往往於山川得鼎彝"；"往往"二字，豈"無多"之意？將許君造誑以耀於世者耶？縱來者之可誣，寧時論所得容。曰"郡國於山川得"，當有其物；曰"郡國往往於山川得"，必夥其數；耳目畢睹，豈容耀誑？此必不然之事也！王氏謂"許君《叙》'壁中書者，魯恭王壞孔子宅而得《禮記》、《尚書》、《春秋》、《論語》、《孝經》。又北平侯張蒼獻《春秋左氏傳》'，其示《説文》所收古文之淵源，最爲明白矣。至其述山川鼎彝，又分别言之，曰'其銘即三代之古文，皆自相似'，云'前代之古文'者，所以别於孔壁之古文；云'皆自相似'者，以明與孔壁古文不甚相似也。"特王氏斷章取義，不知通貫上下文讀而有云耳！博知許君意不如此也。自其分别而言：則許君《叙》之於《春秋左氏傳》，曰"北平侯張蒼獻"，曰"又"；此亦所以别白於"壁中書"而判其殊出也。寧祇鼎彝云爾哉？其述鼎彝曰"郡國往往於山川得"，則所以别白於"壁中書"之"魯恭王壞孔子宅而得"，《春秋左氏傳》之"北平侯張蒼獻"也。至曰"其銘即前代之古文，皆自相似"，則非别白之辭，而所以會其大同。所謂"前代"，即指許君《叙》上文所稱"五帝三王之世"，在漢代以前者，而非别有所謂"前代"。所謂"前代之古文"，即許君上文叙"宣王太史籀著《大篆》十五篇"所"或異"之"古文"，亦即"孔子書《六經》，左丘明述《春秋》"所"皆以"之"古文"也。易言之，曰"即前代之古文"云者，即"孔子壁中書"之古文。《春秋左氏傳》之"古字古言"在漢代以前者也，故正言之曰"即"。按《史記・項羽本紀》漢王曰："吾與項羽約爲兄弟，'吾翁即若翁'。""即"之爲言"即此無它"也；推許君之意，謂郡國所得山川鼎彝之銘，即"孔子壁中書"之"古文"，《春秋左氏傳》之"古字古言"，皆自相似也。使如王氏所言"山川鼎彝之銘自相似，而非與孔壁古文相似；前代之古文，非孔壁之古文"；然則所謂"即"者何"即"？而許君於"其詳可得略説也"句下續申之曰"而世人大共非訾，乃猥曰'馬頭人爲長'，'人持十爲斗'，'蟲者屈中'，'苛字止句'，若此者甚衆，皆不合孔氏古文，謬於《史籀》。"此正所以反證"郡國所得山川鼎彝，其銘即前代之古文，皆自相似"之不爲"馬頭人長"，"人持十斗"，"蟲屈中"，"苛止句"；而合孔氏古文，不謬於《史籀》之"即前代之古文"，段玉裁注："鼎彝之銘，則合於孔氏古文”者是也。至王氏引吴縣吴大澂謂：“《説文》中古文皆不似今之古鐘鼎，亦不言某爲某鐘，某爲某鼎。字以響拓，以前古器，無氈墨傳布；許君未能足徵。”此又未然。按王氏言：“拓墨之法，始於南北朝之拓石經，浸假而用以拓秦刻石。”則三代之無石拓可知。然古者封泰山七十二家之文，歷見《韓詩外傳》、《史記·封禪書》暨許君此《叙》所徵引者，豈假石拓而能足徵耶？且許君《叙》引“封泰山者七十有二代靡有同”，而以徵“五帝三王之文改易殊體”；儻非目驗七十二家之文者，當不能言之鑿鑿若此！方此之時，寧有石拓耶！況鼎彝銅器，輸致匪難，撫寫益易。許君曾以詔書校書東觀，或藏彝器，如所稱“齊桓公器”、“美陽鼎”者以資臨撫，亦意中事？至謂“《説文》中古文皆不似今之古鐘鼎”，然餘不能以數千年後今日所見之不似，而遂武斷許君《叙》稱“山川鼎彝，其銘即前代古文，皆自相似”之出虚造也。不知自其似者而言，後世出土鐘鼎之文，由許君書以考釋者何限？而自其不似者而言，寧祇《説文》中古文，與所見鐘鼎有不似；而鐘鼎之文，其體亦互有異；此如魏碑之有别體耳！寧得以所見魏碑之别體，而謂一切字書有譌訛耶？故曰“吾斯之未能信”。

朱筠　重刻許氏《説文解字》叙

漢汝南召陵許君慎，范蔚宗《儒林傳》不詳，惟曰：“‘五經無雙許叔重’，爲郡功曹，舉孝廉，再遷，除洨長，卒於家，作《説文解字》十四篇。”本書：召陵萬歲里公乘許沖上書言：“先帝詔侍中騎都尉賈逵修理舊文。臣父故太尉南閣祭酒慎本從逵受古學，博問通人，考之於逵，作《説文解字》十五卷。慎前以詔書校書東觀，教小黄門孟生、李喜等；以文字未定，未奏上；今病，遣臣齎詣闕。建光元年九月己亥朔二十日戊午上。”徐鍇曰：“建光元年，安帝之十五年，歲在辛酉也。”

按《賈逵傳》：“肅宗建初元年，詔逵入講北宫白虎觀，南宫雲臺。八年，詔諸儒各選高才生受《左傳》、《穀梁春秋》、《古文尚書》、《毛詩》；皆拜逵所選弟子及門生爲千乘王國郎，朝夕受業黄門署。”據此知許君校書東觀，教小黄門等，當在章帝之建初八年，歲在癸未也。本書許君自叙言：“粤在永元困敦之年，孟陬之月，朔日甲申，次列微辭。”徐鍇曰：“和帝永元十二年，歲在庚子也。”按《逵傳》：“逵以永元八年自左中郎將復爲侍中騎都尉，内備帷幄，兼領秘書近署。”據此，知許君本從逵受學，其考之於逵作此書，正當逵爲侍中之後四年。其後二十一年，當安帝之建光元年，歲在辛酉，君病在家，書成，乃令子沖上之也。其始末略可考見如此。

夫許君之爲書也：一曰“世人詭更正文，鄉壁虚造不可知之書”。一曰“諸生競説字解經誼，稱秦之隸書，爲倉頡時書”。一曰“廷尉説律，至以字斷法，皆不合孔氏古文，謬於史籀，恐巧説衺辭，使學者疑”。於是依據宣王太史籀《大篆》十五篇，丞相李斯《倉頡篇》，中車府令趙高《爰歷篇》，太史令胡毋敬《博學篇》，黄門侍郎揚雄《訓纂篇》諸書，又雜采孔子、楚莊王、左氏、韓非、淮南王、司馬相如、董仲舒、京房、衛宏數十家之説，然後成之。又曰：“必遵舊文而不穿鑿。”又曰：“非其不知而不問。”蓋其發揮六書之指，使百世之下，猶可以窺見三古製作之意者，固若日月之麗天，江河之由地。其或文奥言微，不盡可解，亦必明者之有所述，師者之有所授。後學小生區聞陬見，不得而妄議已！

《易》曰：“書不盡言，言不盡意。”陳其大要，約有四端：

一曰：“部分之屬而不可亂。”《叙》曰：“其建首也，立一爲耑，據形聯系，引而申之，以究萬原，畢終於亥。”是以徐鍇作《繫傳》有《部叙》三卷，本《易叙卦傳》爲之，推原偏旁所以相次之故，使五百四十部一字不紊。今起東既疑韻書，而比類又從字體，便於檢討，實昧聲形。自李燾之《五音韻譜》作，而部分紛然自亂其例矣！

一曰：“字體之精而不可易。”夫篆本異文而今同一首者，奉博按《説文》：，从手廾，豐聲、奏博按《説文》：，从夲，从収，从屮。屮，上進之義、春博按：，从日、艸、屯。屯，亦聲、秦博按《説文》：，从禾，春省、泰博按：，从廾水，大聲是也。篆本同文而今異所从者；尟、從、赴、徒是也。賊之从戈則聲，而改从戎；賴之从貝束聲，而改从負；半譌也。舜之爲舜，壺之爲壺，之爲曲，爵之爲爵，全譌也。以气化之气當乞，而氣牽之氣遂當气，於是有俗餼字。以萎飼之萎當婑，博按《説文》：婑，病也；一曰枯死也。而饑餧之餧當萎，於是有俗餒字。此因一字以譌數字者也。匈已从勹而又从肉；博按：俗胸字。州已从川而又从水；博按：俗洲字。既重其類。垔从土而又土；博按：俗堙字。蜀从虫而加虫；博按：俗蠋字。又重其从。此并二字以譌一字者也。从者失从，滋者不滋。自隸一變之，楷再變之，而字體莫之辨識矣！

一曰："音聲之原可以知。"䢅之从辰，囟聲，《玉篇》："悤窗同。"《考工記·匠人》"四旁两夾窗，窗一音悤"，徐鍇以爲"當从凶乃得聲"，非也。移之从禾，多聲，古音弋多反。《楚辭》："夫聖人者不凝滯於物而能與世推移。舉世皆濁，何不掘其泥而揚其波？"徐鍇以爲多與移聲不相近，非也。能之足似鹿，从肉，㠯①聲，古音奴來，奴代反。《詩》："其湛曰樂，各奏爾能。賓載手仇，室人入又。酌彼康爵，以奏爾時。"徐鉉等以爲㠯非聲，疑象形；非也。摘之从手，啇聲，陟革反；去聲則陟寘反。啇與商同文。摘與適同聲。《詩》："勿予禍適，稼穡匪懈"。徐鍇等以爲當从適省乃得聲，非也。此音聲之可據者也。

一曰："訓詁之遺可以補。"《易》"其牛觢"。"觢，一角仰也。"《爾雅》"皆踊觢"；《郭注》："今豎角牛也。"不當作"掣"。《易·睽卦》：其牛掣。《書》"西伯既戡黎"；"戡，从戈今聲，殺也。"不當作戡，"戡，刺也。"《詩》"深則砅"；"砅，从水从石，履石渡水也。""在彼淇厲"，蒙梁而言，亦此訓也。"得此䵶鼀"；䵶亦爲鼁，《爾雅》"䵶鼀詹諸"。"縞衣綼巾"，"綼从系，卑聲，未嫁女所服處子也。"《周禮》"垗五帝於四郊"；垗，畔也，爲四時界，祭其中也。《春秋傳》"修涂梁溠"；"溠，荆州浸也。"職方氏"豫州其浸波溠"；《鄭注》："《春秋傳》曰：'楚子除道梁溠'，則溠宜屬荆州，在此非也。""闕砻之甲"；"砻，水邊石也。"《論語》："小人窮斯嬂矣。""嬂，从女，監聲，過妟也。"《孟子》："泄泄，猶沓沓。""呭呭，多言也；沓沓，語多沓沓也。"所謂"言則非先王之道也"。《爾雅》"西至汃國，謂之四極"；"汃从水，八聲，西極之水也。"《廣韻》："汃，府巾切，西方極遠之國；又普八切，西極水名也。"下當作邠，邠，"周太王國也"。此訓詁之可據者也。

部以屬之，體以别之，音以審之，訓以詁之，文字之事加諸蔑矣！後之非毁許君者，或摘其一文，或泥其一説，歷代以來，不量與撼，要無足論。惟近日顧氏炎武修紹絶業，學者所宗；而於是書亦有不儘然之言。竊恐瞽説附聲，信近疑遠，是不可以不辨：今如所舉"秦"从禾以地宜禾；"宋"从木爲居。"辥"从辛爲辠；"威"爲姑；"也"爲女陰；"殹"爲擊聲；"困"爲故

① "㠯"原作"乙"，形近而誤，今據《説文》改。

廬；“晉”爲日無色；“貉”之言惡；視犬之字如畫狗；“狗”之言叩；“有”曰不宜有；“襄”爲解衣耕；“弔”爲“人持弓會敺禽”。“辱”爲失耕時。“臾”爲束縛捽抴；“罰”爲持刀罵詈；“勞”爲火燒門；“宰”爲辠人在屋下執事；“冥”爲十六日月始虧；“荆”爲刀守井。凡此諸説，皆始造文字，取用有故，必非許君之所創作。書契代遠，難以强説，復不當删。是以觀象闕文之訓，明著於《叙》。豈得以剿説穿鑿，横暴先儒乎！至江别“汜”、“洍”，舄殊“擧”、“已”，“逑”、“救”各引，載旆爲“坺”，當時孔壁古文未亡，齊、魯、韓三家之詩具在；衆音雜陳，殊形備視，豈容廢百舉一，去都即鄙耶！又言“别指一字，以鐂當劉，以粤當由，以絻當免”。此説亦非。按本書之例：从某者，有其部也。某聲者，有其字也。瀏之从水，劉聲；紬之从絲，由聲；勉之从力，免聲；具著於篇。乃知書闕有間，傳寫者之過。謂别指一字以當之者，謬矣！《記》曰：“今人與居，古人與稽。”“居”不當爲法古乎？《易》曰：“是興神物，以前民用。”“用”不當爲卜中乎？《費誓》之費改爲粊，訓爲惡米。按陸德明《經典釋文》，《曾子問》注作“粊誓”；“粊”音“秘”，鄭君説也。童爲男有辠。按《易》“喪其童僕”作童。至僮之字，《國語》“使僮子備官而未之聞”；韋昭注：“僮，僮蒙不達也。”《史記·樂書》：“使僮男僮女七十人俱歌。”本書《叙》“尉律學僮十七已上”亦同。當知僮子之僮从人；辠人爲奴者正作童也。訓參爲商星，乃連文書，讀“參商，星也”；即如水部“河水出焞煌塞外，泑澤在昆侖下”之例。明參與商同爲星；非參商亦不知也。其引齊之郭氏及樂浪，古人往往隨事博證，不拘拘一説也。至援《莽傳》及《讖記》，以劉之字爲卯金刀，謂許君脱其文。按劉之字从刀，从金，丣聲。丣，古酉字，非卯也。《讖記》不可以正六書。《後漢書·光武紀》論王莽以錢文有金刀，改爲貨泉。或以貨泉字爲白水真人。於篆，貨或近真人；泉豈得爲白水耶？《五行志》：“僮謡曰：‘千里草，何青青！十日卜，不得生。’”以“千里草”爲“董”，“十日卜”爲“卓”。按“重”字从王，東聲；非“千里草”。“早”字爲日在“甲”上；非“十日卜”，又可據以爲證乎？又援魏太和初，公卿奏“於文文武爲斌”，古未嘗無斌字。按彬从彡从林，爲文質備，文武之字，經典缺如，不知所从，無以下筆；徐鉉列之俗書是也。又可據魏以疑漢乎？凡顧氏所説，皆不足以爲許君病。輒附疏之，用詔學者。

附：顧炎武《日知録》卷二十一"論《説文》"二條

自隸書以來，其能發明六書之指，使三代之文，尚存於今日，而得以識古人製作之本者，許叔重《説文》之功爲大！後之學者，一點一畫，莫不奉之爲規矩。而愚以爲亦有不儘然者。且以六經之文，左氏、公羊、穀梁之傳，毛萇、孔安國、鄭衆、馬融諸儒之訓，而未必盡合。況叔重生於東京之中世，所本者不過劉歆、賈逵、杜林、徐巡等十餘人之説，【原注】楊慎《六書索隱序》曰："《説文》有孔子説，楚莊王説，左氏説，韓非説，淮南子説，司馬相如説，董仲舒説，京房説，衛宏説，揚雄説，劉歆説，桑欽説，杜林説，賈逵説，傅毅説，官溥説，譚長説，王育説，尹彤説，張林説，黄顥説，周盛説，逯安説，歐陽僑説，寧嚴説，爰禮説，徐巡説，莊都説，張徹説。"而以爲盡得古人之意；然歟？否歟？一也。五經未遇蔡邕等正定之先，傳寫人人各異。今其書所收，率多異字；而以今經校之，則《説文》爲短。又一書之中，有兩引而其文各異者；【原注】如汜下引《詩》"江有汜"。洍下引《詩》"江有洍"。逑下引《書》"旁逑孱功"。僝下引《詩》"旁救僝功"。㿻下引《詩》"赤舄几几"。掔下引《詩》"赤舄掔掔"。後之讀者，將何所從？二也。【原注】鄭玄常駁許慎《五經異義》。《顔氏家訓》亦云："《説文》中有援引經傳與今乖者，未之敢從。"流傳既久，豈無脱漏？即徐鉉亦謂"篆書堙替日久，錯亂遺脱，不可悉究"。今謂此書所闕者，必古人所無，别指一字以當之；【原注】如《説文》無劉字，後人以鎦字當之；無由字，以甹字當之；無免字，以絻字當之。改經典而就《説文》，支離回互，三也。今舉其一二評之：如"秦"、"宋"、"薛"皆國名也。"秦"从禾，以地宜禾；亦已迂矣！"宋"从木爲居，"薛"从辛爲辠；此何理也？《費誓》之"費"改爲"粊"，訓爲"惡米"。武王載旆之"旆"，改爲"坺"，訓爲"臿土"。"威"爲"姑"。"也"爲"女侌"。"殹"爲"擊聲"。"困"爲"故廬"。"普"爲"日無色"。此何理也？"貉"之爲言"惡也"，視"犬"之字如畫狗，"狗"，"叩也"。豈孔子之言乎？訓"有"則曰"不宜有也"，《春秋》書"日有食之"；訓郭則曰"齊之郭氏善善不能進，惡惡不能退，是以亡國"。不幾於剿説而失其本指乎？"居"爲"法古"；"用"爲"卜中"；"童"爲"男有臯”；“褰”爲“解衣耕”；“弔”爲“人持弓會敺禽”；“辱”爲“失耕時”；“臾”爲“束縛捽抴”；“罰”爲“持刀罵詈”；“勞”爲“火燒門”；“宰”爲“臯人在屋下執事”；“冥”爲“十六日月始虧”；“刑”爲“刀守井”；不幾於穿鑿而遠於理情乎？武曌師之而制字；荆公廣之而作書；不可謂非濫觴於許氏者矣！若夫訓“參”爲“商星”，此天文之不合者也。訓“亳”爲“京兆杜陵亭”，此地理之不合者也。書中所引樂浪事數十條，而他經籍反多闕略；此采摭之失其當者也。今之學者，能取其大而棄其小；擇其是而違其非；乃可謂善學《説文》者矣！

《王莽傳》：“劉之爲字卯金刀也，正月剛，卯金刀之利皆不得行。”【原注】《食貨志》亦云。又曰：“受命之日，丁卯；丁火，漢氏之德也；卯，劉姓所以爲字也。”光武《告天祝文》引《讖記》曰：“卯金修德爲天子。”公孫述引《援神契》曰：“西太守，乙卯金。”謂西方太守而乙絶卯金也。是古未嘗無劉字也。【原注】趙宧光曰：“《説文》無劉字，但作鎦。”今按《漢書》卯金刀之讖及古印流傳者，劉姓不下數十百，而並作劉，無鎦字。魏明帝太和初，公卿奏言：“夫歌以咏德，舞以象事。於文文武爲斌。臣等謹製樂舞，名曰《章斌之舞》。”魏去叔重未遠；是古未嘗無斌字也。【原注】徐鉉較定《説文》，前列斌字，云是俗書。

江聲　六書説

許叔重《説文解字叙》云：“《周禮》保氏教國子先以六書：一曰指事，視而可識，察而見意，丄、丅是也。二曰象形，畫成其物，隨體詰詘，日、月是也。三曰諧聲，以事爲名，取譬相成，江、河是也。四曰會意，比類合誼，以見指撝，武、信是也。五曰轉注，建類一首，同意相受，考、老是也。六曰假借，本無其字，依聲托事，令、長是也。”鄭康成注《周禮》，用先鄭司農説，亦云：“六書，象形、會意、轉注、處事、假借、諧聲也。”聲以爲六書之名，見於《周禮》，其説詳於叔重。然其所從來也遠，不始於周，而始於造字之初乎？何言之？《説文解字叙》又云：“倉頡之初作書，蓋依類象形，故謂之文。其後形聲相益即謂之字。字者言孳乳而浸多也。”是固有形聲矣。曰“形聲相益謂之字”，則會意、轉注，亦具有焉。然則指事、假借，具有可知，故曰“始於造字之初”也。炎漢以前，代有通人，皆知其誼，故叔重能道其詳，而先鄭、後鄭亦同其説。學者研其誼而反以三隅，則字無不可知者矣。雖然，吾姑推廣言之：蓋六書之中，象形、會意、諧聲三者是其正，指事、轉注、假借三者是其貳。指事統於形，轉注統於意，假借統於聲。

何言乎指事統於形①也？指事之説曰："視而可識，察而見意。"則指事者，指其形也。蓋依形而製字爲象形，因字而生形爲指事。如日月之字：日，實也，太陽之精不虧，故从日，象其帀也。月，太陰之精，三五而盈，三五而缺，故外郭不匑，象其缺也。是之謂"畫成其物，隨體詰詘"也，故曰"依形而製字爲象形"。由此推之：凡山水魚鳥之等，實有其形而字象之者，胥視此矣。若如上下之字，上下本無定形，置一以爲准，佰丨於其上則爲上，綴丨於其下則爲下，斯上下之形見矣！是之謂"視而可識，察而見意"也。故曰"因字而生形爲指事"。由此推之：如一在木下爲本，一在木上爲末，日出一上爲旦，日在茻中爲莫，王在門中爲閏，凡視之而可識，察之而意見者皆是也。然指事之説，猶不盡此也。《説文解字》之中，頗有言象形而實爲指事者，不可殫述。姑舉一二言之：如不字，一在上即以爲天，象鳥之傅天而遠去，察其不來下之形，則不可之意見。至字，一在下即以爲地，象鳥之尾翼嚮上而首箸地，視其下集之形，則來至之意可識。又如垂者，艸木花翼垂乜，下垂之形見焉。之數字者，叔重皆云象形，顧其形皆由意造，亦因字而生者，故曰實爲指事。由此推之：則《説文解字》之中，凡有象形字者，或爲象形，或爲指事，以意求之，皆可知矣。"指事統於形"，此之謂也。

曰"轉注統於意"，何謂也？轉注之説曰："同意相受"；則轉注者，轉其意也。蓋合两字以成一誼者爲會意。取一意以概數字者爲轉注。《春秋左氏》曰："止戈爲武。"穀梁子曰："人言爲信。"故武、信爲會意。武、信之外，如孔子曰："推十合一爲士。"韓非曰："背厶爲公。"逯安説："亡人爲匃。"以及"皿蟲爲蠱"，"丮夕爲夙"，"臼辰爲農"之等，皆合两字而成誼者也。亦有合三字爲誼者：孔子曰："黍可爲酒，禾入水也"，是也。皆所謂"比類合誼，以見指撝"者，是爲會意，言會合其意也。轉注則由是而轉焉，如"挹彼注兹"之注。即如考、老之字：老，屬會意也，人老則鬚髮變白，故老从人毛匕，此亦合三字爲誼者也。立老字以爲部首，所謂建類一首。考與老

① 形，原誤作"意"，今據上下文改。

同意，故受老字而从老省；考字之外，如耆、耋、壽、耇之類，凡與老同意者，皆从老省而屬老。是取一字之意以概數字，所謂“同意相受”。叔重但言考者，舉一以例其餘耳。由此推之：則《説文解字》一書，凡分五百四十部，其分部即“建類”也；其始一終亥，五百四十部之首，即所謂“一首”也；下云“凡某之屬皆从某”，即“同意相受”也。此皆轉注之説也。

曰“假借統於聲”，何謂也？假借之説曰：“依聲託事”，則假借者循聲而借也。蓋諧聲者，定厥所从而後配以聲，聲在字後者也。假借則取彼成文而即仍其聲，聲在字先者也。如江、河皆水名，故皆从水，从水非聲也，是所謂以事爲名，即轉注之同意相受也，配以工、可，乃得聲爾。江，古紅反，故曰工聲。古或以可爲何，合戈反，故何得可聲。是以配合之字爲聲，所謂“取譬相成”也。故曰“聲在字後”。由此推之：凡《説文解字》所云“某聲”、“某省聲”、“某亦聲”之等，胥准諸此矣。至若假借之令長；令者縣令也，假諸號令；長者官長也，借取修長；是即仍所借字之聲，所謂“依聲託事”也。故曰“聲在字先”。《説文解字》止云“令，發號也”，“長，久遠也”，其借誼則俱未之及。蓋假借壹書，爲誼極繁，凡一字而兼两誼三誼者，除本誼之外，皆假借也。學者誦習藝文，行將具曉，叔重故不具解。然亦間有解，如朋、來、韋、西諸字是也。《説文解字》云：“用，古文鳳，象形。用飛，群鳥從以萬數，故以爲朋黨字。”又云：“來，周所受瑞麥來麰，一來二夆象芒朿之形，天所來也，故爲行來之來。”又云：“韋，相背也，舛口聲。獸皮之韋，可以束枉戾相韋背，故藉以爲皮韋。”又云：“㢴，鳥在巢上，象形。日在西方而鳥西，故因以爲東西之西。”此皆假借之説也。

凡此六者，古人造字之指，具在於斯。許沖有言曰“聖人不空作，皆有依據”，指謂此六書也。盧植云“古文科斗，近於爲實，而厭抑流俗，降在小學”，言文字之爲實學而愍其詘抑也。然則東漢之季，自諸大儒而外，從事於斯者，固已尠焉！爰及魏晉，其學益微。唐宋而下，無有識字者矣。其孰能知之哉！即有一二考古之士，求其解而不得，不自咎其不達古人之意，反怪古人之不合於己而疑其誤，不亦異乎！甚者如鄭樵之論，謂：“《説文》止得象形、諧聲二書，蓋六書失其四。”於戲！何謬妄之至於斯也！聲竊幸微言之尚存，患末學之誤解，爲之講明其説，豈敢自許爲識字哉！庶俾後之學者，有所據依以爲稽古之階云爾。

考證：

如一在木下爲本，一在木上爲末，日出一上爲旦，日在茻中爲莫，王在門中爲閏，凡視之而可識，察之而意見者，皆是也。〇博按象形者，形寫象似，以形定字者也。指事者，形示意識，以字定形者也。惟指事形示意識，江氏乃以與會意滋淆。不知會意之意，乃比類而合之誼，意之孳衍者也。指事之意，乃察識而見之意，意之獨生者也。譬之國，則會意聯邦國，而指事單一國也。譬之家，則會意子孫，而指事其祖父也。如《說文·木部》："木，木下曰本，从木从下；末木上曰末，从木从上。"《旦部》："旦，明也，从日見一上；一，地也。"《茻部》："茻，日且冥也，从日在茻中，茻亦聲。"《王部》："閏，餘分之月；五歲再閏也。告朔之禮，天子居宗廟，閏月居門中，从王在門中。《周禮》：王居門中終月也。"此其爲"比類合誼"之會意，而不得爲"察識意見"之指事也明矣。江氏以爲指事，非是。

《說文解字》之中，頗有言象形而實爲指事者，不可殫述。姑舉一二言之：如不字，一在上，即以爲天，象鳥之傅天而遠去；察其不來下之形，則不可之意見。至字，一在下即以爲地，象鳥之尾翼嚮上而首箸地；眡其下集之形，則來至之意可識。又如垂者，艸木花翼垂也，下垂之形見焉。之數字者，叔重皆云象形，顧其形皆由意造，亦因字而生者，故曰實爲指事。〇博按象形之書，就其所象之形而言：有象物之形者，日、月、山、水等是也。然亦有象物所事之形者：如"不"，鳥飛上翔不下來也；从一，一猶天也；象鳥上翔而見𦐇尾之形。"至"，鳥飛從高下至地也；从一，一猶地也。"不"象上升之鳥，首嚮上。"至"象下集之鳥，首嚮下。此象動物所事之形也。又如"𠂹"，艸木華葉𠂹，象形，象其莖枝華葉也。此象植物所事之形也。許君皆正名之曰象形，其它可以類推。而江氏謂之指事，得無以爲指物之所有事而非其形乎？不知象形如圖畫然，人物可圖畫，而圖畫不限於人物之形，凡鳥之飛，獸之走，人之動靜語默，皆可圖畫也。今謂字之象物形者爲象形，而象其事者非象形，則是謂繪人物者爲圖畫，而繪人物之動者非圖畫也，有是理乎？

章炳麟　小學略說

地官保氏教國子以六藝，曰"禮、樂、射、御、書、數"。《七略》列書名之守於小學。《律曆志》曰："數者，一十百千萬也，其法在算術，宣於天下，小學是則。"此則書數並稱，而禮、樂、射、御缺焉。蓋六藝者，習之不一時，行之不一歲。射、御非兒童所任。六樂之舞，十三始舞勺，成童舞象，二十而舞大夏。禮亦準是。獨書、數不出刀筆口耳，長幼宜之。《說文叙》曰："保氏教國子，先以六書"，明節次最初也；其與九數容得並習。故劉歆言小學獨舉書、數。若夫理財政辭，百官以治，萬民以察，莫大乎文字。自李斯、蕭何以降，專任八體久矣！

《世本》言"蒼頡何作書"。司馬遷、班固、韋誕、宋忠、傅玄皆云"蒼頡爲黄帝史官"。《說文叙》亦同此說。崔瑗、曹植、蔡邕、索靖以爲古之王者。張揖言："蒼頡爲帝王，生於禪通之紀。"揖所說，蓋本慎到曰"蒼頡在庖犧前"。皆見《書正義》引。其時代無以明焉。《說文叙》曰："蒼頡之初作書，蓋依類象形，故謂之文。其後形聲相益，即謂之字。文者物象之本。字者言孳乳而浸多也。"鄭康成《注禮》曰："古曰名，今曰字。"尋討舊籍，書契稱字，慮非始於李斯。何者？人生幼而有名，冠爲之字。名字者一言之殊號，名不可二，孳乳浸多謂之字，足明周世有其稱矣。

六書之次：《說文叙》曰："一曰指事。指事者，視而可識，察而見意，二、二是也。二曰象形。象形者，畫成其物，隨體詰詘，日、月是也。三曰形聲。形聲者，以事爲名，取譬相成，江、河是也。四曰會意。會意者，比類合誼，以見指撝，武、信是也。五曰轉注。轉注者，建類一首，同意相受，考、老是也。六曰假借。假借者，本無其字，依聲托事，令、長是也。"世稱異域之文諧聲，中國之文象形。此徒明其大校，非復刻定之論。徵尋外紀，專任象形者，有西南天教之國。會意一例，域外所無。至於計數之文，始一終九，自印度、羅甸、亞羅、比耶皆爲指事。轉注、假借，爲文字繁省之例，語言變異之端，雖域外不得闕也。假借非謂同音通用，見《轉注假借說》。六書所以始指事者，固由夷夏所同，引以居首。若其常行之字，中土不可以用并音，亦誠有以。蓋自軒轅以來，經略萬里，其音不得不有楚夏。并音之用，衹局一方。若令地望相越，音讀雖明，語則難曉。今以六書爲貫，字各歸部，雖北極漁陽，南暨儋耳，吐言難諭，而按字可知。此其所以便也。海西諸國，本土狹小，尋嚮相投，媮用并音，宜無疐礙。至於印度地大物博，略與諸夏等夷，言語分爲七十餘種，而文字猶守并音之律，出疆數武，則筆劄不通；

梵文廢閣，未踰千祀，隨俗學人，多莫能曉，所以古史荒昧，都邑殊風。此則并音宜於小國，非大邦便俗之器明矣！漢字自古籀以下，改易殊體，六籍雖遥，文猶可讀。古字或以音通借，隨世相沿。今之聲韻，漸多譌變。由是董理小學，以韻學爲候人；譬猶旌旃辨色，鉦鐃習聲，耳目之治，未有不相資者焉。

言形體者始《説文》，言故訓者始《爾雅》，言音韻者始《聲類》，三者偏廢，則小學失官。自《聲類》而下者，卷軸散亡，今所難理。後出之書，獨有《廣韻》，則其粲然者矣。《廣韻》者，今韻之宗，其以推迹古音，猶從部次；上考《經典釋文》及《一切經音義》，舊音絶響，多在其中。顧炎武爲《唐韻正》，始分十部。江永《古韻標準》分十三部。段玉裁《六書音均表》分十七部。孔廣森《詩聲類》分十八部。王念孫分二十一部。大抵前修未密，後出轉精，發明對轉，孔氏爲勝！若其俊次五音，本之反語，孫炎、韋昭，財有魄兆，舊云雙聲，《唐韻》云紐，晚世謂之字母。三十六母，雖依擬梵書，要以中夏爲準。顧氏稽古有餘，審音或滯。江氏復過信字母，奉若科律。段、孔以降，含隱不言。獨錢大昕差次古今，以舌上、輕唇二音，古所無有，然後宫商有準，八風從律。斯則定韻莫察乎孔，審紐莫辯乎錢，雖有損益，百世可知也。段氏爲《説文注》，與桂馥、王筠並列，量其殊勝，固非二家所逮。何者？凡治小學，非專辨章形體，要於推尋故言，得其經脈；不明音韻，不知一字數義所由生；此段氏所以爲桀！旁有王氏《廣雅疏證》、郝氏《爾雅義疏》，咸與段書相次。郝於聲變，猶多億必之言。段於雅訓，又不逮郝。文理密察，王氏爲優；然不推《説文》本字，是其瑕適。若乃規摹金石，平秩符璽，此自一家之業。漢之鴻都，鳥篆盈簡，曾非小學之事守也。專治許書，竄句增字，中聲雅誥，略無旁通，若王筠所爲者，又非夫達神指者也。蓋小學者，國故之本，王教之端，上以推校先典，下以宜民便俗，豈專引筆劃篆，繳繞文字而已。苟失其原，巧僞斯甚！昔二徐初治許書，方在草創，曾未百歲，而荆舒《字説》横作，自是小學破壞，言無典常。明末有衡陽王夫之分文析字，略視荆舒爲愈。晚有湘潭王闓運亦言指事會意，不關字形。此三王者，異世同術；後雖愈前，乃其刻削文字，不求聲音，譬瘖聾者之視書，其揆一也！

或言："書契因於八卦，巛爲坎象，巛則坤圖。"若爾，八卦小成，乾則三晝，何故三晝不爲天字？又言："始一終亥，是即歸藏。"循是以推，韻書始於一東，何知非"帝出乎震"，爲太一下行九宫之法乎？《爾雅》始於初字，初者裁衣之始，復可云"取諸乾坤，垂衣裳而天下治"耶？或言："文字之始，肇起結繩，一繩縈爲數形，一晝衍爲數字。"此又矯誣眩世，持論不根！即如是者，始造一字，繼則有二，二必繼一，宜在諸文之前，何故重累成文，不以一晝紆詘？且蒼頡造文，本象鳥獸蹏迒之迹，馬蹏而外，寧有指爪不分，獨爲一注者哉！若斯之徒，妄穿崖穴，務欲勝前；不悟音訓相依，妙入無間，先達之所未袪，當推明者尚衆；何爲亢越兔蹊，自絶大道！斯所謂攻難之士，求名而不得者也！

大凡惑并音者，多謂形體可廢，廢則言語道窒而越鄉如異國矣！滯形體者，又以聲音可遺，則形爲糟魄，而書契與口語益離矣！余以寡昧，屬茲衰亂，悼古義之淪喪，愍民言之未雜，故作《文始》以明語原，次《小學答問》以見本字，述《新方言》以一萌俗，簡要之義，著在茲編，舊有論纂，亦或入録。若夫陰陽對轉，區其弇侈；半齒彈舌，歸之舌頭；明一字之有重音；辨轉注之繫造字；比於故老，蓋有討論修飾之功矣！如謂不然，請俟來哲。

章炳麟　理惑論

《説文》録秦、漢小篆九千餘文，而古文大篆未備；後人抗志慕古，或趨怪妄！余以爲求古文者，宜取《説文》獨體，觀其會通，攝以音訓，九千之數，統之無慮三四百名；此則蒼頡所始造也。五帝三王之世，改易殊體；今既不獲遠求邃古；《周禮》故書，《儀禮》古文，有《説文》所未録，足以補苴缺遺。邯鄲淳《三體石經》，作在魏世，去古猶近，其間殊體若虞字作㕹之類，庶可采録；旁有陳倉《石鼓》，得之初唐，晚世疑爲宇文新器，蓋非其實；雖叵復見遠流，亦大篆之次也。按《石鼓》不知作於何時，必云"宣王所作，史籀所書"，固無其徵，然大致當不相遠。四者以外，宜在闕疑之科。而世人尊信彝器以爲重寶，皮傅形聲，曲徵經義；顧以《説文》爲誤，斯亦反矣！

彝器之出，自宋始盛；然郭忠恕《汗簡》、夏竦《古文四聲韻》、王欽若《天書》即出其間；方士詭僞固已多矣！且輕用民力，莫如漢魏，浚深穿堅，時時間作；由晉訖隋，土均尚厲，彝器顧少掊得。下及宋世，城郭陂池之役，簡於前代，而彝器出土反多。其疑一也。自宋以降，載祀九百，轉相積累，其器愈多；然發之何地，得之何時，起自何役，獲自誰手，其事狀多不詳。就有一二詳者，又非衆所周見。其疑二也。古之簠簋，咸云竹木所爲。管仲鏤簋，已譏其侈。而晚世所獲，悉是鎔金，著録百數，何越禮者之多？其疑三也。祭饗庸器，匪匹庶之家所有。至於戈戟刀鈹，布在行伍。錡釜耒耨，用之家人。少多之劑千萬相越；然晚世所見者，禮器有餘，兵農之器反寡。其疑四也。刀布勢輕，失則易墜。鐘鼎質重，載之及溺。所以亡國之虚，下有積錢；秦致九鼎，淪入泗水，理之恒也。自餘觶、爵、簠、簋之倫，輕不如錢，重不如鼎，其漂流墊陷蓋少。得失之分，未諭其由。其疑五也。然則言金著録，寧皆雁器，而情僞相雜，不可審知；必令數器互讎，文皆同體，如丁作丨，祖作且，惟作佳之類。斯確然無疑耳！單文間見，宜所簡汰，無取詭效殊文，相用誑耀。故曰：“索隱行怪，吾勿爲之矣。”

穿鑿之徒，務欲立異。自莊述祖、龔自珍好玩奇辭，文致瑑兆。晚世則吴大澂尤憙銅器。亦有燔燒餅餌，毁瓦畫墁以相欺紿；不悟僞迹，顧疑經典有僞，《説文》未諦。迨孫詒讓頗檢以六書，勿令離局，近校數家，諒爲慎密。然彝器刻畫，素非精理。形有屈伸，則説爲殊體；字有暗昧，而歸之缺泐；乃云：“李斯妄作，叔重貤繆。”此蓋吾之所未諭也！又近有掊得龜甲者，文如鳥蟲，又與彝器小異。其人蓋欺世豫賈之徒，國土可鬻，何有文字！而一二賢儒信以爲質，斯亦通人之蔽！按《周禮》有釁龜之典，未聞銘勒；其餘見於《龜策列傳》者，乃有白雉之灌，酒脯之禮，梁卵之祓，黄絹之裹，而刻畫書契無傳焉！假令灼龜以卜，理兆錯迎，釁裂自見，則誤以爲文字；然非所論於二千年之舊藏也。夫骸骨入土，未有千年不壞，積歲少久，故當化爲灰塵。龜甲蜃珧，其質同耳。古者隨侯之珠，照乘之寶，琺珌之削，餘蚳之貝，今無有見世者矣！足明堊質白盛，其化非遠；龜甲何靈而能長久若是哉？鼎彝銅器，傳者非一，猶疑其僞；況於速朽之質，易薶之器，作僞有須臾之便，得者非貞信之人，而群相信以爲法物，不其傎歟！

夫治小學者，在乎比次聲音，推迹故訓，以得語言之本；不在信好異文，廣徵形體。曩令發玉牒於泰岱，探翮翼於泗淵，萬人貞觀，不容作僞者，以補七十二家之微文，備鑄器象物之遺法，庶亦可矣！若乃奉矯誣之器，信荒忽之文，以與召陵正書相角；斯於六書之學，未有云補！擬之前代，則新垣玉杯之刻，少翁牛腹之書也！寧可與道古耶！

姚華　《説文古籀補補》序

文字之學有三術，曰形、聲、義。義析而三：曰詁，一字一義。曰彙，一字數義。曰通。數義而一貫之。聲析而三：曰聲，本聲。曰音，讀不必本聲，或近或遠。曰韻。類音而部之。近世學者各有著書，盛已！惟治形之書特少。蓋事近製作，苟非其材，不足與於斯也。愚意臆分亦有三術：曰正，曰省，曰補。形書據許氏，舊傳李少温有所是正，顧根本未深，無以徵信於後人！其餘《六書精藴》之屬，自詡探賾，實同虚造，至今無稱焉！

余弱冠即治《説文》，積四五年，妄擬著述，成《説文三例表》，不分卷。一凡見經傳者正字，二不見經傳者俗字，三或見經傳或不見經傳者或字。將以存正、删俗併或，一意主省，所以盪滌繁蕪，歸諸易簡。宜於今而不謬於古者，豈斯作耶？

既而主講興義縣之筆山，遊勇犯城，行李盡失，稿亦遂亡！再上公車，世益多故，因不更屬艸。然往常見鄉先生鄭柴翁《説文逸字》而心善之。及得吴吴愙齋中丞《説文古籀補》，讀而心尤善之。是皆補也。余主省者而又主補，是若矛盾，其實不然。省者所以疏《説文》之壅，補者所以鑑《説文》之固。文字不據許，則如履地於浮漚。不正許，則如仰天於覆盆。是二者不可一廢也。

夫典籍以漢儒而傳，亦以漢儒而亡。文字以漢儒而理，亦以漢儒而亂。乾嘉以來，《説文》十四篇，校訂、注釋、考證之作朋興，推崇許君，幾於無上。其後古器訓辭屢出，初援許以釋辭，既因辭以疑許。及於同光，金石學益昌，益覺許君所見山川鼎彝文字蓋猶不足；不然，何所收古籀之少也？且其説解，雖曰“博采通人”，抑亦泰半鄙俗！“屈中止句”之見，議人而已由之者比比而在！是以不觀人戴圜之字，不知一大爲天之淺也。不識持主爲父之字，不知从又舉杖之謬也。不得不丕二形之互證，不知鳥飛不下，从一不聲之囿也。不探㣬本从炏，𠅗本象形之淵源，不知徒从土聲，胄从月由聲之晚也。如此之類，更難悉數。故非補與省並，不足正許，正許而後得據以正形。若夫文王不爲寧王，厥心不爲乃心，經典之待正者，又循是可推也。

《吴補》未盡，猶俟後益。余友黄縣丁佛言乃乘積薪之勢，鼓當仁之氣，取《吴補》補之，復成書十四篇，附録一篇。稿數數易，余獲數數讀，時有貢獻，多見采擷。其益我者，更倍蓰於我益也！惜乎！余方有《聲貫》之作，法先説本義以直通諸義，循本聲以旁通諸聲。例如説公字云："虚其中而施於外也。"則直通、旁通諸義，皆可貫穿於是矣。不獲爲其省焉者與之相輔行焉！或亦期諸將來也乎？佛言不余謬，欲得一言，因立箸於耑。

楊蔭杭　挨及文與華文同源説

中華記載言挨及之事絶少。段成式《酉陽雜俎》始言勿斯離國之大石榴；勿斯離即挨及。古者波斯人名挨及曰 Meudraya，希伯來人名挨及曰 Meizraim，西利亞人名挨及曰 Meezraye，皆此字也。趙汝适《諸蕃志》始言勿斯離之江水，即指尼羅河；又言勿斯離屬國遏根陀有大塔，即指金字塔。陶宗儀《輟耕録》始言木乃伊，即指挨及之孟密 Meummy。凡此記載，皆出後世。若挨及上古之文明，則爲中華舊史所未言。此雖由於道里隔絶，實亦因挨及建國，更古於中華，故如參商不相值也。然考挨及之文字，與中華六書相同，此不特象形而已，實由形聲參用之制。及文字孳乳之序，與周官保氏舊法，若合符節。則知上古之世，中華與挨及必有交關之處，不能以其地遠而疑之，猶之古世印度亦與歐洲遠隔。然今世博學言者，考知梵文與拉丁、希臘文有極相類似之點，皆屬亞利安文，其例同也。

中華象形文由繁而簡，故大篆變爲小篆，小篆又變爲隸草。挨及象形文，亦由繁而簡，故聖書 Hieroglyphics 變爲僧書 Hieratic，僧書變爲民書 Demotic。中華文右行。挨及文除聖書可左可右外，僧書民書亦皆右行。中華文有指事，有象形，有會意，有形聲，有轉注，有假借。挨及文有象形 Ideographs，有諧聲 Phonetics。此二者爲大綱。象形分爲二類：一曰象物：如日作圜形，月作彎形，口作匾圜形，麻作束形，是也。二曰象意：如子字作鵝形，母字作鷲形；蓋挨及人理想，以鵝爲孝鳥，以鷲爲女性故也。此外如喜樂字作女子擊鼓形，乳駱字作桶中出氣形，狡猾字作豺形，躁怒字作猴形，皆象意也。象物象意，字皆不多，故爲孳乳計，乃以一形括衆意；如人坐形，可以爲父，可以爲兄弟，可以爲君，可以爲僧，兩足相並坐，凡足部一切動作皆可用之。一手執杖形，凡手部一切動作皆可用之。作環形者，一切寶石皆可用之。作革形者，一切獸類及革製之物皆可用之。此類字雖有定形，實無定意；必加諧聲，其意乃定；諧聲每加於左旁，讀者一望而先知其聲，非若中華形聲字，其聲無定所也。諧聲亦分二類：或結以體文 consonant，或結以聲勢 vowel。如狐字，先作兔，又作水形，又作盤形；其實此三形無意義，兔即 a，水即 n，盤即 sh，合此三字，僅成 ansh 一音耳。又豺字先作椅背形，又作斜鑿形，此亦無意義，合此二者，僅成 saf 一音耳。其結以聲勢者，共得五十二文，代表十八音，實即字母也。諧聲字可以同音通假。三千年來，書於巴比利 Papyri 者，其諧聲字往往交換，音同而形不同；故昔人但知挨及爲象形文，其後方知爲形聲相益之文，蓋自羅賽泰 Rosetta 發見古文始也。由此觀之：中華所謂六書，亦即挨及舊法。六書所謂象形，本如繪圖，故中華之“日”、“月”，即挨及之日、月。六書所謂指事，許書亦混稱象形，本不限於“上”“下”數字；劉歆、班固稱象事。就其静而言，謂之象形；就其動而言，謂之象事。故“人”象脛背形，謂之象形；“臣”象屈服形，即可謂之象事；則知六書之指事，亦象意類也。六書所謂假借，如“西”爲鳥在巢之形，而以爲東西之西；“來”爲瑞麥之形，而以爲行來之來；此非經曲解，不能知其本意，正與挨及文之以鷲爲母，以鵝爲子相同；則亦象意類也。六書所謂會意，當然即象意；但會意必複體，此其所異也。六書所謂轉注，本言造字。戴氏互訓之説，實不可通。江氏轉意之説近之。蓋轉注與假借皆孳乳之法。假借者，不造新字，而依舊聲推廣其用。轉注者，不造新形，而依舊形推廣其意。許氏所謂“建類一首，同意相受”，蓋謂部首之字，可以括衆意；造字者用爲偏傍，或取其本意，或取其類似之意。故“狗”、“獀”等字取犬字本意；“玃”、“猴”等字，則以“犬”字用之於猿類；“獪”、“犯”等字，則又以“犬”字用之於人類。此即“同意相受”。挨及文中，凡象物象意諸字，皆由一意轉爲多意，亦同意相受也。六書所謂形聲，實居華文之多數；乃求之挨及文字，亦半形半聲；且求諸巴比侖之楔形文字，亦半形半聲。今世學者，皆以楔形文字爲出於挨及；然則中華文字與挨及、巴比侖皆同一系統，無可疑也。古配黎謂：“中華人種本自西亞遷移至黄河流域。”并言：“中華文字，出於巴比侖之楔形文字。伏義所畫八卦，如乾、坤、震、艮、離、坎、兑、巽諸符號，實與楔形文字相似。蓋陽爻成楔形，陰爻爲重複之楔形。八卦既爲文字之始，即楔形文爲華文之始。”然吾謂此説近於臆測。遍考中華鐘鼎文字，多不作楔形；惟天干甲乙丙丁諸文，多類楔形，此或出於偶然，不能遽言天干字出於巴比侖。近日學者考求巴比侖文字尚未深造。據洛林孫研究，僅知其爲形聲參用之文字，與挨及文同一系統；且此類磚文在埃及有出土者。則謂中華文與巴比侖之楔形文同一系統則可；謂卦爻、天干等字即楔形文之流入中華者，則嫌武斷矣！

凡象形文，皆不能獨用；其用之而無礙者，皆形聲參用；而世人或疑其陋，或疑其難。吾嘗見美洲紅人之文字矣，其始畫一輪紅日，言昧爽也；其繼畫人衆兵械，言出師也；其中畫一大熊，則言大捷也；其後畫人頭若干枚，則言俘馘之數也；此類文字，誠最初最陋者矣。然中華、挨及、巴比侖之文字，則皆流行歷數千年之久，其書汗牛充棟，無不達之意，不能與最初之象形一例視之。若謂其有象形之遺迹，則 A 爲牛頭形，B 爲房屋形，出於腓尼基；C 爲曲尺形，D 爲三角形，出於希臘；世界文字，固未有不始於象形者也。歐人學華文，以象形爲難。然華文中象形，大率皆動物。歐文中動物專門字皆取希臘、拉丁文造成，其字絶長，實更難於象形。如華文犀牛，雖曰牛字，象形，究不甚難；歐文犀牛作 rhinoceros，既須記四音，又須記十一字母，則更難於犀牛矣。華文河馬雖曰馬字象形，究不甚難；歐文河馬作 hippopotamus，既須記五音，又須記十二字母，則更難於河馬矣。又如治外法權之華文四字，無論台藿爲音，本非象形，即水木象形，亦非原意，西文乃作 extraterritoriality 一字，而錯出九音，多至十九字母；此在吾輩讀之，既詰屈聱牙，即西人讀之，亦未嘗不覺其難。近有建議改爲 extrality 者，則又嚮壁虚造，搢紳先生難言之矣。

考證：

考挨及之文字，與中華六書相同，此不特象形而已，實由形聲參用之制，及文字孳乳之序，與周官保氏舊法，若合符節。〇博按楊子雲曰：“言，心聲也。書，心畫也。”心聲發於天籟之自然，心畫迫於人事之必然，必非有人焉能爲之律令，必循之以爲合也。顧發於自然矣，而使本之於心而合，入之於耳而通，將自有其不可畔者。特以各國所處之地位不同，洋海環之，山嶺障之，斯言文不能統一耳。余讀侯官嚴復《英文漢詁》一書，而知異域之制文，亦有合乎六書者焉，不獨挨及文而已。試廣楊氏之意以説之：（一）文字之初，先有義有聲，而後諧聲以制文字，不論中西一也。蓋氣清而上浮者謂之“天”，“天”音何自生？生自顛。氣濁而下凝者謂之“地”，“地”音何自生？生自低。推此類也，讀“上”字“高”字如張口仰望。讀“下”字“低”字如閉唇下視。讀“吃”字如吞咽。讀“嘔”字如嘔吐。蓋未造字之先，已發其音義矣。英文亦然。如 high，高也，讀之張口如仰望。lower，低也，讀之閉唇如下視。eat，食也，讀之亦如吞咽。又如吾國有感嘆詞“嗚呼”、“噫”、“嘻”、“唉”及“丁東”、“剝啄”之類，專以諧聲爲義；而西文亦有 o，oh，ah，ha，alas，hurrah，及 boom 爆發聲，click 輕擊聲，crashing 折斷聲，hick 鑿聲等字。若此類者，不可枚舉。（二）夷考英文有字根，乃有輾轉引伸之字。字根，皆拉丁、希臘文也。如以 acer 拉丁字有尖利、辛辣、尖酸、苦、刻薄諸義爲字根；而 acrid 辮及 acrimony 薑桂之性嚴酷刻薄，acid 酸醋諸字即由之引伸而出。以 stasi 希臘字有堅持、植立不動、永久諸義爲字根，而 ecstasy 顛狂妄動及 ahosstay 背教叛道，system 法則諸字由之引伸而出。詳見納氏《文法》第四册第二十七章三八五——三九二頁。聲相從者義亦相從，而我國文字亦然。如以“中”爲字根，而盡中心爲“忠”，中衣爲“衷”，人次在中爲“仲”；其從“中”輾轉引伸之字，聲从“中”者義亦从“中”。又如以“戔”爲字根，“戔”，小也，於是貝之小者爲“賤”，皿之小者爲“盞”，竹簡之小者爲“箋”；凡从“戔”輾轉引伸之字，聲从“戔”者義亦从“戔”。諸如此類，亦不可枚舉。（三）獨體爲文，合體爲字。文不足於用，而孳乳成字以濟其窮。此不論中西一也。從成字之法而言，英文亦可分爲兩大類：其一曰文 primary words，其一曰字 secondary words。文者何？原成之字，不可復析者也，如化學之原質然。字者何？孳乳寖多之字，所可更析之以爲文者也，如化學之雜質。字分二類，中西皆然。中國之文，如“一”、“人”、“夕”、“馬”、“日”諸字。西國之 primary words，如 one，man，night，mouth，horse，sun 等。中國之字，如“信”、“武”、“證”、“忠”、“娶”、“譏”諸字，皆合文而成者也。西國之 secondary words，如 teaspoon，midday，kingdom，beautiful 亦可更析爲 primary words 者也。（四）英字之孳乳，其法有二：一曰會合 composition。

會合者，取分立之文字而合之使成也。如 lighthouse 燈塔，inkstand 墨水瓶等字，謂之 compound words。所會合者，自二字，有時至於三字四字。如 spend—thrift 豪奢之子合二字者也。mid—ship—man 海軍學生合三字者也。Out—of—the—way 非常者合四字者也。一曰轉成 derivation。轉成者，由一字之根，以意義之殊而變化其體，成異字者也。如 love 愛字爲根，而 loving 愛、中意，lover 情人，lovely 可愛，loveable 可愛者諸字由之而出。full 富足字爲根，而富於信義者謂之 truthfull，甚可畏者謂之 fearfull，富有希望者謂之 hopeful。ward 者，著其物之所趨也，以此爲根，而進往者曰 forward，嚮往曰 toward，北首曰 northward，西南首曰 southwestward，不便利曰 awkward。凡此之類，謂之 derivatives。按許君六書定義：以事爲名，取譬相成，謂之形聲。比類合誼，以見指撝，謂之會意。皆有合義分立之文而孳乳成字。如形聲之中衣爲“衷”，正言爲“證”，會意之一大爲“天”，用口爲“周”，即是西文之 compound words 也。又合三字四字見意者，如會意之“祭”从示以手持肉，“𦬁”从四“屮”；形聲之“整”从攴从束从正，正亦聲，是也。此與英文之 compound words 相同。至英文之 derivation，則亦猶轉注“建類一首，同意相受”之例耳，惟 derivation 之“同意相受”，大抵皆即一字爲根，而前後附益之以異字；而轉注則以一字建一部之首，而以它字上下左右從之。又轉注之“从某”主形，而西文 derivation 之字根主聲，此其異耳。蓋西文諧聲，而中文象形。西文横行，而中文縱行故也。（五）按中國六書，象形、指事二者。爲西國拼切之字所無，間見於記號，如天學以☉爲日，以☽爲月，然非文字。惟會意該形聲而言之，以聲亦兼意也、轉注、假借三者，爲用正與中文同，而假借之爲用尤宏。如 back 背也，而 backslide，backslider 之 back 則作違背解。way 路也，而亦訓爲方法。以肩背之“背”，引伸作違背之“背”；道路之“道”，引伸作道術之“道”，即六書“依聲托事”之假借也。西文謂之 ambiguity，皆以一字而當數義；如 box 有二十餘詁，皆由本義引伸而假借之。此類最多。如 eampant 本訓躍者、緣者、獸之立者，而引伸爲事勢之方興。patient 本訓受事者，引伸之爲病者，爲忍耐。valiant 本訓飛者、傲者、鳥之張翼者，引伸之爲流蕩，爲輕迅。fluent 本訓流者，故言辭之流利，書法之流美，皆用之。patent 本訓開者，故事之顯無隱者、塗之通者，皆用之。而製造專利，亦云 patent 者，以其得國家之明諭，故有此稱也。（六）英文中拉丁字，往往同此一字，在此爲名詞，在彼爲動詞；其形無殊，但變其所讀之重音 accent，而實用之名詞，即轉爲動詞之虛用者。同一 accent 也，accent 讀 a 母，則訓重音；而移之讀第四母 e，則爲重讀之矣。一 collect 也，accent 讀第二母 o，則訓總會；而移 accent 於第五母 e，則爲集會矣。一 present 也，accent 讀第三母 e，則訓禮物；而移 accent 於第五母，則爲奉獻矣。此其變流之趣，乃與吾國文字正同，蓋即中文之讀破法。如“春風扇微和”，“扇”讀平聲，而名詞轉成動詞。“春風風人，夏雨雨人”，下“風”、“雨”皆讀去，亦轉名詞爲動詞者。他若“解衣衣我，推食食我”之“衣”、“食”二字，“春朝朝日，秋夕夕月”之“朝”、“夕”二字，皆緣讀破法而名詞轉動；湘鄉曾國藩所謂“實字虛用”者也。蓋不勝枚舉焉。雖然，英文之 accent 變而後義異者固多，而 accent 不變而異義者尤夥。此如韓文“人其人，火其居”，而未聞“人”、“火”二字有讀破也。《公羊傳》“入其宮無人宮焉，入其門無人門焉”；其第二“宮”第二“門”字，亦不讀破也。此在英文，如 help 助可爲名詞，可爲動詞。他若 water，paper，stuff，dance，book，smoke，fire 等，幾無實用之名詞，不可虛用者，亦觀其句中之職何如耳，烏庸變乎？此所以宏文字之用也。但以中文與英文比例爲論，有其難者；則西文複音，中文單音，西文常用之名，例爲一字，而中文或以數字爲一名，故其相似難見。此在學者能以意通之而已。即如英文 arise 起，awake 醒，ago 去諸字起首之 a 母，正與《書·堯典》“黎民於變”、《大學》“於止”之“於”字合符；而 abed 在床，ashore 於岸兩字起首之 a，則又與《易·繫辭傳》“其於中古乎”、《曲禮》“於外曰公於其國曰君”之“於”相當。蓋我之“於”字，乃象形，在古正讀爲鴉音，與 a 音近也。中西言語，當上古時，疑本合一，在此可以證見。此不過一事耳。

乙集序目

經學之部

龔自珍　《六經正名》

章學誠　《經解》

魏源　《〈两漢經師今古文家法考〉序》

江藩　《南北朝經術流派論》

趙坦　《唐孔穎達〈五經義疏〉得失論》

胡培翬　《〈詁經文鈔〉序》

陳壽祺　《〈經郛〉條例》

蒙文通　《議蜀學》

右文八家，所以辨章經學之源流者也。誠竊以爲通經之法，要在明經傳之别，通今古之殊。兹録龔自珍《六經正名》、章學誠《經解》，所以考經傳之沿革。録魏源《〈两漢經師今古文家法考〉序》、江藩《南北朝經術流派論》、趙坦《唐孔穎達〈五經義疏〉得失論》，所以明今古文家法之殊及其流變。而終之以胡培翬《〈詁經文鈔〉序》、陳壽祺《〈經郛〉條例》、蒙文通

《議蜀學》三篇，蓋叙述清儒治經之法，而蕲於開設户牖，啓示塗轍者也。其爲得失可得而言：大抵西京微言大義之學墜於東漢，東漢名物解故之譚熄於魏晉。漢魏詁經而成注，隋唐箋注以撰疏。漢學謹於詁而訓有不順，宋儒順於訓而詁或未覈。詁者所以通古今之言，訓者所以籀章句之指。詁者古言也，古今異言，以今言解古言，使人易知也。訓者順也，聖人發言爲經，語有緩急，順以爲解，勿乖其指也。二者交濟，莫可一闕。詁而不訓，其失則拘而流於瑣，漢儒是也。訓而不詁，其弊也臆而失之疏，宋儒是也。然趙岐注《孟》，章别其指，順文爲釋，同於口義，亦未詳詁。詁而不訓，弊起末漢，宋儒揚之；極明中葉，王陽明起，六經注我；學派既成，師心空譚，比於無徵不信矣！清初當陽明之學極盛，獨崑山顧炎武竺志六經，謂："經學即理學也。自有舍經學言理學者，乃墮於禪學而不自知！"故持論悉本朱子説，而訶陽明甚峻，至引范武子論"王弼、何晏二人之罪，深於桀紂"以爲比況；見《日知録》卷十八《朱子晚年定論》。其持論見《日知録》者可覆按也。自是之後，王學稍衰。而當湖陸隴其著績循吏，安溪李光地持樞中朝，皆高名雅望，學宗朱子。挾登高之呼，爲儒林之宗，而朱子之學於是大昌也！夫朱子之學之所爲不同於陽明者，蓋陽明祇尊德性，而朱子兼道問學也。朱子嘗教人看注疏，不可輕議漢儒，云："漢初諸儒專治訓詁，如教人亦祇言某字訓某字，自尋義理而已。"見《語類》卷一百二十七。"自晉以來，却改變得不同；王弼、郭象輩是也。漢儒解經，依經演釋。晉人則不然，舍經而自作文。"見《語類》卷六十七"作文則注與經各爲一事，人惟看注疏而忘經。須只似漢儒毛、孔之注，略釋訓詁名物及文義理致尤難明者；而其易明處，更不須貼句相續；乃爲得體。蓋如此則讀書看注，即知其非經外之文，却須將注再就經上體會，自然思慮歸一，功力不分；而其玩索之味，亦益深長矣！"見《記解經》。"學者苟不先涉漢魏諸儒之名物訓詁，則亦何以用力於此！"見《語孟集義序》。推奬漢儒甚至，而顧炎武"經學即理學"之論，蓋體其旨而發。然則玩索朱學之功深，而漸竟其委於漢儒名物訓詁之説，此又必至之勢，自然之符也！同時蕭山毛奇齡、太原閻若璩稍晚出，皆不慊朱子之注經而有所論説。然若璩以《古文尚書疏證》有大名；而古文二十九篇之僞，朱子《語録》已發其覆；特證佐未具，俟若璩出而蒐集，加以論定焉爾。奇齡才氣自負，説經長辨駁，尤與宋儒鑿枘，而雄辨足以濟之；著《四書改錯》一書，於朱子盛氣攻辨，語或過當！然自明以來，申明漢儒之學，使儒者不敢以空言説經，實奇齡開其先路！厥後元和惠棟自乃祖周惕、父士奇三世傳經，其學必求之《十三經注疏》暨《方言》、《釋名》、《釋文》諸書，而一衷於許慎《説文》，以洗宋、元來庸熟之陋，見王昶《春融堂文集・詹事府少詹事錢君大昕墓誌銘》。竺信漢學，謂："漢人通經有家法，故有五經師。訓詁之學，皆師所口授，其後乃著竹帛；所以漢經師之説立於學官，與經並行。古字古言非經師不能辨，是故古訓不可改也，經師不可廢也。"見《九經古義述首》。休寧戴震於清儒最爲絶出，視惠棟稍後，而其學出自婺源江永，稱永學，自漢經師康成後，罕其儔匹！然永嘗注朱子《近思録》，所著《禮經綱目》，亦本朱子《儀禮經傳通解》。而震傳而衍之，乃至擯落一切，誦説漢學，以許慎《説文解字》書爲宗，遂盡通《十三經注疏》，能全舉其辭，嘗曰："經之至者道也。所以明道者，其詞也。所以成詞者，字也。由字以通其詞，由詞以通其道。"見《東原集》卷九《與是仲明論學書》。學者遵爲典則，而東漢許、鄭之學於是臻極盛焉！嘉、道以後，學者又由許、鄭之學，溯洄而上；《易》宗虞氏以求孟義，《書》宗伏生、歐陽、夏侯以距馬、鄭，《詩》宗齊、魯、韓以正毛、鄭，《春秋》宗公、穀以難《左氏傳》，發端於武進莊存與、劉逢禄，極倡於仁和龔自珍、邵陽魏源，乃刊落訓詁名物之末，專求所謂微言大義者，號曰西漢今文之學；述伏、董伏生、董仲舒之遺文，尋武、宣之絶軌，學愈進而愈古，義愈推而愈高！然則清學者，反本修古，不忘其初者也。方始建國，有鉅儒起，循朱子之"道問學"，以救王學"尊德性"之空；而其既也，又發西漢今文十四博士之微言大義，以矯東漢名物訓詁之碎。於是今古之争，不聞於唐宋而極譁於輓清！古學先盛於皖南，江永、戴震爲之先師。今學再振於常州，莊存與、劉申受導其前路。風氣所鼓，寖淫季末。寶應有劉台拱、寶楠、恭冕，儀徵有劉文淇、毓崧、壽曾、師培，並稱揚州二劉家，父子祖孫，世禪其學；而儀徵劉氏四世以《左氏》名家。德清有俞樾，瑞安有孫詒讓，餘杭有章炳麟，並通經學古。而炳麟師俞樾，亦問業詒讓，明習《周禮》，善聲音訓詁之學，亦喜言《左氏春秋》，卓然當代古學大師矣！由是浙江稱古學之淵藪，而江南之揚州亞焉！湘潭王闓運治今文經學，有盛名於同光間。而善化皮錫瑞稍晚出，亦治今文學，而今學昌於湖南。既，王闓運講學蜀中，其弟子有井研廖平能大其學，而今學衍於四川。南海康有爲能敷説公羊"改制"以言變法，禪其弟子。新會梁啓超益推而大之，至於無垠，而今學極盛於粵東！由是湘、蜀以迤嶺南，萃今學之秀傑，而常州之聲光熸焉！斯其大較然矣！謹拾誦覽之所記，匡八家於未逮。最其大指，附於目後。

龔自珍　六經正名

孔子之未生，天下有六經久矣！莊周《天運篇》曰："孔子曰：'某以六經奸七十君而不用。'"《記》曰："孔子曰：'入其國，其教可知也。'"有《易》、《書》、《詩》、《禮》、《樂》、《春秋》之教。孔子所睹《易》、《書》、《詩》，後世知之矣。若夫孔子所見《禮》，即漢世出於淹中之五十六篇。孔子所謂《春秋》，周室所藏百二十國寶書，是也。是故孔子曰："述而不作。"司馬遷曰："天下言六藝者，折衷於孔子。""六經"、"六藝"之名，由來久遠，不可以臆增益。

善夫漢劉向之爲《七略》也！班固仍之，造《藝文志》，序"六藝"爲九種，有經，有傳，有記，有群書。傳則附於經。記則附於經。群書頗關經，則附於經。何謂傳？《書》之有大小夏侯、歐陽，傳也。《詩》之有齊、魯、韓、毛，傳也。《春秋》之有公羊、穀梁、左氏、鄒、夾氏，亦傳也。何謂記？大小戴氏所録凡百三十有一篇是也。何謂群書？《易》之有《淮南道訓》、《古五子》十八篇，群書之關《易》者也。《書》之有《周書》七十一篇，群書之關《書》者也。《春秋》之有《楚漢春秋》、《太史公書》，群書之關《春秋》者也。然則《禮》之有《周官》、《司馬法》，群書之頗關《禮經》者也。漢二百祀，自六藝而傳記，而群書，而諸子畢出，既大備。微夫劉子政氏之目録，吾其如長夜乎！何居乎後世有七經、九經、十經、十二經、十三經、十四經之喋喋也！或以傳爲經：《公羊》爲一經，《穀梁》爲一經，《左氏》爲一經。審如是，是則《韓》亦一經，《齊》亦一經，《魯》亦一經，《毛》亦一經，可乎？《歐陽》一經，兩《夏侯》各一經，可乎？《易》三家，《禮》分慶、戴，《春秋》又有鄒、夾，漢世總今古文，爲經當十有八，何止十三？如其可也？則後世名一家説經之言甚衆，經當以百數。或以記爲經：大、小戴二《記》畢稱經。夫大、小戴二《記》，古時篇篇單行。然則《禮經》外當有百三十一經。或以群書爲經：《周官》晚出，劉歆始立。劉向、班固灼知其出於晚周、先秦之士之掇拾舊章所爲，附之於《禮》，等之於《明堂》、《陰陽》而已。後世稱爲經，是爲述劉歆，非述孔氏！善夫劉子政氏之序“六藝”爲九種，有苦心焉！斟酌盡善焉！序“六藝”矣，七十子以來，尊《論語》而譚《孝經》、小學者，又經之户樞也；不敢以《論語》夷於記，夷於群書也；不以《孝經》還之記，還之群書也；又非傳。於是以三種爲經之貳。雖爲經之貳，而仍不敢悍然加以經之名。向與固可謂博學、明辨、慎思之君子者哉！《詩》云：“自古在昔，先民有作。”向與固豈非則古昔，崇退讓之君子哉！後世又以《論語》、《孝經》爲經。假使《論語》、《孝經》可名經，則向早名之，且曰“序八經”，不曰“序六藝”矣！仲尼未生，先有六經；仲尼既生，自明不作；仲尼曷嘗率弟子使筆其言以自製一經哉！亂聖人之例，淆聖人之名實以爲尊聖，怪哉非所聞！非所聞！然且猶爲未快意，於是乎又以子爲經。漢有傳記博士，無諸子博士。且夫子也者，其術或醇或疵，其名反高於傳記。傳記也者，弟子傳其師，記其師之言也。諸子也者，一師之自言也。傳記，猶天子畿内卿大夫也。諸子，猶公侯各君其國，各子其民，不專事天子者也。今出孟子於諸子，而夷之於二戴所記之間，名爲尊之，反卑之矣！子輿氏之靈，其弗享是矣！

問：“子政以《論語》、《孝經》爲經之貳，《論語》、《孝經》則若是班乎？”答：“否！否！《孝經》者，曾子以後支流苗裔之書，平易泛濫無大疵，無閎意眇恉，如置之二戴所録中，與《坊記》、《緇衣》、《孔子閒居》、《曾子天圓》比，非《中庸》、《祭義》、《禮運》之倫也。本朝立博士，向與固因本朝所尊而尊之，非向、固尊之也。然則劉向、班固之序‘六藝’爲九種也，北斗可移，南山可隳，此弗可動矣！”

後世以傳爲經，以記爲經，以群書爲經，以子爲經，猶以爲未快意，則以經之輿臺爲經，《爾雅》是也。《爾雅》者，釋《詩》、《書》之書，所釋又《詩》、《書》之膚末。乃使之與《詩》、《書》抗，是尸祝輿臺之鬼，配食昊天上帝者也！

考證：

孔子之未生，天下有六經久矣。〇博按《說文·糸部》：“經，織也。”《玉篇》：“經緯以成繒布”，藉以爲經綸天下之意。《易·屯卦象》曰：“雲雷屯，君子以經綸。”《周禮·天官·太宰》：“以經邦國。”注：“經，灋也；王謂之禮經，常所秉以治天下也；邦國官府謂之禮灋，常所守以爲灋式也；常者，其上下通名。”然則經者，國家之灋典，編著之圖籍，設之於官府，而布之於百姓者也；孔子未生之所先有，然整齊異傳以編爲六經，則自孔子始。何以明其然？《史記·周本紀》：“西伯蓋即位五十年，其囚羑里，蓋益《易》之八卦爲六十四卦。”《春秋左氏·莊二十二年傳》：“陳厲公生敬仲，其少也，周史有以《周易》見陳侯者。陳侯使筮之。遇《觀》之《否》；曰：‘是謂觀國之光，利用賓於王。’”引《觀·六四》爻辭。《僖十五年傳》：“初晉獻公筮嫁伯姬於秦，遇《歸妹》之《睽》。史蘇占之曰：‘不吉！其繇曰：士刲羊，亦無衁也。女承筐，亦無貺也。’”引《歸妹·上六》爻詞。《二十五年傳》：“秦伯師於河上，將納王。狐偃言於晉侯曰：‘求諸侯莫如勤王。’筮之，遇《大有》之《睽》曰：‘吉！遇公用享於天子之卦也！’”“公用享於天子”，即《大有·九三》爻辭。《宣二年傳》：“晉師救鄭。知莊子曰：‘此師殆哉！《周易》有之，在《師》之《臨》曰：師出以律，否臧凶。’”引《師·初六》爻辭。《襄九年傳》：穆姜薨於東宮；始往，而筮之，遇《艮》之《八》。姜曰：“是於《周易》曰：‘隨，元亨利貞，无咎。’按《春秋公羊》、《穀梁傳》，載襄公二十一年，孔子生。《史記·十二諸侯年表》《魯周公世家》《孔子世家》俱云襄公二十二年，孔子生。襄公二十五年，孔子年五歲，而《春秋左氏·襄二十五年傳》，載齊崔武子娶棠姜，遇《困》之《大過》。陳文子曰：“其繇曰：‘困於石，據於蒺藜，入於宮，不見其妻，凶！’”引《周易·困·六三》爻詞。昭公二年，孔子年十二歲；而《春秋左氏·昭二年傳》載晉侯使韓宣子來聘，觀書太史，見《易象》。此孔子未生先有《易》之證也。

《史記·夏本紀》敘啓作《甘誓》；太康失位，昆弟五人，作《五子之歌》；中康作《胤征》。《殷本紀》敘湯作《帝誥》、《湯征》、《湯誓》、《夏社》、《湯誥》；伊尹作《女鳩》、《女房》、《咸有一德》、《伊訓》、《肆命》、《徂后》、《太甲訓》；義伯、仲伯作《典寶》；中䨓作《誥》；咎單作《明居》、《沃丁》；伊陟作《咸艾》，作《太戊》，作《原命》，殷復衰，百姓思盤庚，乃作《盤庚》三篇；祖己作《高宗肜日》及《訓》。《周本紀》敘古公作《五官有司》；武王作《泰誓》、《牧誓》、《武成》，封諸侯，班賜宗彝，作《分殷之器物》；周公作《大誥》、《微子之命》、《嘉禾》、《康誥》、《酒誥》、《梓材》、《召誥》、《洛誥》、《多士》、《無佚》；成王作《歸禾》、《多方》、《周官》，作《賄息慎之命》；召公、畢公作《顧命》；康王作《康誥》、《畢命》；穆王作《䍐命》、《甫刑》。《齊太公世家》敘武王與太公作此《太誓》。《魯周公世家》敘周公佐武王，作《牧誓》，作《大誥》；成王作《饋禾》；周公作《嘉禾》、《多士》、《毋逸》、《周官》、《周本紀》云："成王自奄歸，在宗周作《多方》；既絀殷命，襲淮夷歸，在豐作《周官》。"《立政》；伯禽作《肹誓》。《尚書》作《粊誓》。《燕召公世家》敘周公攝政當國，召公疑之，作《君奭》。其中有見《今文尚書》二十九篇者十九，即《夏書》之《甘誓》，《商書》之《湯誓》、《盤庚》、《高宗肜日》，《周書》之《太誓》、《牧誓》、《大誥》、《康誥》、《酒誥》、《梓材》、《召誥》、《洛誥》、《多士》、《毋逸》、《君奭》、《多方》、《顧命》、《康王之誥》、《周本紀》云："康王即位，遍告諸侯，宣告以文武之業，作《康誥》。"亦云《康誥》，不云《康王之誥》。《甫刑》十九篇，是也。有其文已佚，而著目百篇之序者二十九；即《夏書》之《五子之歌》、《胤征》，《商書》之《帝誥》、《湯征》、《夏社》、《女鳩》、《女房》、《咸有一德》、《伊訓》、《肆命》、《徂后》、《太甲訓》、《典寶》、《仲虺之誥》、仲虺，《殷本紀》作中䴙、《明居》、《沃丁》、《咸乂》、咸乂，《殷本紀》作咸艾。《伊陟》、《原命》，《周書》之《武成》、《分器》、《微子之命》、《歸禾》、歸禾，《魯世家》作饋禾。《嘉禾》、《周官》、《立政》、《賄息慎之命》、《畢命》、《䍐命》二十九篇，是也。有《尚書》佚其篇，而《史記》存其文者，如《殷本紀》載《湯誥》之辭，是也。有百篇無其目，而《史記》著其作者，如《殷本紀》之著《伊陟》作《大戊》，《周本紀》之著古公作五官有司，皆不見百篇叙，是也。然亦有《史記》載其文其事，略與今文二十九篇同而不著曰"作"者，如《五帝本紀》之采《堯典》；《夏本紀》之采《禹貢》、《皋陶謨》；《殷本紀》叙西伯伐[1]飢國，滅之，《周本紀》作耆。紂之臣祖伊聞之而咎周，恐，奔告紂曰云云，即《西伯戡黎》之文，而不同《百篇叙》稱"祖伊恐，奔告於受，作《西伯戡黎》"；《魯周公世家》叙武王有疾，太公、召公乃繆

① 伐，原誤作"代"，今據《史記》通行本改。

卜，周公曰“未可以戚我先王”，即《金縢》之文，而不同《百篇叙》稱“武王有疾，周公作《金縢》”；《宋微子世家》叙微子度紂終不可諫，乃問於太師、少師曰云云，即《微子》之文；又叙武王既克殷訪問箕子，箕子對曰云云，即《洪範》之文；而不同《百篇叙》稱“微子作《誥父師少師》”，“武王以箕子歸，作《洪範》。”《秦本紀》叙繆公封崤中尸，爲發喪，哭之三日，乃誓於軍；而不同《百篇叙》云“作《秦誓》”。蓋史公明稱曰“作”者，知是聖帝明佐訏謨定命之所自作；而不稱“作”者，或以爲出古史之記事記言也。稽其述作，皆在孔子之前數百年。此孔子未生先有《書》之證也。

《周語》載厲王説榮夷公，芮良夫引《頌》曰：“思文后稷，克配彼天，立我蒸民，莫匪爾極。”《大雅》曰“陳錫載周”。此在《春秋》以前者也。《春秋》之世，列國會盟聘享，君卿大夫賦詩言志，著見《春秋左氏傳》者二十五；而在襄公二十一年以前者，得十四事。如秦伯享晉公子重耳，重耳賦《河水》，秦伯賦《六月》，見《僖二十三年》。衛寧俞來聘，公與之宴，爲賦《湛露》及《彤弓》，見《文四年》。晉先蔑奔秦，荀林父爲賦《板》之三章，見《文七年》。鄭伯與公宴於棐，子家賦《鴻雁》，季文子賦《四月》，子家賦《載馳》之四章，文子賦《采薇》之四章，見《文十三年》。季文子如宋致女，覆命；公享之，賦《韓奕》之五章，穆姜出於房，賦《绿衣》之卒章；見《成九年》。穆叔如晉；晉侯享之，金奏《肆夏》之三；工歌《文王》之三，《鹿鳴》之三；見《襄四年》。范宣子執戎子駒支，戎子賦《青蠅》；叔向見叔孫穆子，穆子賦《匏有苦葉》；又衛侯飲孫蒯酒，使太師歌《巧言》之卒章；見《襄十四年》。穆叔如晉，見中行獻子，賦《圻父》；見范宣子賦《鴻雁》之卒章；見《襄十六年》。季武子如晉，晉侯享之；范宣子賦《黍苗》，季武子賦《六月》；穆叔會范宣子於柯，賦《載馳》之四章，見《襄十九年》。而《襄二十年傳》載季武子如宋報聘，褚師段逆之以受享，賦《常棣》之七章以卒，覆命，公享之，賦《魚麗》之卒章，公賦《南山有臺》，則在孔子生之前一年矣。此孔子未生先有《詩》之證也。

《尚書·堯典》載舜咨伯夷，典朕三禮，命夔典樂，《禮記·文王世子》曰：“秋學禮，執禮者詔之。冬讀《書》，典《書》者詔之。”《王制》曰：“樂正崇四術，立四教，順先王《詩》、《書》、《禮》、《樂》以造士。”《莊子·天下篇》載：“黄帝有《咸池》，堯有《大章》，舜有《大韶》，禹有《大夏》，湯有《大濩》，文王有《辟雍之樂》，武王、周公作《武》。”而《史記·秦本紀》亦載由余觀秦，秦繆公問曰“中國以《詩》、《書》、《禮》、《樂》、法度爲政”云云。此又孔子未生先有《詩》、《書》、《禮》、《樂》之證也。

《楚語》載莊王使士亹傅太子箴，問於申叔時，叔時曰“教之《春秋》”。《晉語》載司馬侯對晉悼公云：“羊舌肸習於《春秋》。”按楚莊王在位二十三年，卒於魯宣公十六年，前孔子之生三十八年。晉悼公在位十五年，卒於魯襄公十五年，前孔子之生六年。而孔子生襄公二十一年；至昭公二年，孔子年十二歲，而晉韓起聘魯，見《魯春秋》，語著《春秋左氏傳》。《禮記·坊記》載子引《魯春秋》記晉喪曰“殺其君之子奚齊”。此孔子未生先有《春秋》之證也。

然則《易》、《書》、《詩》、《禮》、《樂》、《春秋》六者，先孔子而有其名，而整齊異傳以編次成書者，蓋孔子之所致力也。《莊子》書两言經，皆以孔子之故。一見《天道篇》：孔子西藏書於周室，往見老聃，而老聃不許，於是翻十二經以說。《釋文》：“十二經説者，云《詩》、《書》、《禮》、《樂》、《易》、《春秋》六經，又加六緯也。”一見《天運篇》：孔子謂老聃曰：“丘治《詩》、《書》、《禮》、《樂》、《易》、《春秋》六經。”老子曰：“六經者，先王之陳迹也。”然則《詩》、《書》、《禮》、《樂》、《易》、《春秋》六經者，特“先王之陳迹”，而孔子有事於“治”耳。《史記·孔子世家》敘之綦詳，其言曰：“孔子之時，周室微而禮樂廢，《詩》、《書》缺，追迹三代之禮，序《書傳》，上紀唐、虞之際，下至秦穆，編次其事。曰：‘夏禮吾能言之，杞不足徵也！殷禮吾能言之，宋不足徵也！’觀殷、夏所損益，曰：‘後雖百世可知也，以一文一質，周監二代，郁郁乎文哉！吾從周！’”故《書傳》、《禮記》自孔氏。孔子語魯太師：“樂其可知也！始作，翕如。縱之純如，皦如。繹如也以成。”“吾自衛反魯，然後樂正，《雅》、《頌》各得其所。”古者《詩》三千餘篇，及至孔子，去其重，取可施於禮義，上采契、后稷，中述殷周之盛，至幽、厲之缺，始於衽席，故曰：“《關雎》之亂以爲《風》始，《鹿鳴》爲《小雅》始，《文王》爲《大雅》始，《清廟》爲《頌》始。”三百五篇，孔子皆弦歌之，以求合《韶》、《武》、《雅》、《頌》之始。禮樂自此可得而述，以備王道，成六藝。孔子晚而喜《易》，《序》、《彖》、《繫》、《象》、《説卦》、《文言》；讀《易》，韋編三絶；曰：“假我數年，若是，我於《易》則彬彬矣！”子曰：“弗乎弗乎！

君子病殁世而名不稱焉！吾道不行矣！吾何以自見於後世哉！”乃因《史記》作《春秋》，上至隱公下訖哀公十四年十二公；據魯親周故殷，運之三代，約其文辭而指博。故吴、楚之君自稱王，而《春秋》貶之曰“子”；踐土之會實召周天子，而《春秋》諱之曰“天王狩於河陽”；推此類以繩當世，貶損之義，後有王者舉而開之；《春秋》之義行，則天下亂臣賊子懼焉！孔子在位，聽訟文辭，有可與人共者，弗獨有也！至於爲《春秋》，筆則筆，削則削，子夏之徒，不能贊一辭。弟子受《春秋》，孔子曰：“後世知丘者以《春秋》！而罪丘者亦以《春秋》！”於《禮》曰“追迹三代”；於《書》曰“上紀唐、虞之際，下至秦繆”；於《詩》曰“古者《詩》三千餘篇”；於《春秋》曰“因《史記》作《春秋》，上至隱公，下訖哀公十四年十二公”；所以著六經之爲“先王之陳迹”也。於《書傳》曰“序”，曰“編次其事”，於《禮》曰“觀夏、殷所損益”，曰“從周”；於《樂》曰“自衛反魯，樂正，《雅》、《頌》各得其所”；於《詩》曰“孔子去其重，取可施於禮義”；於《易》曰“《序》、《彖》、《繫》、《象》、《説卦》、《文言》”；於《春秋》曰“據魯親周故殷，運之三代，約其文辭而指博”，曰“筆則筆，削則削”；所以著孔子之“治《詩》、《書》、《禮》、《樂》、《易》、《春秋》六經”也。然則六經之有，先於孔子之生；而六經之編，則成孔子之手。史公大書特書曰：“禮樂自此可得而述，以明王道，成六藝”，明六藝之成自孔子；不得孔子，雖有禮樂，散在方策，不可得而述也。於是官府之典，一變而爲專家之學。《史記·孔子世家》曰：“孔子以《詩》、《書》、《禮》、《樂》教弟子蓋三千焉，身通六藝者七十二人。”隨所聞見，辯釋考論，或爲之傳，或爲之記。

何謂傳？劉勰《文心雕龍·史傳篇》曰：“傳者轉也，轉受經旨以授於後。”如《易》之有《繫辭傳》，皮錫瑞《易經通論》曰：“今之《繫辭》上下篇，古以爲《繫辭傳》。”《釋文》：“王肅本有傳字，乃《繫辭》之傳。”孔子弟子所作《繫辭》中明有“子曰”，必非孔子手筆；《史記·自序》引《繫辭》之文爲《易大傳》，是其明證也。《儀禮·喪服第十一》之有《子夏傳》，《春秋》之有《左氏傳》、《公羊傳》、《穀梁傳》，是也。何謂記？《説文·言部》：“記，疋也。”段玉裁注：“疋，今字作疏，謂分疏而識之也。”如《禮》之有《大戴記》、《小戴記》，是也。張華《博物志》曰：“聖人著作曰經。賢者著述曰傳。”此如釋家以佛所説爲經，禪師所釋爲律論也。迨漢以後諸儒解釋聖經賢傳之書，則或曰注：如《易》之題王弼注、韓康伯注，《周禮》、《儀禮》、《禮記》之題鄭玄注，《春秋左氏傳》之題杜預注，《孝經》之題唐元宗明皇帝御注，《爾雅》之郭璞注，《孟子》之趙岐注是也。或曰傳：如《書》之題孔氏傳，《詩》之毛公傳是也。或曰箋：如《詩》之鄭玄箋是也。或曰學：如《春秋公羊傳》之題何休學是也。或曰集解：如《春秋穀梁傳》之題范寧集解，《論語》之何晏集解，是也。後人通謂之注。然《漢書・藝文志・六藝略》著録諸家經解，無稱注者。或曰傳：如《易》之有《易傳》周氏二篇、服氏二篇、楊氏二篇、蔡公二篇、韓氏二篇、王氏二篇、丁氏八篇，《尚書》之有傳四十一篇，《詩》之有《齊后氏傳》三十九卷、《齊孫氏傳》二十八卷、《韓内傳》四卷、《外傳》六卷，《周官經》之有《周官傳》四篇，《孝經》之有《雜傳》四篇是也。或曰故，曰解故，曰故訓傳。師古曰："故者通其指意。"《尚書》之有大小夏侯《解故》二十九篇，《詩經》之有《魯故》二十五卷、《齊后氏故》二十卷、《齊孫氏故》二十七卷、《韓故》三十六卷、《毛詩故訓傳》三十卷等皆是。然則西京之書多稱故，而東漢以後才稱注也。唐以後辯釋經注之書，則謂之疏。注以釋經，疏以辯注。如《易》、《書》、《詩》、《禮記》、《春秋左氏傳》之孔穎達疏，《周禮》、《儀禮》之賈公彦疏，《春秋公羊傳》之徐彦疏，《穀梁傳》之楊士勛疏，《孝經》、《論語》、《爾雅》之邢昺疏，孟子之孫奭疏；是也。或亦曰正義，有是正其義之意；則有如《易》之篇首題"孔穎達奉敕撰《正義》"焉。

有經，有傳，有記。〇詳見前條。

何居乎後世有七經、九經、十經、十二經、十三經、十四經之喋喋也。〇博按《莊子》書有十二經、六經之名。《天道篇》稱"孔子翻十二經以説"。《天運篇》："孔子謂老聃曰：'丘治《詩》、《書》、《禮》、《樂》、《易》、《春秋》六經。'"十二經者謂六經與六緯也。漢亡《樂經》，武帝建平元年，初置五經博士；乃以《易》、《詩》、《書》、《禮》、《春秋》，立於學官。五經之名始定。至後漢有七經之目，謂《詩》、《書》、《禮》、《樂》、《易》、《春秋》及《論語》也。《宋書・百官志》："國子助教十人。《周易》、《尚書》、《毛詩》、《禮記》、《周官》、《儀禮》、《春秋左氏傳》、《公羊》、《穀梁》各爲一經。《論語》、《孝經》爲一經。合十經。助教分掌。"此十經之説也。唐以《周禮》、《儀禮》、《春秋公羊》、《穀梁》，分而習之，併《易》、《書》、《詩》、《禮記》、《春秋左氏》爲九經，列於學官。然開成間，刻石國子學，則又有《孝經》、《論語》、

《爾雅》，是爲十二經也。至宋儒進《孟子》以配《論語》，而十三經之名以立。所謂十四經者，先時嘗併《大戴記》於十三經末，稱十四經也。

章學誠　經解

六經不言經，三傳不言傳，猶人各有我而不容我其我也。依經而有傳，對人而有我，是經傳人我之名，起於勢之不得已，而非其質本爾也。

《易》曰："上古結繩而治。後世聖人易之以書契，百官以治，萬民以察。"夫爲治爲察，所以宣幽隱而達形名，布政教而齊法度也，未有以文字爲一家私言者也。《易》曰："雲雷屯，君子以經綸。"經綸之言，綱紀世宙之謂也；鄭氏《注》謂"論撰書禮樂施政事"。經之命名所由昉乎？然猶經緯經紀云爾，未嘗明指《詩》、《書》、六藝爲經也。三代之衰，治教既分。夫子生於東周，有德無位，懼先聖王法積道備，至於成周，無以續且繼，而至於淪失也；於是取周公之典章，所以體天人之撰而存治化之迹者，獨與其徒相與申而明之。此六藝之所以雖失官守而猶賴有師教也。然夫子之時，猶不名經也。逮夫子既没，微言絶而大義將乖，於是弟子門人各以所見、所聞、所傳聞者，或取簡畢，或授口耳，録其文而起義；《左氏春秋》、《子夏喪服》諸篇，皆名爲傳。而前代逸文不出於六藝者，稱述皆謂之傳，如孟子所對"湯、武及文王之囿"，是也。則因傳而有經之名，猶之因子而立父之號矣。至於官師皆分，處士横議，諸子紛紛著書立説；而文字始有私家之言，不盡出於典章政教也。儒家者流，乃尊六藝而奉以爲經，則又不獨對傳爲名也。荀子曰："夫學，始於誦經，終於習禮。"莊子曰："孔子言治《詩》、《書》、《禮》、《樂》、《易》、《春秋》六經。"又曰："翻十二經以見老子。"荀、莊皆出子夏門人，而所言如是，六經之名，起於孔門弟子亦明矣。然所指專言六經，則以先王政教典章綱維天下；故《經解》疏别六經以爲入國可知其教也。《論語》述夫子之言行；《爾雅》爲群經之訓詁；《孝經》則又再傳門人之所述；與《緇衣》、《坊》、《表》諸記相爲出入者爾。劉向、班固之徒，序類有九，而稱藝爲六，則固以三者而附之於經，所謂離經之傳，不與附經之傳相次也。

當時諸子著書往往自分經傳；如撰輯《管子》者之分别經言；《墨子》亦有《經篇》；《韓非子》則有《儲説經傳》；蓋亦因時立義，自以其説相經緯爾；非有所擬而僭其名也。經固尊稱，其義亦取綜要，非如後世之嚴也。聖如夫子而不必爲經，諸子有經以貫其傳，其義各有攸當也。

後世著録之家，因文字之繁多，不盡關於綱紀，於是取先聖之微言，與群經之羽翼皆稱爲經，如《論語》、《孟子》、《孝經》與夫大小戴《記》之別於《禮》，《左氏》、《公》、《穀》之別於《春秋》，皆題爲經；乃有九經、十經、十三、十四諸經以爲專部，蓋尊經而并及經之支裔也。而儒者著書，始嚴經書，不敢觸犯，則尊聖教而慎避嫌名；蓋猶三代以後非人主不得稱我爲朕也。然則今之所謂經，其强半皆古人之所謂傳也。古之所謂經，乃三代盛時典章法度見於政教行事之實，而非聖人有意作爲文字以傳後世也。

事有實據而理無定形，故夫子之述六經，皆取先王典章，未嘗離事而著理。後儒以聖師言行爲世法則，亦名其書爲經，此事理之當然也；然而以意尊之，可以意僭之矣。蓋自官師之分也，官有政，賤者必不敢强干之，以有據也。師有教，不肖者輒敢紛紛以自命，以無據也。孟子時，以楊墨爲異端矣。楊氏無書。墨翟之書，初不名經；雖有《經篇》、《經說》，未名全書爲“經”。而莊子乃云“苦獲、鄧陵之屬，皆誦《墨經》”，則其徒自相崇奉而稱經矣。東漢秦景之使天竺，《四十二章》皆不名經，佛經皆中國翻譯，竺書無經字。其後華言繹受，附會稱經，則亦文飾之辭矣。《老子》二篇，劉、班著録，初不稱經；《隋志》乃依《阮録》稱《老子經》；意者《阮録》稱於梁世；梁武崇尚異教，則佛老皆列經科；其所仿也？而加以《道德真經》，與《莊子》之加以《南華真經》，《列子》之加以《沖虛真經》，則開元之元教設科，附飾文致，又其後而益甚者也。韓退之曰“道其所道，非吾所謂道”，則名教既殊，又何妨於經其所經，非吾所謂經乎！

若夫國家制度，本爲經制。李悝《法經》，後世律令之所權輿。唐人以律設科。明祖頒示大誥，師儒講習以爲功令，是即《易》取經綸之意。國家訓典，臣民尊奉爲經，義不背於古也。

孟子曰：“行仁政必自經界始。”地界言經，取經紀之意也；是以地理之書，多以經名：《漢志》有《山海經》；《隋志》乃有《水經》；後代州郡地理多稱圖經；義皆本於經界，書亦自存掌故，不與著述同科；其於六藝之文，固無嫌也。

至於術數諸家，均出聖門製作。周公經理垂典，皆守人官物曲而不失其傳；及其官司失守，而道散品亡，則有習其說者相與講貫而授受，亦猶孔門傳習之出於不得已也。然其口耳之學，不能歷久而不差，則著於竹帛以授之其人，亦其理也；是以至戰國而羲、農、黄帝之書一時雜出焉，其書皆稱古聖，如天文之《甘石星經》，方技之《靈》、《素》、《難經》，其類實繁；則猶匠祭魯班，兵祭蚩尤，不必著書者之果爲聖人，而習是術者奉爲依歸，則亦不得不尊以爲經言者也。又如《漢志》以後雜出春秋、戰國時書，若師曠《禽經》、伯樂《相馬之經》，其類亦繁；不過好事之徒，因其人而附合，或略知其法者託古人以鳴高；亦猶儒者之傳《梅氏尚書》，與子夏之《詩大序》也。

他若陸氏《茶經》，張氏《棋經》，酒則有《甘露經》，貨則有《相貝經》，是乃以文爲諧戲，本無當於著録之指；譬猶毛穎可以爲傳，蟹之可以爲志，琴之可以爲史，荔枝、牡丹之可以爲譜耳！此皆若有若無，不足議也！

蓋即數者論之：異教之經，如六國之各王其國，不知周天子也；而春秋名分，人具知之；彼亦不能竊而據也。制度之經，時王之法，一道同風，不必皆以經名；而禮時爲大，既爲當代臣民，固當率由而不越；即服膺六藝，亦出遵王制之一端也。術藝之經，則各有其徒相與守之，固無虞其越畔也。至諧戲而亦以經名，此趙佗之所謂妄竊帝號，聊以自娱，不妨諧戲置之。六經之道，如日中天，豈以是爲病哉！

魏源　《两漢經師今古文家法考》序

余讀《後漢書·儒林傳》，衛、杜、馬、賈諸君子，承劉歆之緒論，創立費、孔、毛、左古文之宗；土苴西京十四博士今文之學，謂之俗儒，廢書而喟！

夫西漢經師承七十子微言大義。《易》則施、孟、梁邱，皆能以占變知來。《書》則大小夏侯、歐陽、兒寬，皆能以《洪範》匡世主。《詩》則申公、轅固生、韓嬰、王吉、韋孟、匡衡，皆以《三百篇》當諫書。《春秋》則董仲舒、雋不疑之決獄。《禮》則魯諸生賈誼、韓元成之議制度。而蕭望之等皆以《孝經》、《論語》保傅輔道。求之東京，未或有聞焉！其文章述作，則陸賈《新語》以《詩》、《書》説高祖。賈誼《新書》爲漢定製作。《春秋繁露》、

《尚書大傳》、《韓詩外傳》、劉向《五行》、揚雄《太元》皆以其自得之學，範陰陽，矩聖學，規皇極，斐然與三代同風。而東京亦未有聞焉！

今世言學，則必曰："東漢之學勝西漢，東漢鄭、許之學綜六經。"於戲！二君惟六書、三《禮》並視諸經爲宏深！故多用今文家法。及鄭氏旁釋《易》、《詩》、《書》、《春秋》，皆創異門户，左今右古。其後鄭學大行，駸淫遂至《易》亡施、孟、梁邱，《書》亡夏侯、歐陽，《詩》亡齊、魯、韓，《春秋》亡鄒、夾；公羊、穀梁半亡半存，亦成絶學！讖緯盛，經術卑，儒用絀！晏、肅、預、謐之徒，始得以清言名理並起持其後。東晉梅賾《僞古文書》遂乘機竄入，並馬、鄭亦歸於淪佚。西京微言大義之學，墜於東京。東京典章制度之學，絶於隋唐。两漢故訓聲音之學，熄於魏晉。其道果孰隆替哉？且夫文質再世而必復。天道三微而成一著。今日復古之要，由詁訓音聲以進於東京典章制度，此齊一變至魯也。由典章制度以進於西漢微言大義，貫經術、政事、文章於一，此魯一變至道也。

道光商横攝提格之歲，源既叙武進劉申甫先生遺書，略陳群經家法。兹乃推廣遍集两漢《儒林傳》、《藝文志》之文，凡得《周易》今文家施氏學第一，梁邱學第二，孟喜氏學第三，孟氏學旁出京氏、焦氏第四，《周易》古文家費氏學第五；其流爲荀氏卦氣之學，鄭玄爻辰之學，此外又有虞翻消息卦變之學。斯爲《易》學今古文傳授大概也。《尚書》今文列於博士者，有伏生、歐陽、大小夏侯二十八篇之學。有孔安國古文四十餘篇之學；東漢初劉歆、杜林、衛宏、賈逵、馬融、鄭康成又别創古文之學，其篇次與今文同；而孔安國佚十六篇並無師説，此皆不列於博士者。及東晉《僞古文》及《僞孔傳》出，唐代列於學校；而伏、歐之今文，馬、鄭之古文，同時並亡！予據《大傳》殘編，加以《史記》、《漢書》、諸子所徵引，共成《書古微》。斯《尚書》今古文傳授大概也。《詩》則漢初皆習齊轅固生、魯申公、韓嬰三家；惟《毛詩》别爲古文。鄭康成初年習《韓詩》，及箋《詩》改從毛，於是齊、魯、韓次第佚亡，今惟存毛《傳》。及宋朱子、王應麟始略采三家《詩》殘文而未得條紀；明何楷、本朝范家相、桐城徐璈次第蒐輯，始獲三家《詩》十之七八；而余發揮之成《詩古微》。此《詩》今古文大概也。小學以《説文》爲大宗，歷代罕究。國朝顧炎武始明音學，而段、王二氏發明《説文》、《廣雅》。惟轉注之説尚有疏舛，予特爲發明之。此小學家之大概也。《禮經》則禘祫之義，王肅與鄭元抗衡。鄭主緯書感生五帝之説，肅主人帝爲始祖所自出之帝，輸攻墨守，秦固失之，楚亦未得！而鄭元《周禮注》計口出泉，至宋遂啓王安石新法之禍。惟宋朱子纂《儀禮經傳通解》，分家禮、邦國禮、王朝禮、喪祭禮，合三《禮》爲一書，集三代古禮之大成；又欲采後世制度因革損益以擇其可行，國朝《讀禮通考》、《五禮通考》實成其志。此則古今三《禮》之大概也。今采史志所載各家立案於前，而後隨人疏證，略施斷制於後；俾承學之士法古今者，一披覽而群經群儒燦然如處一堂。識大識小，學無常師，以爲後之君子，亦將有樂於斯乎！作《两漢經師今古文家法考》。

考證：

宋朱子纂《儀禮經傳通解》，分家禮、邦國禮、王朝禮、喪祭禮，合三《禮》爲一書，集三代古禮之大成；又欲采後世制度因革損益以擇其可行，國朝《讀禮通考》、《五禮通考》實成其志。〇博按讓清禮書之大著作有三：曰《讀禮通考》，曰《五禮通考》，曰《禮書通故》。先是崑山徐乾學於康熙間，以贊善居母憂，請鄞縣萬斯同纂《讀禮通考》，凡百二十卷，自國卹及家禮，十四經之箋疏，廿一史之志傳，漢、唐、宋諸儒之文集説部，無或遺者；爲言喪禮最詳備之書。至乾隆時，無錫秦蕙田以經學名儒官禮部侍郎；考古今禮制因革，以爲："禮自秦火後，漢儒抱殘守缺，厪存什一。朱子嘗有志編次朝廷公卿大夫士民禮，盡漢晉以下諸儒之説，考訂辨正，以爲當代之典；而所撰《儀禮經傳通解》，體例未備。喪祭禮又續自勉齋黄氏、信齋楊氏，未爲完書。"乃本崑山徐氏《讀禮通考》義例，按吉、凶、軍、賓、嘉之目，取向所考定者，增輯排纂，有《五禮通考》之作，凡二百六十二卷；其中先儒聚訟之説，一一疏通解駁，上探古人製作之原，下不違當代之法，可以坐言起行。湘鄉曾國藩極稱其書，以爲"三《禮》之外，得此而四"，然亦有譏其多援引而少斷制者。德清俞樾序《禮書通故》，論及秦氏《通考》，以爲："按而不斷，無所折衷，可謂禮學之淵藪，而未足爲治禮者之藝極。"不如《禮書通故》之有斷制。《禮書通故》，定海黄以周作也；凡百卷，列五十目，囊括大典，博徵古説，蓋與秦氏《通考》比隆；其校覈異義過之！諸先儒不決之義，盡論定之矣；然秦氏非不能論定也。方秦氏著書之日，同縣顧棟高致書論之，即以爲"援引多而斷制少，如禮書總賬簿"。而秦氏答書，則曰："援引者，斷制之所從出也；斷制者，援引之歸宿也。苟不援引，何從斷制？善援引者，正即援引而成斷制，非两事也。古云議禮如聚訟。如欲聽訟，由堂上而觀堂下，必使两造具備，師聽五辭，五辭簡孚，而後正於五罰。若不聽其辭，窮其變態，得其真情，而遽以己意斷之；吾未見其明允也。”然則秦氏非不能斷制也，蓋慎之也！讀秦氏《通考》者，此重公案，不可不知！

作《两漢經師今古文家法考》。〇博按經學之分今古，先漢無是也；而今古所以分，其先由於文字之異。今文者，今所謂隸書；宋洪适《隸釋》著録漢靈帝熹平四年蔡邕書刻太學門外《石經》一千九百餘残字內《魯詩》、小夏侯《尚書》、《儀禮》、《公羊春秋》、《魯論語》及孔廟等處漢碑是也。古文者，蓋倉頡之古文，史籀之大篆；世所傳三代鼎彝、岐陽石鼓及許慎《說文》所載古文籀文是也。隸書，漢世通俗宜民之書，故謂之今文。而頡文籀篆，蓋三代之書，而漢代之所不行，斯謂之古文矣。惟六經之今文書，《漢書・藝文志・六藝略》例不明著，以世人之所誦識，其爲今文，不待言也；至古文書，則以其殊異今文，故特表而出之；如《易》之有中古文《易經》。《書》之有古文經四十六卷爲五十七篇，叙稱：“《古文尚書》者，出孔子壁中。武帝末，魯恭王壞孔子宅，欲以廣其宫，而得《古文尚書》及《禮記》、《論語》、《孝經》凡數十篇，皆古字也。孔安國者，孔子後也，悉得其書以考二十九篇，得多十六篇。”《禮》之有《禮古經》五十六卷，叙稱：“《禮古經》者出於魯淹中及孔氏，與十七篇文相似，多三十九篇。”《春秋》之有《春秋古經》十二篇。《論語》之有《論語》古二十一篇。《孝經》之有《孝經古孔氏》一篇。是也。然所謂今古文者，特文字之殊古今耳，無預於學派也。考漢儒治經，有讀《古文尚書》以今文字者；《漢書・儒林傳》叙“孔氏有《古文尚書》，孔安國以今文字讀之，因以起其家”，是也。則亦有校今文經以古文，可考見者始劉向。《本傳》稱：“向受《穀梁春秋》，大明習，及歆見古文《春秋左氏傳》，大好之，數以難向。向不能非間也，然猶自持其《穀梁》義。”説者謂父子異學，向今文而歆古文也。然向校經不廢古文。《藝文志》稱：“劉向以中古文《易經》校施、孟、梁邱經，或脱去无咎、悔亡，惟費氏經與古文同。”而《尚書》則“劉向以中古文校歐陽、大小夏侯三家經文，《酒誥》脱簡一，《召誥》脱簡二，率簡二十五字，脱亦二十五字，簡二十二字，脱亦二十二字，文字異者七百有餘，脱字數十。”後漢鄭玄本習《小戴禮》，後以古經校之，取其義長者，故爲鄭氏學，見《後漢書·儒林傳》。而其注《論語》，則就《魯論》篇章，考之《齊》、《古》，見何晏《論語集解序》。此以古文經校今文者也。惟古文之經，先漢已有；而古文之學，後漢乃名。班固作《漢書》，特著“古文經”、“古經”於《藝文志》；如所稱“尚書古文經”、“禮古經”者，以見六經之有古文；而不於《儒林傳》叙古文學，如《後漢書·儒林傳》稱“費直傳《易》本以古字，號《古文易》”，“孔安國傳《古文尚書》爲《尚書》古文學”者，所以明經有古文之不涉於學。蓋學之名家，自有樹義，而不在古文不古文。如樹義有違，則《易》施、孟、梁邱三家，《書》歐陽、大小夏侯三家，同用今文，而不嫌各自名家。儻篇簡可信，則孔安國以今文字讀《古文尚書》而無嫌；劉向受《穀梁今文》，而以中古文《易經》校施、孟、梁邱經，以中古文校《尚書》歐陽、大小夏侯三家經文，亦無所違害。劉歆與五經博士講論建立《左氏春秋》及《古文尚書》；諸博士以《尚書》爲備，謂左氏爲不傳《春秋》，見歆《移讓太常博士書》，亦不聞以古文而排難之也。《儒林傳》叙《易》費氏於施、孟、梁邱、京之後，《詩》毛公於齊、魯、韓三家之後，《春秋》左氏於公羊、穀梁之後，皆晚出。不因古文。至曰：“孔氏有《古文尚書》，孔安國以今文字讀之，因以起其家，逸書得十餘篇，蓋《尚書》滋多於是矣！”特言乎文字之古，篇簡之多耳；寧如歐陽、大小夏侯例，而特筆著之曰“由是《尚書》有孔氏古文之學”，蓋《古文尚書》，所以題號其書，而非學派之名。乃《後漢書·儒林傳》則曰：“孔安國傳《古文尚書》，爲《尚書》古文學。”而“《尚書》古文學”之名始立！又曰：“衛宏與河南鄭興俱好古學。初九江謝曼卿善《毛詩》，宏從曼卿受學，因作《毛詩序》，善得風雅之旨，於今傳於世。”由是《毛詩》名古學矣！又《鄭興傳》曰：“興好古學，尤明《左氏》、《周官》。”由是《左氏》、《周官》名古學矣！許慎撰《五經異義》，有《古尚書》説，《今尚書》夏侯、歐陽説；《古毛詩》説，《今詩》韓、魯説；《古周禮》説，《今禮》戴説；《古春秋》左氏説，《今春秋》公羊説；《古孝經》説，《今孝經》説，皆分别古今言之。然《今尚書》夏侯、歐陽之於《古尚書》，《今詩》韓、魯之於《古毛詩》，《今禮》戴之於《古周禮》，雖不並立而未聞排難也。獨《左氏》、《公羊》相攻如仇；而今古説之争，實惟二家爲烈！極盛東京而肇端先漢。《漢書·儒林傳》稱：“房鳳明經通達，擢光禄卿，遷五官中郎將。時光禄勳王龔以外屬内卿，與奉車都尉劉歆共校書，三人皆侍中。歆白《左氏春秋》可立。哀帝納之，以問諸儒。皆不對。歆於是數見丞相孔光，爲言《左氏》以求助，光卒不肯，惟鳳、龔許歆，遂共移書責讓太常博士。大司空師丹奏歆非毀先帝所立。上於是出龔等補吏。”是爲《左氏》肇畔之始。《後漢書·范升陳元傳》叙：“尚書令韓歆上疏欲爲《費氏易》、《左氏春秋》立博士，詔下其議。升起對奏左氏之失凡十四事，及《左氏春秋》不可立三十一事。陳元聞之，乃詣闕上疏曰：‘升等所言，前後相違，皆斷截小文，指爲大尤，小辯破言，小言破道。’書奏。范升復與元相辯難凡十餘上。帝卒立《左氏》學。”《賈逵傳》云：“肅宗立，降意儒術，特好《古文尚書》、《左氏春秋》。建初元年，詔逵入講北宫白虎觀，南宫雲臺。帝善逵説，使出《左氏傳》大義長於二傳者。逵於是具條奏之曰：‘臣謹摘出《左氏》三十事尤著明者，斯皆君臣之正義，父子之紀綱；其餘同《公羊》者什有七八；或文簡小異，無害大體。至如蔡仲紀季、伍子胥叔術之屬，《左氏》義深於君父。《公羊》多任於權變，其相殊絶，固已甚遠！而冤抑積久，莫肯分明！’書奏。帝嘉之；令逵自選《公羊》嚴、顔諸生高才者二十人，教以《左氏》，與簡紙經傳各乙通。”《儒林傳》曰：“李育頗涉獵古學，嘗讀《左氏傳》，雖樂文采，然謂不得聖人深意；以爲前世陳元、范升之徒，更相非折，而多引圖讖，不據理體；於是作《難左氏義》四十一事。建初四年，詔與諸儒論《五經》於白虎觀。育以《公羊》義難賈逵，往返皆有理證，最爲通儒！”又稱：“何休以《春秋》駁漢事六百餘條，妙得《公羊》本意。”“服虔又以《左傳》駁何休之所駁漢事六十條。”“休與其師博士羊弼追述李育意以難二傳，作《公羊墨守》、《左氏膏肓》、《穀梁廢疾》。”《鄭玄傳》云：“玄乃發《墨守》，箴《膏肓》，起《廢疾》。休見而嘆曰：‘康成入吾室，操吾矛以伐我乎?’初中興之後，范升、陳元、李育、賈逵之徒，争論古今學。後馬融答北地太守劉瓌，及玄答何休，義據通深，由是古學遂明。”然則古學之明，其樞機在《左氏》，其障礙在《公羊》。按鄭玄師事京兆第五元，先始通《京氏易》、《公羊春秋》；又從東郡張恭祖受《周官》、《禮記》、《左氏春秋》、《韓詩》、《古文尚書》，以山東無足問者，乃西入關，事扶風馬融，兼通今古，無所適莫。注《魯論》考之《齊》、《古》，而箋《毛詩》則兼用齊、魯、韓三家，其中有用三家申毛者，有用三家改毛者。至編注《周官》、《小戴禮》、《小戴禮記》通爲三《禮》，則尤囊括網羅，意在宏通。蓋《周官》，古文學也。《小戴禮》，今文學也。至《小戴禮記》四十九篇，非一手所成，或同今文，或同古文。《王制》多同《公羊》、《穀梁》；《冠義》、《昏義》、《鄉飲酒義》、《射義》、《燕義》、《聘義》、《朝義》、《喪服四制》、《問喪》、《祭義》、《祭統》諸篇，皆《小戴禮》十七篇之傳，爲今文説。而《玉藻》爲古《周禮》説，《曲禮》、《檀弓》、《雜記》爲古《春秋左氏》説，《祭法》爲古《國語》説，皆古文説。則今古學糅者也。杜子春，鄭興、衆父子，賈逵解《周官》，皆不引博士説；以博士衹立今文也。鄭衆注大司徒五等封地，皆即本經立説，不牽涉《王制》。《後漢書·盧植傳》曰："植乃上書曰：'臣少從通儒故南郡太守馬融受古學，頗知今之《禮記》，特多回冗，臣前以《周禮》諸經發起粃謬，敢率愚淺爲之解詁。'"蓋據《周官》以發難四十九篇中之非古文説也。獨鄭玄和同今古文两家説，疏通證明，其駁許慎《五經異義》力破今古之樊，匪若許氏之敦崇古學，視爲不祧也；獨箴《左氏》之膏肓，發《公羊》之墨守，義無所反顧；亦以古學之明，其樞機在《左氏》，其障礙在《公羊》也。然則玄明古學之功，於是爲大！宜《後漢書》本傳特筆著之；然玄能通古今學，好研精而不守章句，未若何休之《公羊墨守》。獨余讀何休《春秋公羊解詁》，其中亦有引《禮古經》之逸篇所謂《逸禮》者，如《莊三十一年傳注》："禮：天子外屏。諸侯内屏。大夫帷。士簾。禮：天子有靈臺以候天地。諸侯有時臺以候四時。"《疏》云："皆是禮説也。"《昭二十五年傳注》："禮：天子諸侯臺門。天子外闕两觀。諸侯内闕一觀。"《疏》云："禮説文。"然按之《禮》十七篇、《記》四十九篇皆不見，蓋《禮古經》之逸篇所稱《逸禮》者也。且有用《左傳》説者，如《襄十一年》"秦人伐晉"注："爲楚救鄭。"《疏》云："爲楚救鄭之義出《左傳》矣。"《定八年》"盜竊寶玉大弓"注："此皆魯始封之錫。"《疏》云："《左傳·定四年》具有其文也。"則亦兼采古説而不純墨守矣。余讀《前漢書》著今古之文，而當日今古文之書，可以相校互讀，孔安國、劉向之事可證已。《後漢書》别今古之學，而當日今古學之説，匪無互采兼搜；鄭玄、何休之書具在焉。或者謂："今文之學在微言大義，古文之學在名物訓詁。名物訓詁，不免瑣碎。微言大義，足持綱要。"此又不然。余讀《漢書·藝文志》：《書》有大、小夏侯《解故》。《詩》有《魯故》、《齊后氏故》、《齊孫氏故》。今文先師何嘗不重故訓？而劉歆《移讓太常博士》之書，以"分文析字，繁言碎辭"爲譏。《漢書·藝文志·六藝略》論學者之大患曰："後世經傳既已乖離。博學者又不思多聞闕疑之義；而務碎義逃難，便辭巧説。破壞形體，説五字之文，至於二三萬言。"注引桓譚

《新論》云："秦近君能説《堯典》篇目兩字之説至十餘萬言；但説'曰若稽古'三萬言。"而《儒林傳》信都秦恭延君按"延君"二字之形，訛爲"近君"則傳《今尚書》小夏侯之學者。小夏侯師事夏侯勝及歐陽高左右采獲，又從五經諸儒問與《尚書》相出入者，牽引以次章句，具文飾説。夏侯勝譏其破碎。事見《夏侯勝傳》。然則今文之末流，固未免譏於細碎也。《漢書·儒林傳》稱費直治《易》，亡章句，徒以彖、象、繫辭十篇文言解説上下經；斯實足以矯"碎義逃難，便辭巧説"之患，斬斷一切葛藤，何嘗不持綱要？而鄭玄注《儀禮》，發凡數十事。如《士冠禮注》云："凡奠爵，將舉者於右，不舉者於左。""凡醴士。質者用糟，文者用清。""凡薦，出自東房。凡牲，皆用左胖。"其餘諸篇注皆有之，而《聘禮注》最多。斯實足以籀明大例，通其倫類。是則古文之大師，固亦能持其綱要也。要之"好學深思，心知其意"，所貴於善讀書者，固無間於今古也！或者以《公羊》多非常異義可怪之論，託改制以言變法，張三世以説進化，近儒康有爲、梁啓超之倫是也。然輓清之季，章炳麟專攻《左氏》而無害於言革命，謂："賈逵言'《左氏》義深君父'，此與《公羊》反對之辭耳。若夫稱國弒君，明其無道，則不得以'義深君父'爲解。"語見《〈春秋左氏傳讀〉序》。寧衹《左氏》！《周官》亦號古學，而孫詒讓撰《周禮政要》一書，迺據《周禮》以言歐治。其大指謂："中國開化四千年，而文明之盛，莫尚於周；故《周禮》一經政法之精詳，與今泰東西諸國所以致富强者若合符契。今泰西之强國，其爲治非嘗稽覈於周公、成王之法典也；而其所爲政教者，務博議而廣學，以暨通道路，嚴追胥，化二物卝之屬，咸與此經冥符而遥契；蓋政教修明，則以四海之大，亡不受職之民，亡不造學之士，不學而亡職者，則有罷民之刑，賢秀挾其才能，愚賤貢其忱悃，咸得以自通於上，於以致純太平之治若操券，固寰宇之通理，放諸四海而皆準者；此又古政教必可行於今者之明效大驗也。"抑不僅此。且均田分民，可以明蘇俄之共産；寓兵於農，可以言瑞士之民兵。莊存與《周官記》足備參證。以言經世，其中亦多非常異義可怪之論，寧衹今《春秋公羊》説哉！夫然，義有相徵，非傅會而云也。不意世儒譚經，紛紜今古，張皇眇説，託於先漢；此則庸人無事之自擾，經生後起之拘虚耳。寧必有當於先漢之所云爲乎？余故特因魏氏之文，徵班、范之書，而發鄙旨之所存，祛時俗之蔽惑。治國聞者或有取焉。

江藩　南北朝經術流派論[①]

南北朝經術流派，見於《北史·儒林傳序》者甚詳；而宗法所在，孰得孰失，學者不可不知。

嘗試論之：王弼，名士也，非經師也，而注《易》。杜預，名將也，亦非經師也，而作《春秋左傳集解》。非經師，則學無所授，信心而談，撥棄舊詁，競標新説，何足稱顓門之業！若傳《古文尚書》之孔安國，則真經師矣！使果爲真孔氏，雖康成亦應低首，而無如其僞也！今習《古文尚書》，是率天下而僞也；烏乎可！然而揆其所始，厥由東晉。

方晉氏之渡江而東也，修學校，簡省博士，置《周易》王氏，《尚書》鄭氏，《古文尚書》孔氏，《毛詩》鄭氏，《周官》、《禮記》鄭氏，《春秋左傳》杜氏、服氏，《論語》、《孝經》鄭氏博士各一人。太常荀崧上疏，請增置《鄭易》、《儀禮》及《春秋公羊》、《穀梁》博士各一人；會王敦之難，不果行。蓋《鄭易》之廢，實始於此。故張璠所集二十二家，僅依向秀之本；而謝萬等各注《繫辭》以續王弼之書，玄風大暢，古義遂湮！陸澄貽王儉書云："《易》自商瞿之後，雖有異家之學，同以象數爲宗。後乃有王弼之説。"王濟云："弼所誤者多，何必能頓廢前儒。"是鄭氏之不可廢，王氏之不可行，南人固有知之者矣！猶幸河北學者專習《鄭易》，故其書至唐猶存；陸氏《釋文》、李氏《集解》間述一二；而《王注》傳習既久，終不能奪，竟至失傳；豈不深可惜哉！然晉時《鄭易》雖廢，而《尚書》猶兼習鄭、孔，《春秋》猶兼服、杜；其後乃廢鄭、服而專用孔、杜。《釋文》云："江左中興，梅賾奏上《孔傳》，學徒遂盛。後范寧變爲今文集注，俗間或取《舜典篇》以續孔氏。"夫范寧固號爲能遵守鄭學者；而古文《孔傳》則梅賾之徒僞撰以難鄭氏者；乃篤信不疑，且爲之集注。是表章《孔傳》，偏自遵守鄭學者爲之倡始；異哉！而一時趨尚，亦於此可卜矣！然劉宋之時，鄭氏猶未廢絶；故裴駰《史記集解》兼采鄭、孔两家，無所偏主。《釋文》又云："近惟崇尚古文，馬、鄭、王注遂廢。"《釋文》之作，在於陳末，而曰"近"；則崇孔廢鄭，實

① 原注：此文博據《十三經注疏》、《晉書》、《南北史》稍加改訂。

在齊梁之後矣，其《春秋》服氏之廢，不知始於何時？裴駰注《史記》引《服解》頗多。梁、陳間，未有習《服氏春秋》者。李延壽曰：“晉世杜預注《左氏》。預元孫坦，坦弟驥，於宋朝並爲青州刺史，傳其家業，故齊地多習之。”是預之子孫多貴顯，故其學且流入北方；宜服氏之不能與爭！崔靈恩申服難杜。虞僧誕申杜難服，莫能相勝。而小劉規杜過至三百餘事，則公論不可誣也！

夫江左儒風，淵源典午，專尚浮華，務析名理，其去繁就簡，理固宜然。若謂經籍英華，盡在於是，是以漢學爲糟粕也；蓋已隱隱開駕空立説之端矣！按《隋·經籍志》，於《易》云：“梁、陳，鄭玄、王弼二注，列於國學；齊代惟傳鄭義；至隋，王注盛行，鄭學寖微。”於《書》云：“梁、陳所講有孔、鄭二家；齊代惟傳鄭義；至隋，孔、鄭並行，而鄭氏甚微。”於《春秋》云：“《左氏》惟傳《服義》，至隋，杜氏盛行，《服義》寖微。”是梁、陳間非不言鄭學，但甚微耳！其謂《左氏》惟傳《服義》者，指北朝也。獨惜隋氏起北方，混一區夏，而《易》、《書》、《春秋》徇南人之浮誇，捐北學之精實；甚至以姚方興之《舜典》竄入《孔傳》，於僞之中又有僞焉！唐貞觀中，奉詔撰《五經正義》，因循不革。按康成聞服虔解《左傳》，多與己同，遂以所注畀之；是服學即鄭學，行鄭、服，則學出於一。行王、杜、僞孔，則學分爲三；故有两經之疏，同爲一人所作而互相矛盾，使學者茫然不知真是之歸。此宋學所以乘間而起也！

要之儒林之卓絕者，南北各有其人。以南言之：如雷次宗禮服與康成並稱，號爲雷鄭。釋慧遠遁迹沙門，周續之事之，作《詩序義》，獨得毛、鄭微旨。庾蔚之《喪服要記》，載在《通典》，最爲詳覈。何承天《禮論》多至三百卷；而何佟之略皆上口；孔子袪又續成一百五十卷。崔靈恩《三禮義宗》，説禮之總龜也；其以渾蓋爲一，在僧一行前，可謂卓識！或謂其書當於桂陽、零陵間求之。嗜古之士，曷留意焉！他若沈麟士、沈峻、沈文阿、太史叔明博通五經，非其彰彰者乎？北則劉獻之、徐遵明蔚爲名儒；劉焯、劉炫後來之秀；至如釋《論語》八寸策爲八十宗，撰《孝經·閨門章》，目爲古文，雖有小疵，無傷大體。且盧廣以北人而光價江南。沈重以南人而騰芳河朔，傑出之才，又可以地限哉！然而有憾者：晉永嘉以後，施讎、梁邱之《易》亡矣，孟、京不尚存乎？歐陽、夏侯之《書》亡矣，馬融不尚存乎？《齊詩》久亡，《魯詩》不至江左，不有《韓詩》薛君《章句》乎？《左氏》之外，猶有《公羊》、《穀梁》。服虔之外，猶有賈逵。《禮記》有盧植，與鄭氏同師。若此之類，南人既未暇及，北學亦寂寂無聞，徒守一先生之言，斤斤然惟恐失之。經術之不逮漢，又奚足怪！

義疏之學，自爲一派；惟六朝爲最盛。宋明帝之《周易》，雷肅之之《禮記》，其尤著者。《易》則褚仲都。《書》則費甝、二劉、顧彪。《詩》與《春秋》則劉炫。《禮》則黄慶、李孟悊。《禮記》則皇侃、熊安生、賀瑒。凡所發明，俱有可觀。其確守一家，不使稍有出入，亦古來釋經之通例；非其蔽也。惟自二劉、熊安生之外，率皆南人；故未有爲鄭氏《書》、《易》，服氏《春秋》作疏者。唐之《正義》，不能改用鄭、服；殆亦以前無所承，難於倡造故歟？

六朝經學之書，散佚略盡！惟《經典釋文》巍然獨存。前此止作音，惟陸氏兼釋經義；前此止音經，惟陸氏兼音注；體例獨别於諸家而能集諸家之成，故爲不刊之典。其中《周易音義》最爲精博，雖以王爲主，特采子夏、京房、孟喜、馬、鄭、劉表、荀爽、虞翻、陸績、王肅、董遇、姚信、王廙、干寶、蜀才、黄穎旁及《九家易》、張璠《集解》，萃十數家於兩卷之中，視李鼎祚尤簡而賅；窺其微意，似嫌《王注》空虚，故博征古訓以彌縫之。餘如《書》之馬融，《詩》之韓嬰，亦存其概。不幸生於南國，故鄭、服之學，不得賴以流傳。然音訓之詳，無逾於此；非徐爰、沈重、戚衮、王元規輩所可同年而語矣！皇侃《論語義疏》雖非正經，亦經解之類。竊謂何晏本清談之祖，而《論語集解》，獨能存漢學之什一，其體例謹嚴，迥非王弼《易注》可比；而皇氏乃取江熙《集解》以爲之疏，制度名物，略而不講，惟以清言取勝，似欲補平叔所未及者，與所作《禮記疏》大相逕庭；衹以秘笈流傳，罕而見珍，故不以清談廢云！崔靈恩《三禮義宗》，王伯厚、周草窗俱徵引及之，則宋末尚存；今去宋世不過四百餘年，故以爲不應遽佚。兩漢傳業，各有專家；故三《史》作《儒林傳》分經叙述，於授受源流，載之特詳。魏晉以降，稍涣散矣。蓋經術既不如古，而史才又不逮前，故紀載有所未詳。要其師友淵源，初未嘗絶；讀《北史》所叙，居然有兩漢之遺風焉！

考證：

南北朝經術流派，見於《北史·儒林傳序》者甚詳。○博按六朝與南北朝同代而異題。歷言之曰六朝，謂魏、晉、宋、齊、梁、陳，據君統言之也。横説之曰南北朝，南朝謂宋、齊、梁、陳，北朝謂魏、齊、周、隋。據李延壽《南北史》言之也。而考南北朝經術之流派者，莫審於《北史·儒林傳序》。謂："大抵南北所爲章句，好尚互有不同。江左：《周易》則王輔嗣，《尚書》則孔安國，《左傳》則杜元凱。河洛：《左傳》則服子慎，《尚書》、《周易》則鄭康成，《詩》則並主於毛公，《禮》則同遵於鄭氏。南人約簡，得其英華。北學深蕪，窮其枝葉。"然按之晉、宋、齊、梁、陳、魏、齊、周、隋諸書及《南北史》諸儒本傳，亦有不盡見然者。何以見其然?《隋書·經籍志》云："《周易難王輔嗣義》一卷，晉揚州刺史顧夷等撰。"今其書雖亡，而既稱曰"等"，則與王爲難者不祇顧夷一人可知。《南史·陸澄傳》載澄與王儉書云："王弼注《易》，玄學所宗。今若弘儒，鄭不可廢。"儉答云："《易》體微遠，實貫群籍；豈據小王，便爲賅備。依舊存鄭，高同來説。"則是江左《周易》亦有不好王輔嗣者也。又《北史·儒林傳序》云："河南及青、齊之間，多講王輔嗣所注，師訓蓋寡。"則是王輔嗣《周易》不僅行於江左；而河南及青、齊之間，亦不講鄭玄所注《易》也。《隋書·經籍志》於《易》稱"梁陳鄭玄、王弼二注，列於國學"。則是江左兼行鄭玄《易》也。《儒林傳序》又云："齊時，儒士罕傳《尚書》之業。徐遵明兼通之，傳授浮陽李周仁及渤海張文敬、李鉉，河間權會，並鄭康成所注，非古文也。下里諸生略不見孔氏注解。武平末，劉光伯、劉士元始得費甝《義疏》，乃留意焉。"按《隋書·經籍志》有《尚書義疏》十卷，梁國子助教費甝撰；乃東晉豫章内史梅賾奏孔安國傳《古文尚書》也。則孔安國《尚書》亦行於河洛矣。《儒林傳序》又云："晉世，杜預注《左氏》。預玄孫坦，坦弟驥，於宋朝爲青州刺史，傳其家業。故齊地多習之。"又云："又有姚文安、秦道静初亦學服氏，後更兼講杜元凱所注。其河外儒生，俱服膺杜氏。"《李業興子崇祖傳》云："姚文安難服虔《左傳解》七十七條，名曰《駁妄》。"則是河外亦有習杜氏《左傳》而難服者也。《南史·儒林王元規傳》云："自梁代諸儒，相傳爲《左氏》學者，皆以賈逵、服虔之義，難駁杜預凡一百八十條。"則是江左諸儒，亦有以賈、服難杜者也。《隋書·儒林傳》於《易》則稱河南及青、齊間多主王輔嗣所注；於《春秋》則稱河外儒生俱服膺杜氏，與《北史》同，然則服、鄭行於河北，不行於洛中。而洛中之尊尚王、杜，實在江左之先，且較江左爲甚，固無可疑者。厥後隋氏自北并南，而北學轉微，南學轉盛；豈非洛中都會之地，服習王、杜已久故耶？延壽又云："《詩》則並主於毛公，《禮》則同遵於鄭氏。"然江左業遵於《毛詩》之外，别標《業詩》，具著《隋志》。而議禮家於王肅之義，參用亦多，錯見諸傳。則所謂"並主"、"同遵"，亦未盡然，然則延壽之言，亦第言其概爾。

六朝經學之書散佚略盡。〇博按六朝人經注之采入《十三經》者，則有魏何晏之《集解論語》，魏王弼、晉韓康伯之《注易》，杜預之《集解春秋左氏傳》，郭璞之《注爾雅》，范寧之《集解穀梁》，斯皆彰灼在人耳目者。若守一家之注而詮解之，且旁引諸説而證明之，所謂"義疏之學"，梁陳以下作者多人；而孔穎達、賈公彦，至唐集其大成，撰定《五經正義》，著所本出，皆自六朝，如《尚書》疏僞孔，《詩》疏毛鄭之本劉焯、劉炫，《儀禮》疏鄭之本黄慶、李孟悊，《禮記》疏鄭之本皇侃、熊安生，《春秋左傳》疏杜之本劉炫、沈文阿，具見叙中。則是孔、賈之疏不廢，而劉焯、劉炫、黄慶、李孟悊、熊安生及皇侃、沈文阿南北諸儒之義，亦未遽以墜也。其它書亡而遺説可考，如庾蔚之《喪服要記》，杜佑載入《通典》。太叔求《詩譜注本》，歐陽公得諸絳州。劉瓛《易義》，張皋文輯入《别録》。劉炫《規杜》，邵氏瑛爲之《持平》。陸績之《周易注》，庾蔚之《禮論鈔》，崔靈恩之《三禮義宗》三書，馬國翰輯入《玉函山房叢書》，各得三卷。盧文弨校刻《大戴記注》，出北周盧辯凡十三卷，差爲完本，然十五篇無注，亦非全帙。其全帙存者，惟吴陸璣之《毛詩草木鳥獸蟲魚疏》二卷，晉杜預之《春秋釋例》十五卷，梁皇侃之《論語義疏》十卷，隋陸德明之《經典釋文》三十卷而已。

皇侃《論語義疏》雖非正經，亦經解之類。竊謂何晏本清談之祖，而《論語集解》，獨能存漢學之什一，其體例謹嚴，迥非王弼《易注》可比；而皇氏乃取江熙《集解》以爲之疏，制度名物，略而不講，惟以清言取勝，似欲補平叔所未及者，與所作《禮記疏》大相逕庭；衹以秘笈流傳，罕而見珍，故不以清談廢云！〇博按何晏本清談之祖，而其集解《論語》，亦同王弼《易注》附以玄談。如解《公治長》"性與天道，不可得聞"謂："性者，人之所受以生。天道者，元亨日新之道深微，故不可得聞也。"解《衛靈公》"一以貫之”謂：“善有元，事有會。天下殊塗而同歸，百慮而一致，知其元，則衆善舉矣！”特是何氏間涉玄談，而皇侃《義疏》殆有甚焉！《何解》附會《老》、《易》，而《皇疏》采及佛氏。如《先進》“未知生，焉知死”。《皇疏》：“外教無三世義。周孔之教，唯説現在，不明過去未來。”此用佛氏語釋經。蓋佛經爲内典，故孔説爲外教也。甚至謂“原壤爲方外聖人，孔子爲方内聖人”。其書在中國久佚，今所傳本，乃清乾隆時由日本流入。其中亦有可疑者：一、今世所傳《皇疏》與陸德明《經典釋文》所引不同。如《述而》“子行三軍則誰與”。《釋文》云：“誰與皇音餘。”今本《皇疏》云：“若行三軍，必當與己，己有勇故也，故問則誰與之。”此則讀與字上聲。又“子温而厲。”《釋文》云：“皇本作君子。”今皇本亦作子。咸與《釋文》不合。一、皇侃深於禮學，而《論語疏》乃略於禮制。如《八佾》“禘自既灌而往者”；《皇疏》云：“五年之中，别作二大祭：一名禘，一名祫。而先儒論之不同。今不具説。”《顔淵》：“有若對曰：‘盍徹乎？’”《皇疏》云：“以《周禮》載師論之，則畿内用夏之貢法，其中有輕重。輕重不同，自各有意。此不復具言。”藉曰《皇疏》可信，如此之類，則又何説？

兩漢傳業，各有專家。故三《史》作《儒林傳》分經叙述，於授受源流，載之特詳。魏晉以降，稍涣散矣。蓋經術既不如古，而史才又不逮前，故紀載有所未詳。要其師友淵源，初未嘗絶；讀《北史》所叙，居然有两漢之遺風焉！○博按两漢傳業，各有專家；而南北朝大師傳經，則博通而不必專。李延壽《北史·儒林傳》之叙經學授受源流頗詳。而《南史》不叙。其散見列傳，猶有可考者，如劉瓛，司馬筠、司馬業父子之傳三《禮》，何胤、孔僉、孔元素之傳三《禮》，沈麟士、沈峻、太史叔明、沈文阿、張及、王元規之傳三《禮》，周宏正、張譏、陸元朗、朱孟博之傳《老》、《易》。此南朝經學授受源流之可考者也。《北史·儒林傳》叙述經學授受源流，斷自徐遵明、劉獻之。自魏末徐遵明講鄭玄所注《周易》以傳盧景裕及清河崔瑾。景裕傳權會、郭茂。其後能言《易》者，多出郭茂之門。《書》則自徐遵明講鄭康成所注以傳授浮陽李周仁及渤海張文敬、李鉉、河間權會。其《詩》、《禮》、《春秋》，尤爲當時所重，諸生多兼通之。通《毛詩》者多出魏朝劉獻之。獻之傳李周仁。周仁傳董令度、程歸則。歸則傳劉敬和、張思伯、劉軌思。其後能言《詩》者多出二劉之門。三《禮》並出徐遵明之門。徐傳業於李鉉、祖儁、田元鳳、馮偉、紀顯敬①、吕黄龍、夏懷敬。李鉉又傳授刁柔、張買奴、鮑季詳、邢峙、劉晝、熊安生。安生又傳孫靈暉、郭仲堅、丁恃德。其後生能通禮經者，多是安生門人。河北諸儒能通《春秋》者，並服子慎所注，亦出徐生之門。張買奴、馬敬德、邢峙、張思伯、張奉禮、張彫、劉晝、鮑長宣、王元則並得服氏之精微，皆徐遵明弟子也。按遵明師屯留王聰，受《毛詩》、《尚書》、《禮記》，一年，便辭聰，遊燕趙，師事張吾貴。而吾貴從酈詮受《禮》，牛天祐受《易》，劉蘭受《春秋左氏傳》。劉蘭又受《春秋》、《詩》、《禮》於中山王保安。此由遵明而上推也。劉獻之善《春秋》、《毛詩》，曾受業於渤海程玄，與孫惠蔚同師。惠蔚師程玄，讀《禮經》及《春秋》三傳。此由獻之而上推也。此北朝經學授受源流之可考者也。惟經學授受之在北朝，與漢儒略異。蓋漢儒貴專經，而北朝則多兼通，一也。漢儒誦説師法，而北朝則喜自標新諦，不爲墨守，二也。如《北史·儒林劉獻之傳》云："魏承喪亂之後，五經大義，雖有師説；而海内諸生，多有疑滯，咸決於獻之。六藝之文雖不悉注，所標宗旨，頗異舊義。"則是劉獻之自標新諦，不守師説也。《張吾貴傳》云："吾貴先未多學，乃從酈詮受《禮》，牛天祐受《易》。詮、祐粗爲開發而已。吾貴覽讀一遍，便即別構户牖。世人競歸之。曾在夏學聚徒千數而不講《傳》。生徒竊云：'張生之於《左氏》，似不能説。'吾貴聞之，謂曰：'吾今夏講才罷，便當説《傳》。君等來日皆當持本。'生徒怪之而已！吾貴詣劉蘭。蘭遂爲講《傳》，三旬之中，吾貴兼讀杜、服，隱括兩家，異同悉舉。諸生後集，便爲講之，義理無窮，皆多新異。蘭仍伏聽，學者以此奇之！而辯能飾非，好爲詭説。"則是張吾貴自標新諦，不循師説也。《徐遵明傳》云："吾貴門徒甚盛。遵明伏膺數月，乃私謂友人曰：'張生名高而無檢格，凡所講説，不愜吾心，請更從師。'遂與平原田猛略就范陽孫買德受業。一年，復欲去之。猛略謂遵明曰：'君年少從師，每不終業！如此用意，終恐無成。'遵明乃指其心曰：'吾今知真師所在矣！正在如此！'乃詣平原唐遷蠶舍，讀《孝經》、《論語》、《毛詩》、《尚書》、三《禮》，不出門院，凡經六年；講學於外二十餘年，見鄭玄《論語序》曰：'書以八寸策'，誤作'八十宗'，因曲爲之説。其僻也皆如此。獻之、吾貴又甚焉。"則是徐遵明不

---

① 敬，原作"教"，形近而誤，今據《北史》通行本改。

循師説，好標新諦，與獻之、吾貴同也。又如陳奇非馬融、鄭玄解經失旨，注《論語》，傳外生常矯之，其義多異鄭玄，亦見《儒林本傳》。則是陳奇亦標新諦也。北學如此，南學何論！《南史·何佟之傳》曰："佟之少好三《禮》，師心獨學。"莊子曰："夫隨其成心而師之，誰獨且無師乎！"南儒之無師自通者，比比是也，寧祇一何佟之哉！此南北朝經學授受源流之大較也。

趙坦　唐孔穎達《五經義疏》得失論

五經之有傳，有注，有箋，有解，由來舊矣。梁陳而下，義疏迭出。至唐貞觀中，詔孔穎達等撰《五經正義》，蓋欲崇儒術，息異議也。於是成《易正義》十四卷，《書正義》二十卷，《詩正義》四十卷，《禮記正義》七十卷，《春秋左傳正義》三十六卷。既成，表上之。迨宋朱子謂："孔氏《正義》，《詩》、《禮》爲上，《春秋》次之，《書》、《易》爲下。"夫同出一時一人之手，而有得有失，何歟？曰："《正義》者，就傳注而爲疏義也；所宗之注不同，所本之義疏亦異，則得失，於是乎著。"

孔氏於《易》，舍九家而從王氏弼及韓氏康伯；於義疏則采褚仲都。弼之注《易》，僅取剛柔乘應之説。韓氏之注《繫傳》，亦復空詮無補。孔氏拘牽注義，順文敷衍；其於馬、鄭、荀、虞諸家之古法，間或援引，輒以爲非；又或取以補輔嗣之闕漏；不能疏通明晰，故最淺薄不足數。

《書》則宗東晉梅賾所上之《僞孔傳》，而刪取二劉之《正義》焉。《孔傳》本不足觀，穎達曲爲迴護；於是馬、鄭之注僅供參證，而司馬遷《五帝本紀》中之真古文，不一引取。棄周鼎而寶康瓠，孔氏之謂矣。

《詩》則獨宗毛、鄭，卷首先列《鄭譜》，頗得綱領。其於訓詁、名物、制度、典禮，更一一詮解精確。訓詁則本之《爾雅》，參以舍人樊光、李巡、孫叔然諸家之古注；而陸璣《毛詩草木蟲魚疏》次焉。制度典禮則引據群經，益之以王肅之難，王基之駁，孫毓之評，崔靈恩之集注，佐之以鄭氏之《易注》、《書注》，賈、服之《左傳注》，若《鄭志》，若《駁五經異義》，若《箴膏肓》，諸書咸萃焉。以故閎博淵深，幾無與抗；雖曰藍本二劉，而其采掇之精，固可謂獨具卓識已！

《禮》亦宗《鄭注》，而以皇侃《義疏》爲本；引證則本諸《周禮》、《儀禮》，旁通曲達，靡不周悉。《記》云："不學雜服，不能安禮。"故孔子於服制，分辨尤晰。若鄭氏之《喪服變除》，盧子幹之《禮記解詁》，阮諶之《三禮圖》，射氏之《音義隱》，莫不援引；故奧衍精通，與《詩》並善。

《左傳》宗杜氏：於義疏則本劉光伯。杜氏之精義，皆從賈、服竊來，其淺處正復不少。孔氏惟杜之從，所引釋例之屬，又杜氏一家之學，亦奚貴焉！雖有劉光伯之規杜，理精詞辨，足以摧折武庫；孔氏概置評駁，不復遵用。故《左傳正義》雖大旨可觀，其失亦見。

"然則將如何而盡善耶?"曰："《易》則宗《鄭注》而以李鼎祚所集之古注，及群書中所引之古注，足與《鄭注》相發明者附益之；次則取《左傳》中筮法都爲一編附焉，所謂'刊輔嗣之野文，補康成之逸象'。漢《易》梗概，於斯可復。《書》則采馬、鄭注，而益以《史記》中之以訓詁代經文者；其它漢石經及《説文》及顔師古諸家之説，亦復搜討靡遺，而後殫心詮解，庶復真古文之舊觀。《左傳》則采賈、服注；於土地名則取裴秀客、京相璠；其一二古文散見《説文》及群書者取以參考，庶《左傳》之古字古言，存什一於千百，而《春秋》亦賴以明；然後博稽載籍，爲之疏釋，俾賈、服之學復顯於世。不遠駕穎達上耶？要之闢漢儒之閫奥，作孔氏之功臣，非好學深思之士，未克臻此！然則《五經正義》，有得無失，豈易言哉！"

考證：

迨宋朱子謂："孔氏《正義》，《詩》、《禮》爲上，《春秋》次之，《書》、《易》爲下。"夫同出一時一人之手，而有得有失，何歟？〇博按《舊唐書·孔穎達傳》云："與顔師古、司馬才章、王琰等諸儒受詔撰定《五經》義訓凡一百八十卷，名曰《五經正義》。"五經者，《易》、《書》、《詩》、《禮記》及《春秋左傳》也。箴孔氏之失者：曰"彼此互異"，曰"曲狥注文"，曰"雜引讖緯"。如同一七廟也，《書·咸有一德》之"七世之廟"，則申孔而難鄭，以爲"天子立七廟，王者常禮，非獨周人始有"；而《禮記·王制》之"天子七廟"，則又申鄭之意，謂"天子立七廟，唯謂周也，玄説爲長"。"祭感生帝之謂禘"，鄭説也；《禮疏》是鄭而非王（肅）；《春秋疏》又是王而非鄭，主"人帝爲始祖所自出之帝"。两説參錯，將安適從？它如毛、鄭注《詩》，互有同異；孔氏既不能申毛以折鄭，又不能據鄭以評毛，此之爲"義"，果孰爲

“正”？其顯然攻鄭，若“東方未明”疏之辯晝漏六十刻，夜漏四十刻，斥鄭減晝五刻以裨夜爲妄説，不可强爲之辭。如此之類，百無一二。至於注文乖違，曲相牽就，其蔽也黨！緯書詭妄，好爲傅引，其失也誣！斯皆孔氏之所百喙不能自解者。特是書題孔氏，撰非一人。《易》有馬嘉運、趙乾叶等對共參議，詳其可否。《書》有王德韶、李子雲等對共詮叙。《詩》有王德韶、齊威等對共討論，辯詳得失。《禮記》則有朱子奢、李善信、賈公彦、柳士宣、范義頵、張權等對共量定。《春秋左傳》則有谷那律、楊士勛、朱長才等對共參定。其姓名具見孔氏《五經正義序》，所謂“獨見膚淺，不敢自專”。雖開卷署“孔穎達奉勅撰”，其實非出一手；獨以孔氏稱者，徒以總纂專其名耳。按《新唐書·儒學孔穎達傳》明言“習服氏《春秋傳》、鄭氏《尚書》”；《舊唐書·孔穎達傳》云：“明《左氏傳》、鄭氏《尚書》。”而《正義》用《書孔氏》、《春秋杜氏》，即此可知不出獨裁，與素所傳習者不同。厥後馬嘉運以共事之人而有異議，駁正其失。有詔更令裁定，功未就。永徽二年，尚書左僕射于志寧、左僕射張行成、侍中高季輔就加增損，亦見《新唐書·儒學本傳》，則是再經更修，益非《孔氏書》之舊。而趙氏以爲同出一時一人之手，誤矣。

胡培翬　《詁經文鈔》序

經學莫盛於漢。自文帝置《論語》、《孝經》、《孟子》、《爾雅》博士，其後增立五經博士，傳業寖廣，一經説至百萬言，大師衆至千餘人，可謂盛矣！然諸儒講論六藝之文章鮮傳焉；以無裒集之者故也。漢儒説經，各有家法，不爲嚮壁虚造。群經義疏之學，盛於六朝。皇、熊、沈、劉之倫，著録繁夥。至唐孔沖遠修訂《五經正義》，賈、元、徐、楊諸家賡續有作，遂遍諸經；百川洄注，瀦爲淵海；信經學之極軌也！宋時周、程、張、朱諸子講明義理，而名物制度猶必以漢儒爲宗。逮至元明，講章時文之習勝，率多高心空腹，束書不觀，而經術日衰矣。

我國家重熙累洽，列聖相承，尊經重學，頒御纂欽定之書於天下；而又廣開四庫，搜羅秘逸，兩舉鴻博，一舉經學，天下之士，靡然嚮風。二百年來，專門名家者，於《易》則有半農、定宇惠氏父子惠士奇、惠棟、臯聞張氏張惠言、理堂焦氏焦循。於《書》有艮庭江氏江聲、西莊王氏王鳴盛、淵如孫氏孫星衍。於《詩》有長發陳氏陳啓源。於《春秋》有復初顧氏顧棟高。於《公羊》有顨軒孔氏孔廣森。於《禮》有稷若張氏張爾岐、慎修江氏江永、易疇程氏程瑶田、次仲淩氏淩廷堪。於《爾雅》、《説文》、音韻有亭林顧氏顧炎武、東原戴氏戴震、二雲邵氏邵晉涵、懋堂段氏段玉裁、石臞王氏王念孫。於諸經，言天文則勿庵梅氏梅文鼎，言地理則東樵胡氏胡渭、百詩閻氏閻若璩，言金石文字則竹汀錢氏錢大昕。其讀書卓識，超出前人，自闢塗徑，爲諸儒所未及者約有數端：

一曰“辨群經之僞”。如胡氏胡渭之《易圖明辨》辨河圖洛書、先天後天各圖，非《易書》本有。王氏王楙竑之《白田雜著》辨《周易本義》前九圖非朱子所作。閻氏閻若璩《古文尚書疏證》、惠氏惠棟《古文尚書考》辨東晉晚出之《古文孔傳》，爲梅賾僞託。毛氏毛奇齡《詩傳詩説駁議》辨子貢傳申培説，爲豐坊僞撰。是也。

一曰“存古籍之真”。如《易經》二篇，《傳》十篇，本自別行。王弼作注，始分《傳》附《經》。朱子《本義》復古十二篇。而明時修《大全》用《程傳》本，以《本義》附之；後坊刻去《程傳》，專存《本義》，仍用《程傳》本，而朱子書亦失其舊。自御纂《周易折中》改從古本，學者始見真面目。惠氏惠棟《周易本義辨證》詳言之。又如竹君朱氏朱筠之倡刊《説文》始一終亥之本，通志堂納蘭性德、抱經堂盧文弨之校刊《經典釋文》全書，是也。

一曰“發明微學”。惠氏惠棟之《易漢學》、《周易述》。張氏張惠言之《周易虞氏義》、《虞氏消息》。江氏江聲之《尚書集注音疏》。孫氏孫星衍之《尚書今古文注疏》。王氏王念孫之《廣雅疏證》。段氏段玉裁之《説文注》。黃梨洲黃宗羲、梅勿庵之本《周髀》言天文。邵二雲之重疏《爾雅》。焦理堂之重疏《孟子》。是也。博按：陳奐之《詩毛氏傳疏》，孫詒讓之《周禮正義》，作者①之《儀禮正義》，陳立之《公羊義疏》鍾文烝之《穀梁補注》，郝懿行之《爾雅義疏》，皆有所發明，徒以後出不之及，茲故爲補之於此。

一曰“廣求遺説”。余氏余蕭客之《古經解鉤沈》，任氏任大椿之《小學鉤沈》，張氏張惠言之《周易鄭氏義》、《周易荀氏九家義》，孫氏孫星衍之《尚書馬鄭注》，邵氏邵晉涵之《韓詩内傳考》，洪氏洪亮吉之輯鄭、賈、服諸家説爲

① 作者，指胡培翬。

《左傳詁》，臧氏臧鏞堂之輯《儀禮·喪服》馬王《注》、《禮記》盧植《解詁》、《月令》蔡邕《章句》、《爾雅》古注是也。博按：《書》有陳喬樅之《今文尚書經説考》、《尚書歐陽夏侯遺説考》；《詩》有陳壽祺之《三家詩遺説考》，陳喬樅之《四家詩遺文考》、《齊詩翼氏學疏證》，迮鶴壽之《齊詩翼氏學》，《左傳》有李貽德之《春秋左傳賈服注輯述》，皆後出爲作者所未見，兹補録之。

一曰“駁正舊解”。江氏江永之《深衣考誤》，辨深衣非六幅交，解爲十二幅；《鄉黨圖考》辨治朝本無屋無堂。顧亭林《左傳杜解補正》、顧復初《春秋大事表》皆糾《杜注》諒闇短喪之謬。戴東原《聲韻考》以轉注爲互訓，歷指前人解釋之誤。是也。

一曰“創通大義”。顧氏顧炎武之《音學五書》分十部，江氏江永之《古韻標準》分十三部，段氏段玉裁之《六書音均表》分十七部以考古音。王尚書王引之之《經傳釋詞》標舉一百六十字以明經傳中語詞非實義。淩教授淩廷堪之《禮經釋例》分《通例》、《飲食例》、《賓客例》、《射例》、《變例》、《祭例》、《器服例》、《雜例》以言禮之節文等殺。焦理堂之《易通釋》以數之比例，求易之比例，以易解易，觸類求通而悟旁通、相錯、時行之三義。是也。博按：成蓉鏡之《周易釋爻例》，俞樾之《易窮通變化論》、《周易互體徵》，魏源之《書古微》、《詩古微》，莊存與之《周官記》，邵懿辰之《禮經通論》，劉逢禄之《春秋公羊經何氏釋例》，柳興恩之《穀梁大義述》，許桂林之《穀梁釋例》，劉師培之《左傳例略》，俞樾之《古書疑義舉例》，陳玉澍之《爾雅釋例》，皆能創通大義，徒以後出爲作者所未見，故不及。

凡此皆本朝經學之卓卓者。其他閉户研求，以其所得筆之於書，不可殫述。蓋惟上有稽古同天之聖人，而後下之服習者衆，彬彬乎超軼前代也！諸儒所注群經，成書具在；而其散見於文集者，或與友朋辨論經義，或剖析古今疑旨，或所注之經，句詮字釋，關涉大義者，别爲文發之；又有札記之書，所釋非一經，經不數條，顧較通釋全經者時有創獲；裒而輯之，誠通經之軌轍已！然而諸儒著述，散在人間，爲類甚繁，非博聞多識好學深思之君子，未易攬其全，集其成也！涇邑朱蘭坡先生以許、鄭之精研，兼馬、班之麗藻。出入承明金馬著作之庭二十餘年。内府圖籍，外間所未見者輒録副本；先世培風閣藏書最審，而其萬卷齋所得秘本尤多，於是博采本朝説經之文，覈其是非，勘其同異，分類編録，名曰《詁經文鈔》，凡《易》八卷，《書》八卷，

《詩》八卷[1]，《春秋》八卷，《周禮》十卷，《儀禮》五卷，《禮記》五卷，《三禮總義》十卷，《論語》、《孟子》附《群經義》共五卷，《爾雅》一卷，《説文》一卷，《音韻》一卷，總七十卷；《續鈔》又已積二十卷；其文多鈔自諸家集中；而解經之書，有分段箋釋，自成篇章，亦同録入。尋其義例[2]，宗主漢儒，惟取證實之文，不取蹈空之論。至於一事數説，兼存並載以資考證，蓋欲讀者因文通經，非因經存文也。培翬曩歲在都，追陪講論，飫聞大旨；今獲睹是書之成，奉命作序，自慚膚末，無裨高深，惟敬述我朝經學之盛，與是書所以嘉惠藝林之意，揭之於篇以諗來者。

陳壽祺　《經郛》條例

《經郛》薈萃經説，本末兼賅，源流具備，闡許、鄭之閎眇，補孔、賈之闕遺，上自周秦，下迄隋唐，網羅衆家，理大物博。漢魏以前之籍，搜采尤勤，凡涉經義，不遺一字。其大端有十：一曰“探原本”。以經解經，厥義最古；如《三傳》、《禮記》所引《易》、《書》、《詩》，《爾雅》所釋《詁》、《言》、《訓》，是也。二曰“鉤微言”。奥訓眇辭，注家闕略；如《説文》所解，《廣雅》所釋，是也。三曰“綜大義”。發明指歸，會通典禮，如荀子之論禮樂，董子之論《春秋》史志，《通典》之曆議、禮議、服議，是也。四曰“存古禮”。三代遺制，周人能言；如《左氏傳》之稱《禮經》，《小戴記》之載《雜説》，是也。五曰“存漢學”。兩京家法，殊塗同歸，載籍既湮，舊聞廑見；如《史記》載《尚書》多古文説；《白虎通》引經，多今文説；《漢書·五行志》，多《三傳》先師之説；《五經異義》，多石渠議奏之説；是也。六曰“證傳注”。古人解經，必無虚造，間出異同，皆有依據；如《毛傳》之合於《雅詁》，《鄭箋》之涉於魯、韓，是也。七曰“通互詮”。一家之説，或前後參錯而互相發明；如《鄭志》之通諸注差互，《箴膏肓》、《發墨守》、《起廢疾》之别《三傳》短長，是也。八曰“辯剿説”。晉代注家，每摭拾前人而不言所自；如《僞孔尚書傳》之本於王肅，杜預《左傳注》之本於服虔，郭

① “《詩》八卷”三字，原脱，今據《〈詁經文鈔〉序》補。

② 例，原作“調”，今據《〈詁經文鈔〉序》改。

璞《爾雅注》之本於樊孫，是也。九曰“正謬解”。大道多歧，習非勝是。實事求是，擇焉必精；如《易》之象數明，則輔嗣之玄宗可退；《書》之訓詁覈，則仲真主《僞傳》可排；是也。十曰“廣異文”。古籀篆隸，易時遞變；衆家授受，傳本不同；如《説文》之古文，《玉篇》之異字，《漢碑》之異體，《經典釋文》之異本，是也。統諸十端，囊括古今，誠六藝之潭奧，衆論之苑囿！今仍釐爲條例如左，覽者詳之。

一、以經注經，此爲漢學之先河。六藝指歸，具見《爾雅》。博文明事，首推《孟子》。《坊》、《表》二記，動引《詩》、《書》。《燕》、《聘》諸義，本詮《儀禮》。《春秋左氏傳》，説經尤夥；元亨利貞之辯，黄裳元吉之解，夏后之九功九歌，文、武之九德七德。《卷耳》能官人，則《大戴記》、《逸周書》具之。《虞書》數舜功，則四凶、十六相詳之。豈獨王應麟所舉《外傳》叔向、單穆公、閔馬父、左史倚相、觀射父、白公、子張諸人，其言有功聖學，在漢儒訓詁之前哉！今並輯録以資討源。

一、經中援經，有不標經名，實據經義者。如《禮記·檀弓》“仲遂卒於垂”云云，即據《春秋·宣八年》之文。《王制》“天子五年一巡狩”至“歸格[1]於祖禰用特”，即據《尚書·堯典》之文。《文王世子》“庶子之正於公族”以下，即據《周官》諸子、司士、甸人諸職之文。《燕義》篇首亦引《周官》庶子之文。《郊特牲》“鄉人禓”云云，即據《論語》“鄉人儺”之文。“大羅氏”云云，即據《周官》羅氏之文。《郊特牲·冠義》以下，即據《儀禮·士冠禮》之文。《内則》“凡食齊視春時”以下，即據《周官》食醫、庖人之文。此類必由經傳洽孰，乃能左右逢源。《逸周書》中如《職方解》，《大戴禮記》中如《哀公問》、《曾子大孝》、《諸侯釁廟》、《朝事》、《投壺》、《本命》諸篇，有與《周官》、《小戴記》相出入者，宜皆詳録。至乃孤章斷句，文字異同；或其本傳習各殊；如《公羊·文十二年傳》引“惟諓諓善諍言”云云。《禮記·緇衣》引《周田》“觀文王之德”，是也。或其詞檃括相就；如《左氏·〈隱六年〉、〈莊四年〉傳》並引《尚書》有“惡之易也”四字；《僖十三年、三十三年，昭二十年傳》並引《康誥》“父子兄弟罪不相及”之語，是也。舉此見例，他經可推。

---

① 格，《禮記·王制》今通行本作“假”，《尚書·堯典》作“格”。

一、經中援經證事，本非釋經。然如《左氏·隱元年傳》：君子曰："潁考叔，純孝也！愛其母，施及莊公！《詩》曰：'孝子不匱，永錫爾類。'其是之謂乎！"《大雅·既醉》鄭箋即轉引此傳爲説；則左氏最先得經意矣！此類義在探原，亦宜詳録。

一、經中引經，如《禮·坊記》引高宗云："三年其惟不言，言乃讙。"《檀弓》同。鄭注：高宗名篇在《尚書》。《喪服四制》引《書》曰："高宗諒闇，三年不言。"《論語》同。下云"載之書中而高之，故謂之高宗"。則此語當在高宗之訓，而非《無逸》所稱。《左氏傳》引《夏書》曰"維彼陶唐"，至"乃滅而亡"，賈、服、孫、杜皆解爲夏桀之時，《夏書》止於《允征》，當仲康世；則此語當在百篇之外，而非《尚書》所有。此類歸之逸經，附每經後。

一、所采群經，皆取其援引他經者。至於一篇之内，前後相承；數卷之間，異同互見；義具本書，無庸贅録；如三傳之釋《春秋凡例》，是也。惟《禮記》爲七十子之徒，各述所聞，辭非一家，事有萬族，義類繁博，錯綜紛拏，爲之條分櫛比，則不獨會通本書；且參校古制，愈於后倉推士禮而致於天子之禮。又春秋時，周禮在魯；左氏魯人而善於禮；傳中援禮最詳，所稱"先王之制"，"先王之令"，皆是物也；是故發凡起例，咸周公之禮經，三聘五朝，乃文襄之霸制，蓋非好學深思，不能心知其意。今於此二書，特廣條緒，異乎他經；剖纖析微，實有裨於禮學。

一、《春秋》三傳事迹，它書所載，多相出入。明薛虞畿有《春秋別典》，國朝陳厚耀有《春秋戰國異詞》，今不重采。

一、《説文解字》引經之例：有用正訓與次訓不相蒙者；如《口篇》"嘽[①]"字，引《詩》"嘽嘽駱馬"，義爲"喘息"；與"喜也"之訓隔。《齒篇》"齻"字，引《春秋傳》"晳齻"，義爲"齒相值"，與"齧也"之訓隔，是也。有用次訓與正訓不相蒙者；如《人篇》"假"字，引《虞書》曰"假於上下"，義爲"至"，不與"上非真"之訓相屬。《土篇》"垐"字重文"堲"，引《虞書》曰"龍，朕堲[②]讒説殄行"，義爲"疾惡"，不與上"以土增大道上"之訓相屬，是也。有字止一訓，引經爲假借者；如"玫"訓"人姓"，

① 嘽，原誤作"禅"，下文"躋"誤"漿"、"哼"誤"哼"、"吚"誤"嚁"，"杌隉"誤"柳楻"，今並據《説文解字》與《〈經郛〉條例》原文改正。

② 朕堲，原誤倒爲"堲朕"，今據《尚書》乙正。

《商書》借爲“無有作攷”。“哼”訓“口氣”，《詩》借爲“大車哼哼”。“蹸”訓“行皃”，《詩》借爲“管磬蹸蹸”。是也。至若“蘼”訓“艸木相附，麗土而生”，引《易》“百穀草木蘼於地”，與本義合。《易釋文》云：“草木麗，《説文》作蘼”；是唐以前《説文》如此。《玉篇》引《易》同《説文》，是顧野王尚見《漢易》有作“蘼”字者。“寷”訓“大屋也”，引《易》“寷其屋”，與本義合。《釋文》云：“豐其屋，《説文》作寷”；是唐以前《説文》如此。《廣雅》：“寷，大也。”是張揖尚見漢《易》有作“寷”字者。則不必執古文《易》之本字，不爲“蘼”爲“寷”也。“藝”訓“至也”，讀若“摯”同；一曰“《虞書》雉藝”，與鄭君《尚書注》“摯之言至”合。“炪”訓“火光”，當依《類篇》所引，光上增不字。引《商書》曰“予亦炪謀”，與《經》“予若觀火”義相應。“皷”訓“迮也”，引《周書》“常皷常任”；“迮”爲迫近之義，“常皷”爲近侍之官，與揚雄、胡廣《侍中箴》合。“詷”訓“共也”，引《周書》“在后之詷”，與馬融本《尚書》合；與《禮記》注“詷之言同”亦合。則不必執《古文尚書》之本字不爲“藝”爲“炪”爲“皷”爲“詷”也。此類循文考義，務在求是，不可苟同，亦不可立異。

一、《説文》引經，因文散舉，雖繁簡錯綜，皆可尋其條理。故有上下數文輒隨字類繫者；如《示篇》“祡”字，引《虞書》；下文“禷”字，即釋“類於上帝”。《玉篇》“瑗”字，引《爾雅》；下文“環”字，即舉“肉好若一謂之環”。“瑁”字引《周禮》；上文珽、瓛、瑒字即並舉玉人之文，是也。有一句數字，輒隨字類繫者；如《玉篇》“玕”引《禹貢》“球琳琅玕”；上文即載“琅”字。《牛篇》“犉”引《春秋傳》“牻犉”；上文即載“牻”字。《口篇》“唸”引《詩》“民之方唸吚”；下文即載“吚”字，是也。又有不著經名，實用經語者；如《示篇》“祠”字注“仲春之月”云云，用《月令》文。“祅”字注“地反物爲祅”，用《左氏傳》文，是也。有不著經名，實係經字者；《潛研堂答問》嘗舉異文“塙”、“昏”、“祓”、“捊”、“扴”、“戠”等三百餘字，有合有違，宜別擇之；此外尚多，更當搜采。有引某説，即係經説者；如《卜篇》“貞”字，引京房説，即京《易章句》釋“貞”字之義。《卣篇》“皀”字引徐巡説，即釋《尚書》“寬而栗”之義。《自篇》“隉”字引徐巡説，即釋《秦誓》“邦之杌隉”之義。巡受《古文尚書》。《心篇》引博士説，即三家《尚書》説《洪範》之文。《五經異義》可證。《水篇》“溺”、“濕”、“汶”

字，引桑欽説，即釋《禹貢》之文。欽受《古文尚書》。《茻篇》“𦼮”字引衛宏説，即宏《古文尚書訓》旨釋《皋陶謨》“黼𦼮”之文。《玉篇》“玭”字引宋宏説，即釋《禹貢》“玭珠”之文。宏從孫登少傳《歐陽尚書》，見《後漢書·登傳》；然則宏亦爲今文之學者歟？《凡篇》“𥥍”字引歐陽喬説，喬高義同，形聲近。即《歐陽尚書章句》釋《牧誓》“如豺如離”之文。據《史記·周本紀》引《牧誓》可證。《木篇》“椅”字引賈侍中説，似侍中《四家詩同異》中説“椅桐梓漆”之文。《牛篇》“犧”字引賈侍中説，似《古文尚書訓》中説《微子》“犧牲牷”之文。《酉篇》“酏”字引賈侍中説①，似《周官解詁》中釋酒正之文。《亞篇》引賈侍中説，似《左氏傳解詁》中釋文六年《傳》“爲亞卿焉”之文。《辵篇》“造”引譚長説，亦釋《禮記·王制》造士之文。其餘稱賈侍中説者或非經解，貴審别擇，庶無誤收。

一、《説文》引經，有散見於它字讀法中者，但須節録其句。如《竹篇》“䈇”讀若《春秋》“魯公子彄”。《言篇》“誃”讀若《論語》“跢予之足”之類。至於“𨓈”讀若《春秋傳》曰“輔𨓈”，“辵”讀若《公羊傳》曰“辵階而走”，“竄”讀若《虞書》曰“竄三苗”之竄，“𢧀”讀若《詩》“𢧀𢧀大猶”，即用本字爲音，與全書之例不合；近儒以爲傳寫淆訛。案此或“讀若”下脱一比音之字。“之竄”二字則衍耳。傳寫者未必改注中易識之“竄”、“秩”、“竄”、“𢧀”也。又如“繻”既“需”聲，又言“讀若《易》‘繻有衣’”，則“讀若”二字爲衍也。又如引《書》“栞”讀若刊，“圛”讀若驛，而今本《尚書》即爲刊字驛字。引《春秋》“𨛜”讀若聶，而今本《春秋》即爲聶字。此類或由後人改易，相沿至今。或古文今文，傳授異本。

一、《説文》引經之字，重文者，有古文、籀文、篆文或字諸體；並附載。

一、小學之書，《説文》、《廣雅》最與《爾雅》相輔，詁訓名物，敷證極博，輒依部居，逐字甄采。《玉篇》以下頗經竄亂，必擇明引經句者録之。旁至漢魏碑銘，《釋藏》音義，文字異同，靡不搜討。

一、漢儒傳注，有古學今學之分；必先考其家法，然後異同可辯。鄭司農先事京兆第五君，通《京氏易》、《公羊春秋》；又從東郡張恭祖受《周官》、

① 原脱“似《古文尚書訓》……賈侍中説”，今據《經郛》補。

《禮記》、《左氏春秋》、《韓詩》、《古文尚書》；又因涿郡盧植事扶風馬融。其自序云："遭黨錮之事，逃難，注《禮》。黨錮事解，注《古文尚書》、《毛詩》、《論語》。爲袁譚所逼，來至元城，乃注《周易》。"《鄭志》："炅模問《坊記》注以《燕燕》爲定姜之詩？答云：'爲記注時，執就盧君，先師亦然。'"後得《毛公傳》，而爲《詩注》更從毛本。故鄭君注《禮》，《易》用京氏，《詩》用韓、魯，《公羊春秋》用顔氏。此其證也。典午以後，家法遂亡。河洛之間，尚遵古學。迄於唐初，得失參半。今自見存两漢傳注以下，唐人義疏以前，及諸散佚古注，凡釋此經而引彼經者，並采；所以博存異義，補綴闕遺。

一、群經佚注，近多編輯成書，並雅材好博，收拾闕遺。今所纂經説，系取諸諸家章句之外；凡諸佚注，不盡復録；然采獲浩博，篇牘牽連，即莫不貫串其中，闕漏亦鮮矣！

一、《經典釋文》所采諸本異字，諸家異讀，並録。

一、僞書如《家語》、《孔叢子》之類亦采者，如讞獄之當具两造。

一、周秦諸子，未遭燔經。漢儒先師，荀卿最近。賈傅、董生絶學如綫。淮南、劉向雜家博收，《論衡》以下，條緒可尋。訖於《家訓》，辨難頗覈。它如宏景《藥録》，多通雅詁。甄鸞《算術》，專釋五經。今並肴覈百家，溯洄六學，例諸介純夏憮，廣徵尸子之大名；槐檀柞楢，旁援《鄒書》之改火。

一、史部起《史記》迄《唐書》，稽討志傳，鉤提疏議。二京經業，可一字而千金。五代儒林，孰重南而輕北？至於《通典》之淹貫《禮》説，《水經注》之研覈地理，闡助經義，是爲閎博。

一、子注史注有涉經義者，並采以資證明。其爲訓釋本書，使文義易曉者，稍擇最要，附綴每條。

一、逸緯及唐以前逸子、逸史、别史、傳記有涉經義者，悉采。

一、六朝以前通人纂著，史傳而外，文集間存，苟於經術有裨，不廢采求散佚。

一、采書悉仍原文，寧詳毋略，每書必標每卷每篇以明所徵。有據善本訂誤者，附注其下。

一、卷首仿《經典釋文》之法，爲序録若干卷，以稽家法，考廢興。

一、總經編纂之例，凡宏章鉅典，衆論如林，及閎説眇旨，綜括經解，皆提綱挈領，不宜破碎；取劉向《别録》之法，爲通論若干卷；取班固《白虎通義》、杜佑《通典》之法，爲目若干條。

一、分經編纂之例，逐條排比，離析章句，各依漢儒家法。其古學今學，焯然可知者，循其義類，按次綴輯。有所闕疑，以類附當篇末。

一、編纂之例，每條先揭本經篇名，次録所采之書。《易》上下經題某卦。《書》、《詩》、《儀禮》、《禮記》、《爾雅》題某篇。《周禮》題某職。《春秋三傳》題某公某年。《論語》、《孝經》、《孟子》題某章。文字異者，悉標經句以便循省。其爲傳注證明者，並列傳注本文於章句下。

蒙文通　議蜀學

清代經術之明，稱軼前世！乾嘉之間，家研許、鄭氏書，博名物，窮訓詁，造述之宏，不可遍計而周數也！迄乎近世，特識之士，始喟然慨清儒之無成；獨贊古音之學，實能於散漫繁惑之中，明其統理，斯爲足尚；則清學之窮矣！

夫清儒述論，每喜以小辯相高，不務守大體；碎辭害義，野言亂德，究曆數，窮地望，卑卑於文字章句之末；於一經之大綱宏旨或昧焉！雖矜言師法，又未能明於條貫，曉其義例；求其能若惠氏惠士奇、惠棟、張氏張惠言之於《易》，孔氏孔廣森、莊氏莊存與之於《春秋》，金氏金榜、淩氏淩廷堪之於《禮》者，殆不可數數覯！則清學之敝爲不可諱也！

道窮則變，逮其晚季。而浮麗之論張，儒者侈談百家之言，於孔氏之術稍疏；經術至是，雖欲不改弦而更張之，誠不可得！井研廖先生廖平崛起斯時，乃一屏碎末支離之學不屑究，發憤於《春秋》，遂得悟於禮制。《今古學考》成，而昔人説經異同之故，紛紜而不決者，至是平分江河，若示諸掌；漢師家法，秩然不紊。蓋其識卓，其斷審，視劉宋以下，遊談而不知其要者。固倜乎其有辨也！故其書初出，論者比之亭林顧氏顧炎武之於古音，潛邱閻氏閻若璩之於《古文尚書》，爲三大發明。於是廖氏之學，自爲一宗；立異前哲，岸然以獨樹而自雄也。蓋三百年間之經術，其本在小學，其要在聲韻，其詳在名物，其道最適於《詩》、《書》，其源則導自顧氏者也。廖氏之學，其要在《禮經》，其精在《春秋》，不循昔賢之舊軌，其於顧氏固各張其幟以相抗者也。世之儒者，競言許、鄭氏學，然徒守《説文》、《禮注》耳。廖氏本《五經異義》以考两漢學説，今古家法，釐然不亂；此獨非許、鄭之學乎？今古之學既明，則孫、黄、胡、曹之禮書爲可廢。此左庵先生《周禮古注集疏》之所由作也。然不有乾嘉諸儒之披荊榛，尋舊詁，以導乎先路；則雖有廖氏無所致其功。惟廖氏之學既明，則後之學者可以出幽谷，遷喬木。於擇術誠不可不審也！

尋廖氏之學，則能推知後鄭之殊乎賈、馬；而賈、馬之别乎劉歆；劉歆之别乎董、伏、二戴；漢儒説經分合同異之故，可得而言。左庵先生其最也！斯豈乾嘉老碩所及知乎！左庵四世專左氏之學；及既入蜀，朝夕與廖氏討校，專究心於《白虎通義》、《五經義異》之書；北遊燕、晉；晚成《周官古注集疏》、《禮經舊説考略》；曰："二書之成，古學庶有根底，不可以動摇也！"左庵之於廖氏，儻所謂盡棄其學而學焉者耶！其尊推廖氏也，曰："貫徹漢師經例；自魏晉以來，未之有也！"則海内最知廖氏學者，宜莫過於左庵。今世紛紛言今古學；而左庵《禮疏》全帙未顯；則古學可得而言乎！廖氏欲作《王制義證》，康更生欲作《孔子會典》，又皆不成；則經學可得而言乎！昧者不察，乃拘牽於文字異同之故以立論；斯亦遊談夢囈已耳！豈足道哉！

廖氏既成《今古學考》，遂欲集多士之力，述《十八經注疏》，以成蜀學。夫伊、洛當道喪學絶之後，猶能明洙泗之道，紹孟學之統，以詔天下。蜀人尚持其文章雜謾之學，以與朔、洛並驅。自顧氏以迄於今，其道已敝！吴越巨儒復已悔其大失；則蜀中之士，獨不思闡其鄉老之術以濟道術之窮乎！是則承學之士，所宜熟思而慎擇者也！然吾之所以欽夫廖氏，匪曰《禮經》焉爾！而尤樂其論《春秋》。三傳異同，爲學者所難明，由來舊矣！廖氏匡何、范、杜、服之注，以闡傳義；復推公、穀之文，孰有先師之故義，孰爲後師所演説；本之於經以折中三傳之違異。蓋自五家並馳以來，言《春秋》，固未有盛於此日者也！漢儒窘於師法，是謂知傳而不知經。宋儒於傳猶有所未喻，則經於何有！清儒之高者，或能發明漢師之説，是謂知注。下者視六藝，猶《説文》、《漢書》已爾！何足道哉！惟先生本注以通傳，則執傳以匡注；由傳以明經，則依經以訣傳。左庵謂廖氏長於《春秋》，善説《禮》制。吾謂廖氏之説《禮》，魏晉以來，未之有也！至其考論《春秋》，秦漢而下，無其偶也！七十子喪而大道乖。穀梁屬傳，當尸子、孝公之世；蓋自子夏之歿，徒人各安其意以離其真，而《春秋》晦！先生起數千載之下，獨探其微緒，中其本義，不眩惑乎三家之言。謂廖氏之言《春秋》，僅次遊、夏而已可也！則亦司馬、北宮之徒乎！六國而後，未易比擬！嗚呼！亦已偉矣！近者先生方論《詩》、《易》於錦城，闡其六變之説，蓋其道益以幼眇難知。而愚方滯隃中，尚未得聞其指要，不敢論；以俟面聆天人六譯之緒者贊而辨之！

考證：

廖氏本《五經異義》以考两漢學説，今古家法，釐然不亂；此獨非許、鄭之學乎？〇博按漢學經生有專家，有通學。《詩》之有《毛公傳》，《春秋公羊》之有何休學，專家之學也。至許慎則時人爲之語曰“五經無雙許叔重”，而鄭玄自稱“博稽六藝”；通學也。大抵西京多專家。後漢喜通學。而許、鄭則通學之桀。其著書可考見者，《後漢書·儒林傳》曰：“許慎以五經傳説，臧否不同，於是撰爲《五經異義》。又作《説文解字》十四篇，皆傳於世。”夫《説文》集詁訓之大成，既爲清儒古文學者所宗；而《異義》明今古之異學，亦爲清儒今文學者所寶。《異義》，許慎所撰，鄭玄有駮；隋唐《經籍志》著録十卷；宋時已佚。近人編輯，有秉水王復本，陽湖莊葆琛本，嘉定錢大昕本，曲阜孔廣森本，閩縣陳壽祺本。而陳本上中下三卷，最晚出，有條理，疏證亦極精覈。井研廖平本《五經異義》以考两漢學説，《今古學考》成，而昔人説經異同之故，紛紜而不決者，至是平分江河。漢師家法，秩然不紊，而《五經異義》之學蔚爲大觀。《異義》之有廖氏，猶《説文》之有段玉裁也。《後漢書·鄭玄傳》云：“凡玄所注《周易》、《尚書》、《毛詩》、《儀禮》、《禮記》、《論語》、《孝經》、《尚書大傳》、《中候乾象曆》。”傳於後者，有《毛詩箋》，《〈周禮〉〈儀禮〉〈禮記〉注》。番禺陳澧《東塾讀書記》曰：“《六藝論》云：‘注《詩》宗毛爲主。毛義若隱略，則更表明；如有不同，即下己意，使可識別也。’《釋文》引。此鄭君注經之法，不獨《詩箋》爲然！《周禮序》云：‘二鄭，同宗之大儒，今贊而辨之。’贊即表明也，辨即下己意也。《後漢書·儒林傳》云：‘鄭玄本習《小戴禮》，後以古經校之，取其義長者。’何平叔《論語集解序》云：‘鄭玄就《魯論》篇章，考之《齊》、《古》，爲之注。’《尚書注》雖已佚；焦里堂輯《禹貢注》而釋之云：‘《鄭注》一本於班氏《地理志》，間有不合者，必別據《地説》等書，明言所以易之之義。’然則鄭君注《周禮》、《儀禮》、《論語》、《尚書》，皆與箋《詩》之物無異，有宗主亦有不同，此鄭氏家法也。何邵公《墨守》之學，有宗主而無不同。許叔重《異義》之學，有不同而無宗主。惟鄭氏家法兼其所長，無偏無弊。”闡明鄭學，可謂深究流別者矣！

丙集序目

子學之部

莊子　《天下篇》

太史公談　《論六家要指》

劉孚京　《諸子論甲》儒家

陳三立　《讀〈荀子〉》

劉孚京　《諸子論乙》道家

陳三立　《〈老子注〉序》

章炳麟　《〈莊子《齊物論》釋〉序》

陳三立　《讀〈列子〉》

謝無量　《〈韓非〉敘略》

孫詒讓　《〈墨子閒詁〉序》

戴望　《汪仲伊〈握奇圖解〉序》

姚鼐　《讀〈司馬法〉〈六韜〉〈孫子〉》

汪中　《〈吕氏春秋〉序》

梅曾亮　《〈淮南子〉書後》

右文十一家，所以辨章子學之源者也。昔南皮張之洞教學者，窮經之後，繼以讀子，謂“子有益於經者三：一證佐事實，一證補諸經佚文譌文；一兼通古訓古音韻。然此猶淺之乎言諸子也。大抵天地間人情物理，下至猥瑣纖末之事，經所不能盡者，子部無不有之；其趣妙處，較之經史，尤易引人入勝。故不讀子，不知瓦礫糠粃，無非至道。不讀子，不知文章變化，無可端倪也。”見《輶軒語》。然讀子書，不可不知諸子之所自起與其宗旨以盡其流別。今録《莊子·天下篇》，所以明諸子之自起。録太史公談《論六家要旨》，所以明諸子之宗旨。而録劉孚京《諸子論》以下八家，則所以盡諸子之流別也。然而有未盡者，請得而拾其闕遺焉。

班固《漢書·藝文志》著録諸子十家曰：儒家、道家、陰陽家、法家、名家、墨家、縱横家、雜家、農家、小説家；而許爲可觀者，儒、道、陰陽、法、名、墨、縱横、雜、農九家而已。然余觀縱横一家，僅蘇秦、張儀數人，恃其利口捷給，捭闔短長，遊説王公大人，以取一時富貴，夸誕無學，固與遠西之雄辯家絶殊。而雜家之學，兼儒墨，合名法，宗旨不純，又奚名家？蓋家則不雜，雜則非家，未可兼而稱之也。至農家者流，播百穀，勸耕桑以足衣食；樊遲請學稼，疑汲其流，然孔子斥之曰“小人哉！”見《論語·子路第十三》。孟子時，有爲並耕之説者許行，自託於神農之言；《孟子·滕文公上》。然其書不概見，則卑之無甚高論矣！寧衹小説者流之媿於小道，泥於致遠也！然則諸子十家，可觀者惟儒、道、陰陽、法、名、墨六家而已。而儒與道德二者，尤爲一切學術之所宗焉。

余讀司馬遷《史記·老子韓非列傳》贊：“申子卑卑，施之名實；韓子引繩墨，切事情，明是非；其極慘礉少恩，皆原於道德之意。”則是申、韓法術之學，原於道德也。老子所貴道，虚無因應，變化於無爲，而爲法術之所自出。余讀尹文子之言曰：“道不足以治，則用法。法不足以治，則用術。術不足以治，則用權。權不足以治，則用勢。勢用則反權，權用則反術，術用則反法，法用則反道，道用則無爲而自治。故窮則徼終，徼終則反始，始終相襲，無窮極也。”見《伊文子·大道上》。則是法術出於道，又反入於道，始卒若環，莫得其倫也。然則申、韓之原道德，特以不同形相禪耳！申不害之學，原於道德之意，而主刑名，以名責實，尊君卑臣。其佚文曰：“名者，天地之綱，聖人之符，張天地之綱，用聖人之符，則萬物之情無所逃之。故善爲主者倚於愚，立於不盈，設於不敢，藏於無事，竄端匿迹，示天下無爲；是以近者親之，遠者懷之。示人有餘者，人奪之。示人不足者，人與之。剛者折，危者覆；動者搖，静者安。名自正也，事自定也，是以有道者自名而正之，隨事而定之也。”見《群書治要》引《大體篇》。著書二篇，號曰《申子》；相韓昭侯十五年，國治兵强，無侵韓者！申子言術，而衛鞅爲法。法者，人臣之所師；而術者，人主之所執。法者，賞存乎慎法，罰加乎奸令，編著之圖籍，設之於官府而布之於百姓者也。術者，因任而授官，循名而課實，藏之於胸中，以偶萬端而潛御群臣者也。詳見《韓非子·定法第四十三》。故術不欲見，而法莫如顯。術用在潛，而法行以信。衛鞅之書曰：“吏明[①]知民知法令也，故吏不敢以非法遇民，民不敢犯法以干法官也。故聖人爲法，必使之明白易知。”見《商君書·定分第二十六》。此“法莫如顯”之説也。又曰：“國皆有法而無使法必行之法。國皆有禁奸邪刑盜賊之法，而無使奸邪盜賊必得之法。聖人有必信之性，又有使天下不得不信之法。”見《商君書·畫策第十八》。“此法行以信”之説也。秦孝公善其言，用爲相，變法更令，傳《商君書》二十九篇，亡者五篇。顧韓非患衛鞅之無術，而又病申子未盡法，於是綜法術道德，著書五十五篇。其言曰：“道者，萬物之始，是非之紀也。是以明君守始以知萬物之原，治紀以知善敗之端，故虛静以待令，令名自命也，令事自定也。虛則知實之情，静則知動者正。有言者自爲名，有事者自爲形。形名參同，君乃無事焉，歸之其情，故曰‘君無見其所欲’。道在不可見，用在不可知。虛静無事，以闇見疵。見而不見，聞而不聞，知而不知。知其言以往，勿變勿更，以參合閲焉。官有一人，勿令通言，則萬物皆盡。函掩其迹，匿其端，下不能原。去其知，絶其能，下不能意。”見《韓非子·主道第五》。此所以明術也。又曰：“十仞之城，樓季勿能踰者，峭也。千仞之山，跛牂易牧者，夷也。故明王峭其法而嚴其刑也。布帛尋常，庸人不釋。爍金百鎰，盜賊不掇。不必害，則不釋尋常。必害手，則不掇百鎰。故明主必其誅也。是以賞莫如厚而信，使民利之。罰莫如重而必，使民畏之。法莫如一而故，使民知之。故主施賞不遷，行誅無赦。”見《韓非子·五蠹第四十九》。此所以飭法也。其極慘礉少恩，皆原於道德之意。然道德者，術之所自出。而爲法者，道之所不許。

① 明，原誤作“民”，今據《商君書》改。

何以明其然？老子言："民不畏死，奈何以死懼之。"見《道德經》第七十四章。太史公《酷吏列傳》亦引老子書"法令滋章，盜賊多有"之説，而云"法令者治之具，而非制治清濁之源"。然則爲法者，道之所不許。此太史公列傳所爲别署商君，而不以同於申、韓，次之老莊之後者也。惟老莊兼綜有名無名，闓道於玄；而申不害貴名之正，韓非亦言"刑名參同"，齗齗焉致謹於名，斯所以異耳！

《漢書·藝文志》載"名家者流，蓋出於禮官"。而禮者，儒之所特重。孔子論治人情禮之不可以已。見《禮記·禮運第九》。晏嬰譏孔子盛容飾，繁登降之禮。見《史記·孔子世家第十七》。而太史公談亦稱儒者序君臣父子之禮爲不可易。見太史公談《論六家要指》。斯皆儒家重禮之證。而古者名位不同，禮亦異數，故齊禮者必正名。"名不正，則言不順。"見《論語·子路第十三》。"異形離心，交喻異物，名實玄紐，貴賤不明，同異不别，如是，則志必有不喻之患，而事必有困廢之禍！故知者爲之分别，制名以指實，上以明貴賤，下以别同異；貴賤明，同異别，如是，則志無不喻之患，事無困廢之禍！"見《荀子·正名篇第二十二》。此名家之學所由起，而孔子所爲發正名之對，荀子所以著《正名》之篇也！則是名家，儒之所自出也。名家本出於禮，而何以惠施言名，乃至"不法先王，不是禮義"，見譏儒者？見《荀子·非十二子篇》。蓋禮正名以昭别，而惠亂名以混同，言名同，而所以言則殊致。禮論小大之殊，而惠施則謂"至大無外，謂之大一；至小無内，謂之小一"；見《莊子·天下篇》，下同。小大一體也。禮叙尊卑之别，而惠施則謂"天與地卑，山與澤平"，尊卑一體也。禮别同異之嫌，而惠施則謂"大同而與小同異，此之謂小同異；萬物畢同畢異，此之謂大同異"，同異一體也。此其言名務優差等，比之墨氏之兼愛上同也。故要而言之曰："汜愛萬物，天地一體也。"則亦"有見於齊"，"無見於畸"者矣！《荀子·天論篇》曰："墨子有見於齊，無見於畸。"余讀老子書所以籀道之常者，兼綜有名無名，去别宥而尚玄同，則曰"無名天地之始"。明同異而察名實，則曰"有名萬物之母"。大抵儒徵其有以正名，惠優其等以混一。此名家之所以殊於儒也。

儒者修祭祀，謹鬼神；而陰陽家者流，依於鬼神之事，好言禨祥。《漢書·藝文志》陰陽家有《鄒子》四十九篇，云："名衍，齊人，爲燕昭王師，居稷下，號談天衍。"《鄒子終始》五十六篇，師古曰："亦鄒衍所説。"而

《史記·孟子傳》叙鄒衍深觀陰陽消息，而作怪迂之變，《終始》、《大聖》之篇十餘萬言，其語宏大不經，先序今以上至黄帝，大並世盛衰，因載其禨祥制度，五德轉移，治各有宜；然要其歸必主乎仁義節儉，君臣上下六親之施；然則所謂陰陽家者，殆儒家之支與流裔耶？余讀荀卿《非十二子篇》稱："略法先王而不知其統，猶然而材劇志大，聞見雜博，案往舊造説，謂之五行，甚僻違而無類，幽隱而無説，閉約而無解，案飾其辭而祇敬之曰：'此真先君子之言！'子思倡之。孟軻和之。"則是陰陽五行之學，倡於子思、孟軻也。子思無可考。《漢書·藝文志》兵陰陽有《孟子》一篇，書雖不傳，而可以證孟子之於陰陽五行有所造説。顧或者引楊倞注謂"五行，五常，仁義禮智信"，非也。夫五行之説，造於《尚書·洪範》，一曰水，二曰火，三曰木，四曰金，五曰土。而仁、義、禮、智、信五者謂之五常，自古無五行之説，且儒家之常言，非思、軻所創，奚有所謂"僻違"、"幽隱"、"閉約"、"無類"、"無説"、"無解"也？余觀鄒衍《終始》、《大聖》之篇，序今以上至黄帝，學者所共術，大並世盛衰，因載禨祥制度，五德轉移，治各有宜，是正荀卿非子思、孟軻所稱"略法先王，案往舊造説，謂之五行"者也。漢興，承秦滅學之後，景、武之世，董仲舒治《公羊春秋》，始推陰陽爲儒者宗！宣、元之後，劉向治《穀梁春秋》，數其禍福，傳以《尚書·洪範》箕子爲武王陳五行陰陽休咎之應。向乃集合上古以來，歷春秋六國至秦、漢符瑞災異之記，推迹行事，連傳禍福，著其占驗，比類相從，各有條目，凡十一篇，號曰《洪範五行傳論》；見《漢書·五行志》劉向傳。是即《漢書·五行志》之所本，而有合於荀卿非子思、孟軻所稱"略法先王，案往舊造説，謂之五行"；與鄒衍《終始》、《大聖》之篇，後先同符者也！今鄒衍《終始》、《大聖》之篇不傳，獨傳劉向之《洪範》五行。"五行"者，殆即"五德轉移"之謂。而鄒衍之見訶於馬遷者，曰"怪迂之變"，曰"宏大不經"。今觀荀卿非思、軻所稱"材劇志大，聞見雜博"，儻即"宏大"之異詞耶？所謂"甚僻違無類"，"幽隱無説"，"閉約無解"，儻即"怪迂"、"不經"之異詞耶？學同，故所以被訶者亦同，寧祇"要其歸於仁義節儉，君臣上下六親之施"之足以證陰陽家言之自儒也哉？惟馬遷爲能明諸子學術之流變，故次鄒衍以附儒家孟子之傳，猶之次申不害、韓非以附道者老莊之傳也。馬遷之傳申、韓，推其本於黄老道德，猶之傳鄒衍之"要其歸於仁義節儉"，要以著學術之自出，見附傳之用心焉！

雖然，“儒與墨不同術，而馬遷次墨翟以附儒家孟子、荀卿傳後者曷居？”曰：“墨與儒不同術，而出自儒。”《淮南子·要略訓》稱：“墨子學儒者之業，受孔子之術，以爲其禮煩擾而不説，厚葬靡財而貧民，服傷生而害事，故背周道而用夏政。”欲變文而反之質。然諄復深切，陳古剴今，喜稱道《詩》、《書》，與儒者類。則墨者亦儒之繼别爲宗者矣！大抵墨氏“上同”，儒者“明分”。“上同”，斯貴兼以斥别“明分”，故等衰之有差。《墨子·兼愛下》曰：别士之言曰：“吾豈能爲吾友之身，若爲吾身；爲吾友之親，若爲吾親。”别士之言若此，行若此。兼士不然曰：“必爲其友之身，若爲吾身；爲其友之親，若爲其親；然後可以爲高士於天下！”斯墨氏之“上同”也。儒者則不然。《孟子·盡心上》曰：“君子之於物也，愛之而弗仁。於民也，仁之而弗親。親親而仁民，仁民而愛物。”朱子《集注》引楊氏曰：“其分不同，故所施不能無差等。”則是明愛之不能無差等，而貴“明分”也。《荀子·富國篇》曰：“禮者，貴賤有等，長幼有差，貧富輕重皆有稱者也。無君以制臣，無上以制下。天下害生縱欲，欲惡同物，欲多而物寡，寡則必争，争則亂，亂則窮矣！故無分者，人之大患也。有分者，天下之本利也。而人君者所以管分之樞要也，兼足天下之道在明分。”則是明禮之不可無等差，而貴“明分”也。此儒與墨之分也。墨子上同以名篇，莊子齊物以著論，“有見於齊”同，而所以“有見於齊”者異。何者？蓋莊生欲任不齊以爲大齊。而墨子則壹異義而統於同。一主放任，一爲干涉。此道與墨之分也。近儒揚榷先秦諸子學者，往往稱墨學足與孔、老鼎足爲雄。然此以論墨子當日則可，匪所語於後來也。余觀先秦而後，數千禩間，漢初尚黄老，漢武禮儒者，魏晉譚老莊，唐宋宗孔孟，迭相起仆，實爲孔老代興之史，寧有墨學迴翔之餘地者！而墨學中興，不過輓近數十年間爾。自歐化之東漸，學者慚於見絀，返求之已而得一墨子焉！觀其《兼愛》、《非攻》，本於《天志》，類基督之教義；而《經》、《經説》、《大小取》諸篇，可以言西來之天算重光諸學，又於邏輯之指有當。由是譚歐化者忻得植基於國學焉！此輓近墨學之所爲大盛，而駸駕孔子之上者也！若論其朔，則墨子者不過孔子之繼别爲宗者爾。

孔子之爲學，與老子殊。老子之明道也，究極於“玄之又玄”見《道德經》第一章，而孔子則以“誠”爲歸。見《禮記·中庸第三十一》。老子崇道於天地萬物之先參觀《道德經》第二十五章、第四十二章；而孔子則體諸人倫日用之間。老子斥禮者道德仁義之失，忠信之薄見《道德經》第三十八章；而孔子則明禮起於大道之隱，所以救忠信之薄，刑仁講讓而示民之有常。見《禮記·禮運第九》。此孔子之所以别於老也！然問禮於老，見《史記·孔子世家第十七》，又《老莊申韓列傳第三》。淵源有自。孔子“禮順人情”見《禮記·禮運第九》，“率性爲道”見《禮記·中庸第三十一》之説，奚必不本於老之“道法自然”？見《道德經》第二十五章。轍迹顯然，不容諱也。孔子曰：“道不同，不相爲謀。”見《論語·衛靈公第十五》。其然，豈其然耶？余觀周、秦學者，有相爲謀而不同道者；如申、韓之原於道德，名、墨、陰陽之出自儒者，孔子之問禮於老，是也。然有同道而不相擇者，如荀子之於孔子是也。荀子以從性順情爲惡，違性制情爲禮見《荀子·性惡篇第二十三》，矯自然而不法自然。言禮義與孔子同，而所以言禮言義駛，則與孔子異。孔子述堯舜見《禮記·中庸第三十一》，而荀法後王。見《荀子·非相篇第五》。孔子道率性，而荀重師法。參觀《荀子·修身篇第二》、《性惡篇第二十三》。孔子作《春秋》，明天人相與之際見《董子·賢良對策》；而荀子《天論篇》則明於天人之分，而斥天人之不相與。孔子曰：“夫禮必本於天，以人情爲本。”見《禮記·禮運第九》。而荀子曰：“禮義者，生於聖人之僞，非故生於人之性也。”見《荀子·性惡篇第四十三》。要之，荀子之意，率性而適自然，則失其所以爲人。拂性而矯自然，乃即其所以爲禮。此又荀子之所以大别於孔也！於戲！二帝三王已還，天叙天秩，既垂典常見《書·咎繇謨第十五》，而老子之“道法自然”，孔子之“率性爲道”，墨子之誦説“天志”，罔不尊自然而崇天則，迨荀子之起而悉摧拉無餘焉！可特筆也！然則荀子者，雖自謚曰“仲尼之徒”哉？殆不啻孔學之革命者耳！寧祇性惡其説，與孟子立異聞哉！厥後荀子之高第弟子韓非薄仁義，厲刑禁參觀韓非子《難》、《難勢》、《五蠹》、《顯學》諸篇；李斯絀詩書，陳督責見《史記·李斯列傳第二十七》；論者或以爲慘酷少恩！自余觀之，此二人者，蓋篤信荀子“矯性起僞”之師説，而蘄措諸行事者也，雖所施或拂人心之同然。韓退之有言：“士之特立獨行，適於義而已！不顧衆人之是非，皆豪傑之士，信道篤而自知明者也！一家一國非之，力行而不惑者寡矣！”至於韓非、李斯者，舉世非之，力行而不惑，彼豈無所挾持而能之哉？殆篤信師説而不惑於流俗耳！余故特表而出之以諗治國故者。荀子之爲學，始誦經，終讀禮，綦重章句文學，誦數以貫，思索以通見《荀子·勸學篇第一》；

而漢儒窮經，《詩》之魯、毛，《春秋》之穀梁、左氏，皆傳自荀卿，《禮》大、小戴《記》文多采荀子書，厥爲漢儒朴學之宗。而孟子受業孔子之孫子思，傳中庸率性之道，作七篇書，明心見性，而闡性道之要，則導宋儒性學之先。其大較然也。

余耽嗜子家，粗有窺記。於是辯章源流以明百家之有相自，勘比同異以明百家之何所別。謹最而次於目後，俾學者知所覽觀焉。

莊子　天下篇

“天下之治方術者多矣，皆以其有爲不可加矣！古之所謂道術者，果惡乎在?”曰：“無乎不在。”曰：“神何由降？明何由出?”“聖有所生，王有所成，皆原於一。”

不離於宗，謂之天人。不離於精，謂之神人。不離於真，謂之至人。以天爲宗，以德爲本，以道爲門，兆於變化，謂之聖人。以仁爲恩，以義爲理，以禮爲行，以樂爲和，薰然慈仁，謂之君子。以法爲分，以名爲表，以參爲驗，以稽爲決，其數一二三四，是也，百官以此相齒，以事爲常。以衣食爲主，蕃息畜藏，老弱孤寡爲意，皆有以養，民之理也。

古之人其備乎！配神明，醇天地，育萬物，和天下，澤及百姓，明於本數，係於末度，六通四闢，小大精粗，其運無乎不在。其明而在數度者，舊法世傳之史尚多有之。其在於《詩》、《書》、《禮》、《樂》者，鄒魯之士，縉紳先生多能明之；《詩》以道志，《書》以道事，《禮》以道行，《樂》以道和，《易》以道陰陽，《春秋》以道名分。其數散於天下而設於中國者，百家之學，時或稱而道之。天下大亂，賢聖不明，道德不一；天下多得一察焉以自好；譬如耳目鼻口，皆有所明，不能相通；猶百家衆技也，皆有所長，時有所用。雖然，不該不遍，一曲之士也，判天地之美，析萬物之理，察古人之全；寡能備於天地之美，稱神明之容！是故内聖外王之道，闇而不明，鬱而不發；天下之人，各爲其所欲焉以自爲方。悲夫！百家往而不反，必不合矣！後世之學者，不幸不見天地之純，古人之大體。道術將爲天下裂！

不侈於後世，不靡於萬物，不暉於數度，以繩墨自矯而備世之急；古之道術有在於是者。墨翟、禽滑釐聞其風而説之；爲之大過，已之大順，作爲

《非樂》，命之曰節用，生不歌，死無服。墨子氾愛兼利而非鬭，其道不怒；又好學而博，不異；不與先王同，毁古之禮樂。黄帝有《咸池》，堯有《大章》，舜有《大韶》，禹有《大夏》，湯有《大濩》，文王有《辟雍》之樂，武王、周公作《武》。古之喪禮，貴賤有儀，上下有等。天子棺槨七重，諸侯五重，大夫三重，士再重。今墨子獨生不歌，死無服，桐棺三寸而無槨，以爲法式。以此教人，恐不愛人；以此自行，固不愛己。未敗墨子道；雖然，歌而非歌，哭而非哭，樂而非樂，是果類乎？其生也勤，其死也薄；其道大觳。使人憂，使人悲；其行難爲也，恐其不可以爲聖人之道。反天下之心，天下不堪；墨子雖獨能任，奈天下何？離於天下，其去王也遠矣！墨子稱道曰："昔者禹之堙洪水，決江河而通四夷九州也；名山三百，支川三千，小者無數；禹親自操橐[①]耜而九雜天下之川。腓無胈，脛無毛，沐甚雨，櫛疾風，置萬國。禹大聖人也，而形勞天下也如此！"使後世之墨者多以裘褐爲衣，以跂蹻爲服，日夜不休，以自苦爲極；曰："不能如此，非禹之道也；不足爲墨！"相里勤之弟子，五侯之徒；南方之墨者苦獲、己齒、鄧陵子之屬，俱誦《墨經》，而倍譎不同；相謂别墨；以堅白同異之辨相訾，以觭偶不仵之辭相應；以巨子爲聖人，皆願爲之尸，冀得爲其後世，至今不決。墨翟、禽滑釐之意則是，其行則非也；將使後世之墨者，必自苦，以腓無胈，脛無毛相進而已矣！亂之上也！治之下也！雖然，墨子真天下之好也！將求之不得也！雖枯槁不舍也，才士也夫！

不累於俗，不飾於物；不苟於人，不忮於衆；願天下之安寧以活民命，人我之養，畢足而止；以此白心，古之道術有在於是者。宋鈃、尹文聞其風而悦之；作爲華山之冠以自表，接萬物以别宥爲始；語心之容，命之曰心之行，以聏合驩，以調海内請欲，置之以爲主；見侮不辱，救民之鬭；禁攻寢兵，救世之戰；以此周行天下，上説下教，雖天下不取，强聒而不舍者也。故曰"上下見厭而强見也"。雖然，其爲人太多，其自爲太少。曰："請欲固置五升之飯，足矣！先生恐不得飽；弟子雖飢不忘天下。"日夜不休；曰："我必得活哉！"圖傲乎救世之士哉！曰："君子不爲苛察，不以身假物。"以爲無益於天下者，明之不如己也。以禁攻寢兵爲外，以情欲寡淺爲内；其小

① 橐，原誤作"槖"，今據《莊子》通行本改。

大精粗，其行適至是而止。

公而不黨①，易而無私，決然無主，趣物而不兩；不顧於慮，不謀於知，於物無擇，與之俱往；古之道術有在於是者。彭蒙、田駢、慎到聞其風而悅之；齊萬物以爲首，曰："天能覆之而不能載之。地能載之而不能覆之。大道能包之而不能辯之。"知萬物皆有所可，有所不可；故曰："選則不遍，教則不至，道則無遺矣。"是故慎到棄知去己而緣不得已，泠汰於物以爲道理；曰："知不知，將薄知而後鄰傷之者也。"謑髁無任，而笑天下之尚賢也。縱脫無行，而非天下之大聖。椎拍輐斷，與物宛轉；舍是與非，苟可以免；不師知慮，不知前後，魏然而已。推而後行，曳而後往，若飄風之還，若羽之旋，若磨石之隧，全而無非，動静無過，未嘗有罪；是何故？夫無知之物，無建己之患，無用知之累，動静不離於理，是以終身無譽；故曰："至於若無知之物而已，無用賢聖！夫塊不失道。"豪傑相與笑之曰："慎到之道，非生人之行，而至死人之理。"適得怪焉！田駢亦然，學於彭蒙，得不教焉。彭蒙之師曰："古之道人，至於莫之是，莫之非而已矣！其風窢然，惡可而言！常反人不見觀，而不免於魭斷。"其所謂道非道，而所言之韙不免於非！彭蒙、田駢、慎到不知道；雖然，概乎皆嘗有聞者也。

以本爲精，以物爲粗；以有積爲不足，澹然獨與神明居；古之道術有在於是者。關尹、老聃聞其風而悅之；建之以常無有，主之以太一；以濡弱謙下爲表，以空虚不毁萬物爲實。關尹曰："在己無居，形物自著；其動若水，其静若鏡，其應若響；芴乎若亡，寂乎若清，同焉者和，得焉者失。未嘗先人而常隨人。"老聃曰："知其雄，守其雌，爲天下谿。知其白，守其辱，爲天下谷。"人皆取先，己獨取後；曰"受天下之垢"。人皆取實，己獨去虚；無藏也故有餘。巋然而有餘，其行身也徐而不費，無爲也而笑巧。人皆求福，己獨曲全，曰"苟免於咎"。以深爲根，以約爲紀；曰："堅則毁矣！鋭則挫矣！"常寬容於物，不削於人，可謂至極！關尹、老聃乎，古之博大真人哉！

芴漠無形，變化無常，死與生與？天地並與？神明往與？芒乎何之？忽乎何適？萬物畢羅，莫足以歸；古之道術有在於是者。莊周聞其風而悅之；以謬悠之説，荒唐之言，無端崖之辭，時恣縱而不儻，不以觭見之也。以天

---

① 黨，原誤作"當"，今據《莊子》通行本改。

下爲沈濁，不可與莊語；以卮言爲曼衍，以重言爲真，以寓言爲廣。獨與天地精神往來，而不敖倪於萬物；不譴是非以與世俗處。其書雖瓌瑋而連犿無傷也。其辭雖參差而諔詭，可觀。彼其充實，不可以已；上與造物者遊，而下與外死生無終始者爲友。其於本也弘大而闢，深閎而肆；其於宗也，可謂稠適而上遂矣。雖然，其應於化而解於物也，其理不竭，其來不蜕，芒乎昧乎，未之盡者。

惠施多方，其書五車，其道舛駁，其言也不中。厤物之意，曰："至大無外，謂之大一。至小無内，謂之小一。無厚，不可積也，其大千里。""天與地卑。山與澤平。""日方中方睨。物方生方死。""大同與小同異，此之謂小同異。萬物畢同畢異，此之謂大同異。""南方無窮而有窮。""今日適越而昔來。""連環可解也。我知天下之中央；燕之北，越之南，是也。""氾愛萬物，天地一體也。"惠施以此爲大觀於天下而曉辯者。天下之辯者，相與樂之。"卵有毛"。"雞三足"。"郢有天下"。"犬可以爲羊"。"馬有卵"。"丁子有尾"。"火不熱"，"山出口"，"輪不蹍地"，"目不見"，"指不至，至不絶"，"龜長於蛇"，"矩不方，規不可以爲圓"，"鑿不圍枘"，"飛鳥之景，未嘗動也"，"鏃矢之疾，而有不行不止之時"，"狗非犬"，"黄馬驪牛三"，"白狗黑"，"孤駒未嘗有母"，"一尺之棰，日取其半，萬世不竭"。辯者以此與惠施相應，終身無窮。桓團、公孫龍辯者之徒，飾人之心，易人之意；能勝人之口，不能服人之心，辯者之囿也。惠施日以其知與人之辯，特與天下之辯者爲怪，此其柢也。然惠施之口談，自以爲最賢；曰："天地其壯乎！"施存雄而無術。南方有倚人焉曰黄繚，問天地所以不墜不陷，風雨雷霆之故。惠施不辭而應，不慮而對，遍爲萬物説；説而不休，多而無已，猶以爲寡；益之以怪。以反人爲實，而欲以勝人爲名，是以與衆不適也。弱於德，强於物，其塗隩矣！由天地之道，觀惠施之能，其猶一蚊一虻之勞者也，其於物也何庸！夫充一尚可曰愈，貴道幾矣！惠施不能以此自寧，散於萬物而不厭；卒以善辯爲名。惜乎惠施之才！駘蕩而不得，逐萬物而不反；是窮響以聲，形與影競逐也。悲夫！

考證：

蓄息畜藏，老弱孤寡爲意，皆有以養。〇新會梁啓超《莊子〈天下篇〉

釋義》曰："'老弱孤寡爲意'，文不可通；疑'爲意'二字，當在'養'字下。文爲'蕃息畜藏，老弱孤寡皆有以養爲意'。"

配神明，醇天地。〇餘杭章炳麟《莊子解故》曰："'醇'借爲'準'。《地官·質人》'壹其淳制'。《釋文》：'淳音準。'是其例。《易》曰：'易與天地準。''配神明，準天地'二句同意。"

天下多得一察焉以自好。〇高郵王念孫《讀書雜誌》曰："郭象斷'天下多得一'爲句。《釋文》曰：'得一，偏得一術。'念孫按'天下多得一察焉以自好'，當作一句讀。下文云'天下之人各爲其所欲焉以自爲方'句法正與此同。'一察'，謂'察其一端'而'不知其全體'。下文云'譬如耳目鼻口，皆有所明，不能相通'，即所謂'一察'也。若以一字上屬爲句，察字下屬爲句，文不成義矣。"德清俞樾《諸子平議》曰："按郭讀文不成義，當從王讀。惟以'一察'謂'察其一端'，義亦未安。'察'當讀爲'際'。'一際'猶'一邊'也。《廣雅釋詁》'際'、'邊'並訓'方'，是'際'與'邊'同義。'得其一際'，即'得其一邊'，正不知全體之謂。'察'、'際'並從'祭'聲，古音相同，故得通用耳。下文云'不該不遍，一曲之士也'。'一際'與'一曲'，其義相近。"

爲之大過，已之大順。〇德清俞樾《諸子平議》曰："謹按'已'讀爲'以'，'順'讀爲'馴'，古字並通。以，用也。'以之太馴'，謂'用之大馴熟'也。"餘杭章炳麟《莊子解故》曰："'順'借爲'踳'。'踳'者，'舛'之或字，俗亦作'僢'。'順'從川聲。《説文》'首'下云：'川象髮謂之鬊'，鬊，即川也；是古字借川爲鬊，明川聲春聲通；故'順'得借爲'踳'。上説'爲之大過'，謂沐雨櫛風，日夜不休也。此説'已之太踳'，謂節葬，非樂，反天下之心也。"新會梁啓超《莊子〈天下篇〉釋義》曰："'已'，止也，即下文'明之不如其已'之'已'。'太順'，即太甚之意。'爲之太過，已之大甚'，言應做之事，做得太過分，應節止之事，亦節止得太過分。'順'、'甚'音近，可通也。"三家不同，梁與章義相發，而説爲長。

又好學而博。不異。不與先王同，毁古之禮樂。〇餘杭章炳麟《莊子解故》曰："'又好學而博'爲句。'不異'爲句。'不與先王同'爲句。言墨子既不苟於立異，亦不一切從同。不異者，尊天，敬鬼，尚儉，皆清廟之守所有事也。不同者，節葬，非樂，非古制本然也。"博按"不與先王同"，當連下“毁古之禮樂”讀爲句。“毁古之禮樂”，所以證其“不與先王同”也。

未敗墨子道。◯餘杭章炳麟《莊子解故》曰：“‘未’借爲‘非’，‘敗’即‘伐’字，言己非攻伐墨子之道也。”博按《詩·民勞》“無俾正敗”，箋：“敗，壞也。”《説文·攴部》：“敗，毁也。”言己非毁墨子之道也，較訓“伐”尤順。

名山三百。支川三千。◯德清俞樾《諸子平議》曰：“按‘名山’當作‘名川’。下文曰‘禹親自操橐耜而九雜天下之川’，可見此文專以川言，不當言山也。《襄十一年左傳》曰‘名山名川’，是山川並得言‘名’。《吕氏春秋·有始覽篇》、《淮南子·墬形篇》並云‘名川六百’。”

雖然，墨子真天下之好也。◯郭象曰：“爲其真好重聖賢不逆也，但不可以教人。”德清俞樾《諸子平議》曰：“按‘真天下之好’，謂其真好天下也，即所謂‘墨子兼愛’也。下文曰：‘將求之不得也，雖枯槁不舍也。’此‘求’字，即‘心誠求之’之‘求’。‘求之不得’，‘雖枯槁不舍’，即所謂‘摩頂放踵，利天下爲之’也。郭注未得。”博按“好”本有“愛”之一義。《楚辭·惜誦》“父信讒而不好”，注：“好，愛也。”然則“天下之好”，訓以兼愛，義無不可。

不苟於人。◯餘杭章炳麟《莊子解故》曰：“苟”者“茍”之誤。《説文》言“茍之字止句”，是漢時俗書“茍”、“苟”相亂。下言“茍察”，一本作“苟”，是其例也。

語心之容，命之曰心之行。◯餘杭章炳麟《莊子解故》曰：“‘容’借爲‘欲’，同从‘谷’聲，東侯對轉也。《樂記》‘感於物而動，性之欲也’。《樂書》作‘性之頌也’。‘頌’、‘容’古今字。‘頌’借爲‘欲’，故‘容’亦借爲‘欲’。《荀子·正論篇》‘子宋子曰：人之情欲寡，而皆以己之情爲欲多。’是宋銒語‘心之欲’之事。”

以聏合驩，以調海内請欲，置之以爲主。◯餘杭章炳麟《莊子解故》曰：“‘聏’借爲‘而’。《釋名》：‘餌，而也，相黏而也。’是古語訓‘而’爲‘黏’，其本字則當作‘暱’。‘暱’或作‘昵’，《左氏傳》‘不暱’，《説文》引作‘不䵒’。‘䵒’，‘黏’也；相親暱者，本有䵒合之意。故此言‘以而合驩’，亦即‘以暱合驩’也。《説文》：‘暱，日近也。’古音‘而’如‘耐’；‘暱’亦作舌頭音，同部同紐相借也。”新會梁啓超《莊子〈天下篇〉釋義》

曰："'䮀'字不見他書，郭嵩燾據《莊子》闕誤引作'胹'，訓爲'爛也'、'軟也'。大概當是宋鈃、尹文用軟熟、和合、歡喜的教義，以調節海内人的情欲。'請欲'，當讀爲'情欲'，即下文'情欲寡淺'之'情欲'也。'請'讀爲'情'，墨子書中甚多；'情'、'請'二字，古通用甚明。宋鈃、尹文即以此種情欲爲學説基礎，故曰'以䮀合驩，以調海内請欲，置之以爲主'。"兩家説異，而大指不違，梁説爲長。

圖傲乎救世之士哉。〇餘杭章炳麟《莊子解故》曰："'圖'當爲'啚'之誤。啚即'鄙陋'、'鄙夷'之本字。'啚傲'猶今言'鄙夷'耳。"

厤物之意。〇餘杭章炳麟《莊子解故》曰："'厤'，即'巧歷'之'歷數'也。'意'者，《禮運》云'非意之也'，注：'意，心所無慮也。'《廣雅釋訓》：'無慮，都凡也。'在心計其都凡曰'意'，在物之都凡亦曰'意'。'厤物之意'者，'陳數萬物之大凡'也。"

丁子有尾。〇餘杭章炳麟《莊子解故》曰："'丁子'蓋'頂趾'之借。'頂趾'與'尾'，本殊體；而云'頂趾有尾'，猶云'白狗黑'，'犬可以爲羊'耳。"

指不至，至不絶。〇博按《釋文》引司馬云："夫指之取物，不能自至，要假物故至也。然假物由指不絶也。"據此云"假物由指不絶也"，疑《莊子》原文本作"指不至，指不絶"。今作"至不絶"者，承上"指不至"之"至"，字音近而譌。

龜長於蛇。〇德清俞樾《諸子平議》曰："按此即'莫大於秋毫之末而太山爲小'之意。司馬云：'蛇形雖長而命不久，龜形雖短而命甚長。'則不以形言而以壽言，真爲龜長蛇短矣！殊非其旨。"

惠施日以其知與人之辨，特與天下之辨者爲怪。此其柢也。〇德清俞樾《諸子平議》曰："按'與人之辨'，義不可通。蓋涉下句'天下之辨者'而衍'之'字。'柢'與'氐'通。《史記·秦始皇本紀》：'大氐盡畔秦吏。'《正義》曰：'氐猶略也。''此其柢也'，猶云'此其略也'。上文'卵有毛'、'雞三足'以下皆是。"

夫充一尚可曰愈，貴道幾矣。〇《釋文》曰："愈貴，李云：'自謂所慕愈貴近於道也。'"語殊費解。博按"充一"即"主之以太一"之意；而"愈"讀如《禮記·三年問》"痛甚者其愈遲"之"愈"。《釋文》："愈，差也。"《匡謬正俗》：“八愈勝也，故痛差者言愈。”老子曰：“少則得，多則惑，是以聖人抱一爲天下式。”《莊子·人間世》曰：“道不欲雜，雜則多，多則擾，擾則憂，憂而不救。”今惠施“厤物之意”，“遍爲萬物説，説而不休，多而無已，猶以爲寡”；此正老子所謂“多則惑”，莊子所謂“多則擾”者也。故莊子以“充一”之説進，曰“充一尚可曰愈”者，謂惟“充一”尚可愈“多”之擾惑。老子曰：“道生一”，“貴道”則幾“充一”矣！《釋文》以“愈貴”斷讀者非也。

太史公談　論六家要指

太史公學天官於唐都，受《易》於楊何，習道論於黄子。太史公仕於建元、元封之間，愍學者之不達其意而師悖，乃論六家之要指曰：

《易大傳》：“天下一致而百慮，同歸而殊途。”夫陰陽、儒、墨、名、法、道德，此務爲治者也；直所從言之異路，有省不省耳。

嘗竊觀陰陽之術，大祥而衆忌諱，使人拘而多所畏；然其序四時之大順，不可失也。

儒者博而寡要，勞而少功，是以其事難盡從；然其序君臣父子之禮，列夫婦長幼之别，不可易也。

墨者儉而難遵，是以其事不可遍循；然其彊本節用，不可廢也。

法家嚴而少恩；然其正君臣上下之分，不可改矣。

名家使人儉而善失真；然其正名實，不可不察也。

道家使人精神專一，動合無形；贍足萬物。其爲術也，因陰陽之大順，采儒墨之善，撮名法之要，與時遷移，應物變化，立俗施事，無所不宜；指約而易操，事少而功多。儒者則不然，以爲“人主，天下之儀表也；主倡而臣和，主先而臣隨”；如此則主勞而臣逸。至於大道之要，去健羡，絀聰明。釋此而任術；夫神大用則竭，形大勞則敝；形神騷動，欲與天地長久，非所聞也！

夫陰陽四時、八位、十二度、二十四節，各有教令；順之者昌，逆之者不死則亡，未必然也；故曰“使人拘而多畏”。夫春生夏長，秋收冬藏，此天道之大經也；弗順則無以爲天下綱紀；故曰“四時之大順，不可失也”。

夫儒者以六藝爲法。六藝經傳以千萬數，累世不能通其學，當年不能究其禮，故曰“博而寡要，勞而少功”。若夫列君臣父子之禮，序夫婦長幼之別，雖百家弗能易也。

墨者亦尚堯舜道，言其德行；曰：“堂高三尺，土階三等，茅茨不翦，采椽不刮。食土簋，啜土刑，糲粱之食，藜藿之羹，夏日葛衣，冬日鹿裘；其送死桐棺三寸，舉音不盡其哀，教喪禮必以此爲萬民之率，使天下法。”若此則尊卑無別也。夫世異時移，事業不必同。故曰“儉而難遵”。要曰“彊本節用”，則人給家足之道也；此墨子之所長，雖百家弗能廢也。

法家不別親疏，不殊貴賤，一斷於法，則親親尊尊之恩絶矣！可以行一時之計，而不可長用也；故曰“嚴而少恩”。若尊主卑臣，明分職不得相踰越；雖百家弗能改也。

名家苛察繳繞，使人不得反其意；專決於名而失人情；故曰“使人儉而善失真”。若夫控名責實，參伍不失；此不可不察也。

道家無爲，又曰無不爲，其實易行，其辭難知。其術以虛無爲本，以因循爲用。無成勢，無常形，故能究萬物之情。不爲物先，不爲物後，故能爲萬物主。有法無法，因時爲業。有度無度，因物與合。故曰“聖人不朽，時變是守”。虛者道之常也，因者君之綱也；群臣並至，使各自明也，其實中其聲者謂之端，實不中其聲者謂之窾；窾言不聽，奸乃不生。賢不肖自分，白黑乃形，在所欲用耳，何事不成。乃合大道，混混冥冥；光耀天下，復反無名。凡人所生者神也，所託者形也，神大用則竭，形大勞則敝，形神離則死，死者不可復生，離者不可復反，故聖人重之。由是觀之，神者生之本也；形者生之具也；不先定其神，而曰我有以治天下，何由哉？

考證：

太史公。〇《集解》：“如淳曰：‘《漢儀注》：太史公，武帝置，位在丞相上。天下計書，先上太史公，副上丞相，序事如古《春秋》。遷死後，宣帝以其官爲令，行太史公文書而已。’瓚曰：‘《百官表》無太史公。茂陵中書司馬談以太史丞爲太史令。’”《索隱》：“公者，遷所著書，尊其父云公也。遷雖稱述其父所作，其實亦遷之詞。而如淳引衛宏《儀注》稱‘位在丞相上’，謬矣！按《百官表》又無其官。”《正義》：“虞喜《志林》云：‘古者主天官者皆上公。自周至漢，其職轉卑；然朝會坐位，猶居公上，尊天之道，其官屬仍以舊名尊而稱之也。’按文‘談爲太史公’，下文‘太史公既掌天官，不治民’，又曰‘遷爲太史公’，觀此虞喜說爲長。乃書談及遷爲太史公者，皆遷自書之。《漢舊儀》云：‘太史公秩二千石，卒史皆秩二百石。’然瓚之說非也。”嘉定錢大昕《二十二史考異》曰：“按太史公是官名，遷父子世居其職。衛弘漢人，其言可信。予謂‘位在丞相上’者，謂殿中班位在丞相之右，非職任尊於丞相也。虞喜謂‘朝會坐位猶居公上’，蓋得之矣。子長自言‘天下遺文古事，靡不畢集太史公’，與《漢儀注》云‘天下計書先上太史公’者正合。《史記》一書，惟《自序》前半稱太史公及《封禪書》兩稱太史公，指其父，餘皆遷自稱之辭。小司馬、小顏以爲尊其父者非矣。”

乃論六家之要指。〇嘉定王鳴盛《十七史商榷》曰：“太史公《自叙》述其父談《論六家要指》，謂陰陽、儒、墨、名、法、道德也。其意以五家各有所長，亦各有所短，並致其不滿之詞。而獨推崇老氏道德，謂其能兼有五家之長而去其所短。且又特舉道家之‘指約易操，事少功多’，與儒之‘博而寡要，勞而少功’兩兩相校，以明孔不如老。此談之學也，而遷意則尊儒。父子異尚，猶劉向好《穀梁》而子歆明《左氏》也。漢初黄老之學極盛，君如文、景，宫闈如竇太后，宗室如劉德，將相如曹參、陳平，名臣如張良、汲黯、鄭當時、直不疑、班嗣，處士如蓋公、鄧章、王生、黄子、楊王孫、安丘望之等皆宗之。東方朔戒子以‘首陽爲拙，柱下爲工’，是亦宗黄老者。而遷獨不然。《漢本傳》贊謂‘遷論大道，先黄老而後六經’，此本班彪之言，見《後漢本傳》，而固述之。桓譚謂大司空王邑納言嚴尤曰：‘老聃著虚無之言两篇，薄仁義，非禮樂，然好之者以爲過於五經。自漢文、景之君及司馬遷皆有是言。’班彪、桓譚皆誤以談之言即遷之意。觀遷《自序》稱引董仲舒之言，隱隱以己上承孔子，其意可見。”

名家使人儉，而善失真。〇張照等《史記考證》曰：“董份曰：‘墨者儉是矣。若名家言儉，似不可曉。蓋此乃檢字，因上有儉字，寫者遂誤耳。’解曰：‘檢者法也。’又曰：‘檢者束也。’下文‘苛察繳繞’，即‘檢束’之意也。”

道家使人精神專一，動合無形，贍足萬物。其爲術也，因陰陽之大順，采儒墨之善，撮名法之要，與時遷移，應物變化，立俗施事，無所不宜。指約而易操，事少而功多。儒者則不然，以爲“人主，天下之儀表也。主倡而臣和，主先而臣隨”，如此則主勞而臣逸！〇博按太史公談論陰陽、儒、墨、名、法、道德六家要指，獨推重道家，謂“因陰陽之大順，采儒墨之善，撮名法之要”，兼綜五家者，蓋習道論於黄子，尊其所學然也。然五家之中，獨揭儒與道家並論。何者？蓋漢承秦治，載黄老之清静，舒名法之慘礉。觀太史公之贊曹相國曰：“參爲曹相國，清静，極言合道。然百姓離秦之酷後，參與休息無爲，故天下俱稱其美。”其言可徵信也。然太史公之贊申、韓，謂：‘申子卑卑，施之於名實；韓子引繩墨，切事情，明是非，其極慘礉少恩，皆原於道德之意。”名法原於道德，以之相捄，勢所不嫌。獨儒與道争長，漢興五六十年，未有定尊。其可考見於《太史公書》者：《曹相國世家》曰：“孝惠帝元年，除諸侯相國法，更以參爲齊丞相。參之相齊，齊七十城，天下初定，悼惠王富於春秋。參盡召長老諸生，問所以安集百姓，如齊故俗。諸儒以百數，言人人殊，參未知所定。聞膠西有蓋公，善治黄老言，使人厚幣請之。既見蓋公，蓋公爲言治道貴清凈而民自定，推此類具言之。參於是避正堂，舍蓋公焉。其治要用黄老術，故相齊九年，齊國安集，大稱賢相！惠帝二年，蕭何卒。……參代何爲漢相國，……載其清凈，民以寧一。”《儒林傳叙》曰：“孝文帝本好刑名之言。及至孝景不任儒者。而竇太后又好黄老之術，故諸博士具官待問，未有進者。”則是儒絀而道用也！《儒林轅固生傳》稱：“轅固生者，齊人也，以治《詩》，孝景時爲博士。與黄生争論景帝前。黄生曰：‘湯武非受命，乃弑也！’轅固生曰：‘不然！夫桀紂虐亂，天下之心，皆歸湯武。湯武與天下之心而誅桀紂。桀紂之民，不爲之使而歸湯武。湯武不得已而立，非受命爲何？’黄生曰：‘冠雖敝，必加於首。履雖新，必關於足。何者？上下之分也！今桀紂雖失道，然君上也。湯武雖聖，臣下也。夫主有失行，臣不能正言匡過，以尊天子；反因過而誅之，代立，踐南面，非弑而何也！’轅固生曰：‘必若所云，是高帝代秦即天子之位非耶？’於是景帝曰：‘食肉不食馬肝，不爲不知味！言學者無言湯武，不爲愚！’遂罷。是後學者莫敢明受命放殺者！竇太后好老子書，召轅固生問老子書。固曰：‘此是家人言耳！’太后怒曰：‘安得司空城旦書乎！’乃使固入圈刺豕。景帝知太后怒，而固直言無罪，乃假固利兵。下圈刺豕，正中其心。一刺，豕應手而倒。太后默然，無以復罪。”則是儒不爲道絀。而黄生，蓋司馬談所習道論之黄子也。《魏其武安侯列傳》曰：“孝景崩，即日太子立，建元元年。丞相綰病免。上議置丞相大尉；……於是乃以魏其侯爲丞相，武安侯爲大尉。……魏其、武安俱好儒術，推轂趙綰爲御史大夫，王臧爲郎中令，迎魯申公，欲設明堂，令列侯就國，除關，以禮爲服制，以興太平。……毀日至竇太后。太后好黄老之言，而魏其、武安、趙綰、王臧等務隆推儒術，貶道家言；於是太后滋不説魏其等。及建元二年，御史大夫趙綰請毋奏事東宫。竇太后大怒，乃罷逐趙綰、王臧等，而免丞相、大尉。”《儒林申公傳》略同。則是儒與道争長，而幾以相代也！《儒林傳叙》曰：“及竇太后崩。武安侯田蚡爲丞相，絀黄老刑名百家之言，延文學儒者數百人。而公孫宏以《春秋》，白衣爲天子三公，封以平津侯，天下之學士靡然鄉風矣！”自是儒者制治之局定，而道家言乃大絀！其初文景之治刑名與道並用事，則鼂錯學申、商刑名於軹張恢生所，以知術數，拜爲太子家令。漢儒《鼂錯傳》注：“張晏曰：‘術數刑名之書也。’臣瓚曰：‘術數，謂法制治國之術也。’”至是孝武之治，法家傅儒以決事，故張湯以廷尉決大獄，欲傅古義，乃請博士弟子治《尚書》、《春秋》，補廷尉史。亦可以覘一代學術得失之林也！獨太史公談仕於建元、元封之間，而建元爲武帝之初即位，會當儒道争長未定之際，而自以習道論於黄子，故特揭儒與道並論以見得失而明指歸。其言曰：“道家使人精神專一，動合無形，贍足萬物；指約而易操，事少而功多。儒者則不然！以爲‘人主天下之儀表也，主倡而臣和，主先而臣隨’，如此則主勞而臣逸。”故曰：“儒者博而寡要，勞而少功。”此其意蓋亦本道論耳！黄生之道論不概見，試明以莊子之道論。莊子《在宥》曰：“道有天道，有人道。無爲而尊者，天道也。有爲而累者，人道也。主者天道也，臣者人道也。天道之與人道相去遠矣，不可不察。”自太史公談論之“儒者博而寡要，勞而少功”；非莊子所謂“有爲而累，臣者人道”者乎？“道家指約而易操，事少而功多”，非莊子所謂“無爲而尊，主者天道”者乎？太史公以明儒者“博而寡要，勞而少功”不如道之“指約易操，事少功多”。此天道之與人道所爲相去遠，而莊生之所欲察者也。

墨者亦尚堯舜道，言其德行，曰：“堂高三尺，土階三等，茅茨不翦，采椽不刮；食土簋，啜土刑，糲粱之食，藜藿之羹；夏日葛衣，冬日鹿裘；其送死桐棺三寸，舉音不盡其哀，教喪禮必以此爲萬民之率，使天下法。”若此則尊卑無别也。夫世時移，事業不必同。故曰“儉而難遵”。要曰“彊本節用”，則人給家足之道也。此墨子之所長，雖百家弗能廢也。〇博按韓非子

《顯學篇》曰："世之顯學，儒墨也。儒之所至，孔丘也。墨之所至，墨翟也。"則是以墨與儒同爲顯學而他非所論及。然《太史公書》擴采極博。六經而後，先秦諸子，儒家有《孔子世家》、《仲尼弟子列傳》、《孟軻荀卿列傳》，道家有《管晏列傳》、《老子莊子列傳》，法家有《商君列傳》，兵家有《司馬穰苴列傳》、《孫武吴起列傳》，縱横有《蘇秦列傳》、《張儀陳軫犀首列傳》。其不列傳而附見者：有如法家之申不害、韓非附《老莊列傳》，則以刑名法術之學"原於道德之意"也。陰陽之鄒衍、鄒奭附《孟軻列傳》，則曰"要其歸必止乎仁義節儉君臣上下六親之施"也。罔不論列言行，詳其事指而爲之傳。獨墨子之顯學而於《太史公書》僅兩見：一附見《孟軻荀卿列傳》之末，曰"蓋墨翟宋之大夫，善守禦，爲節用，或曰並孔子時，或曰在其後"，辭之猶略甚矣。一見《太史公自序》，談爲太史公之論六家要指，六家之中，榷論儒道，其次墨者差詳而獨詳論其"爲節用"。曰："墨者儉而難遵，是以其事不可遍循，然其彊本節用不可廢也。"因稱墨者之言而極論之，要曰"彊本節用，則人給家足之道也"。自來論墨者多訾其兼愛，而《太史公書》獨論其節用，此不可曉？《自序正義》引韋昭説："墨子之術也尚儉，後有隨巢子傳其術也。"信若所云，意者隨巢子獨傳墨子尚儉之一義而不及其他；《太史公書》即本之此耶？《漢書·藝文志·諸子略》：墨家有《隨巢子》六篇，云"墨翟弟子"，其書不傳。然余讀瑞安孫詒讓之《墨子後語》，中有《隨巢子》佚文二十一事。其言多主於明鬼，荒大不經，亦論兼愛，曰："有疏而無絶，有後而無遺。大行之行，兼愛萬物，疏而不絶。賢者欣之，不肖則憐之。賢而不欣，是賤德也！不肖不憐，是忍人也！"則可謂優乎仁人之言！然而無及節用者，雖放佚多，未可論定。而隨巢子之非專傳墨子尚儉之一義，要可斷言。而知韋昭之説，未可信也。然則太史公之稱節用何説？曰："此蓋稱墨子以矯世敝而發《平準》一書之指耳。"《平準》之書，迄元封元年而止，蓋太史公談之作。而太史公談實仕建元、元封之間，目睹漢武帝外攘夷狄，内興功業，海内之士力耕不足糧饟；"蕭然繁費"，而"興利之臣自此始"；故不禁慨乎言之，要曰"彊本節用，則人給家足之道"；此《平準書》之所爲作，而於論墨子先發其指也。史談又譏儒者之"博而寡要"，而極言之曰"累世不能通其學，當年不能究其禮"，與《孔子世家》所載晏嬰之譏孔子同辭。蓋襲墨子《非儒》之篇也，並附著之於篇。

道家無爲，又曰無不爲。其術以虛無爲本，以因循爲用。無成勢，無常形，故能究萬物之情。不爲物先，不爲物後，故能爲萬物主。有法無法，因時爲業。有度無度，因物與合。故曰："聖人不朽，時變是守。"虛者道之常也。因者君之綱也；群臣並至，使各自明也，其實中其聲者謂之端，實不中其聲者謂之窾；窾言不聽，奸乃不生；賢不肖自分，白黑乃形；在所欲用耳，何事不成。乃合大道，混混冥冥，光耀天下，復反無名。〇博按此韓非《主道》一篇之所本也。今按非之言曰："道者萬物之始，是非之紀也；是以明君守始以知萬物之源，治紀以知善敗之端；故虛靜以待命，令名自命也，令事自定也。虛則知實之情，靜則知動者正。有言者自爲名；有事者自爲形；形名參同，君乃無事焉，歸之其情。……故有知而不以慮，使萬物知其處。有行而不以賢，觀臣下之所因。……群臣守職，百官有常，因能而使之，是謂習常。故曰'寂乎其無位而處；漻乎莫得其所；明君無爲於上，群臣竦懼乎下。'明君之道，使知者盡其慮，而君因以斷事，故君不窮於知。賢者敕其材，君因而任之，故君不窮於能。……道在不可見，用在不可知。虛靜無事，以闇見疵；見而不見，聞而不聞，知而不知；知其言以往，勿變勿更，以參合閱焉。"其諸太史公所謂道家之術，"以虛無爲本，以因循爲用"者歟？夫道家明道德之意；而非書闡刑名之用；然其言相發，其道相因。故史公特發其指於《申韓傳贊》曰："申子卑卑，施之於名實；韓子引繩墨，切事情，明是非，其極慘礉少恩，皆原於道德之意"也。後世學者不明究韓非《主道》之説，徒執《解老》、《喻老》以爲太史公稱刑名之原道德，在是矣！不知非書之《解老》、《喻老》，祇解老喻老耳！奚所當於刑名法術之學也。惟《主道篇》乃足以徵"刑名參同"之出道家言耳！

劉孚京　諸子論甲儒家

百家之師，皆託始於聖王。聖王道不異而法屢易。百家之述聖王也，遺其道而言其法，是以人異其宗，是非棼然，靡有所定。儒者之教，肇於唐虞，盛於周公。周公攝政，以九两繫天下之民。三曰"師以賢得民"，言百家之師，皆有所賢，可以師也。四曰"儒以道得民"，殊異之，言人道之大也。人道莫大於禮；禮化質而主文，契、伯夷掌之，儒者述之，故於百家爲最文。

周公既佐成王，成文武之德，天下大定，則務道化；亦以直殷質之敝，救之以文，故尊用儒者；儒者遂盛。伯禽治魯，亦率其道，故魯多儒學。及孔子生於魯，爲儒者宗。是以百家之言，遠推黄帝，依托伊尹、太公。儒者之言，近依唐虞，歸於周公、孔子。

然唐虞之治，孔子之學，皆通其變，不徇於曲；而儒者多一孔，被服迂曲以自殊於人。故哀公問孔子之服，其儒服歟？孔子曰："丘不知儒服"，蓋譏之也。孔子之後，儒分爲八，各引一端，推以爲真。至於有漢，儒術益微；自孔子之籍不能遍睹，守一藝以之終身；己所不習，因以相詆；皆可謂"不賅不遍，一曲之士"矣！

且夫儒者以禮教。禮主敬讓，敬讓則卑屈；故儒者常柔荏。禮别嫌明微，不可通假；故儒者常迂而不及於事。禮辨貴賤之等，别親疏之殺，盛升降進退揖讓之儀；故儒者常繁碎而寡要。至若明堂辟廱，先王所以饗帝教學士而已；誠苟至矣，何必複廟重屋之制？教苟備矣，何必外圜内方之象？而儒者滯於其名，以爲二者不立，終不足以爲盛治；是舍后羿之弓矢而不敢以射也！孔子之六藝，祖述堯舜，憲章文武，其道甚大。若夫詁訓以辨異文，記誦以識章句，皆學僮之業，非其緼也！儒者溺於其辭而不知止，鉤析釽亂，是非蜂起；至於孝弟之經，治亂之略，或闕而不講；是貯后稷之秕糠而以爲秬秠也！其事太迂！其防太峻！自非誦《詩》、《書》之言，服章甫逢掖之服，雖孝友温恭，天下之善人，皆在所退。故儒者名爲述周公、孔子，然非其徒矣！

孟、荀之徒交譏也，歷世千載。荀子言禮而鄙性，苟貌於禮而已！時異勢異，則不可以通；其爲道也外。孟子言禮而尊性；率其性以爲禮，則人皆可以爲堯舜，其爲道也内。故荀卿者，儒者而已！孟子者，真周公、孔子之徒也。

考證：

至於有漢，儒術益微；自孔子之籍不能遍睹；守一藝以之終身，己所不習，因以相詆；皆可謂"不賅不遍，一曲之士"矣！〇博按劉氏所訶"經生"也，非"儒者"也。大抵漢學有"經生"，有"儒者"。班固作《漢書》，崇"儒者"，而薄"經生"。所謂"經生"者，"守一藝以之終身"，事章句文學。《易》之有施讎、孟喜、梁丘賀，《書》之有歐陽生、大小夏侯勝、建，《詩》之有齊轅固、魯申公、韓嬰、毛公，《禮》之有大小戴德、聖、慶氏普，《春秋公羊》之有嚴彭祖、顏安樂，《漢書》著入《儒林傳》者皆是。亦稱辟儒。《漢書·藝文志·諸子略》叙儒家稱："惑者既失精微，而辟者又隨時抑揚，違離道本，苟以譁衆取寵，後進循之。是以五經乖析，儒學寖衰；此辟儒之患！"是也。又《六藝略》稱："後世經傳既已乖離，而傳學者又不思多聞闕疑之義，而務碎義逃難，便辭巧説，破壞形體；説五字之文，至於二三萬言。後進彌以馳逐。故幼童而守一藝，白首而後能言；安其所習，毁所不見，終以自蔽，此學者之大患！"亦指經生而言。若儒者則不專一經，不爲章句訓詁。《漢書·藝文志·六藝略》稱："存其大體，玩經文而已！""遊文於六藝之中，留意於仁義之際。"務於通經致用。其著書則録入諸子，不專經而名家。其人則助人君，順陰陽，明教化，而特立專傳以顯之，若陸賈、劉敬、賈山、賈誼、董仲舒、公孫弘、劉向、揚雄者是也。班固嘗見意於雄《傳》曰："不爲章句訓詁，通而已。"所謂"通"者，通其大意而已，不爲經生之章句訓詁也。劉歆《移讓太常博士書》曰："在漢朝之儒，賈生而已。"蓋重之也。言賈生之爲漢朝儒者，而與伏生輩之經生攸殊也。大抵經生不工文章，而儒者文章足以名世。《漢書》之例：經生入儒林，儒者立專傳。而范曄《後漢書》以賈逵、鄭玄兼通五經，别立傳，而互見《儒林》；乃用前漢賈誼、董仲舒、劉氏向歆互見《儒林》之例也。輓近世之譚漢學者，喜誦説經生，而務碎義逃難，苟以譁衆取寵；詎知其爲學者之大患，儒術之益微也！知儒者與經生之攸别，斯足以窺漢學之深矣！

陳三立　讀《荀子》

荀卿子之言，與孟子異者：孟子道"性善"；荀子則曰性惡。孟子言必稱堯舜，荀子則曰"法後王"。然孟子曰"人皆可以爲堯舜"；荀子亦曰"塗之人可以爲禹"。荀子曰："道過三代謂之蕩，法二後王謂之不雅。"孟子亦闢爲神農之言，歷舉文王治岐之政，而曰"如恥之莫若師文王"。操術不同，而其所之無不同；斯皆爲聖人之徒歟！

孟子之學，長於《詩》、《書》、《春秋》而頗及於禮。荀子之學，媁於禮，尤好言《詩》、《書》；劉向稱曰"善爲《詩》、《禮》、《易》、《春秋》"。然孟子以意逆志，觀大略而已。荀子則誦數以貫之，思索以通之，始乎誦經，終乎讀《禮》，綦重於章句文學。孟子書善言性道之要，爲古道家之餘。荀子書詳於法制節奏等威體國經野，儒家之統會。蓋觀於孟荀之言，而道家儒家之源流正變略可識矣。

《非十二子篇》於子思、孟子稱爲"案往舊造説，謂之五行"。楊倞釋五行爲"仁義禮智信"。胡元儀正作木、火、水、金、土，以謂"荀卿子傳經；子思、孟子傳緯；故荀子尤非子思、孟子"；而引《中庸》"國家將興，必有禎祥，國家將亡，必有妖孽"，及孟子夜氣平旦之氣以相符徵。其説近是。然尚不足爲子思、孟子傳緯之證也。荀子明言"案往舊造説，謂之五行"；今子思、孟子書實無五行之説，而荀子鑿鑿稱之，何耶？考子思著書二十三篇，今見《戴記》纔數篇。孟子著書十一篇，今存七篇。其《孟子》外書四篇，趙岐以來皆以爲弗類；則元書當已亡。或其所亡佚之書，實有造説五行者，當時流傳；爲荀子所據歟？抑或傳説失真，非之不以其實歟？又《韓詩外傳》所引無子思、孟子，或《非十二子》非荀子之舊歟？不可知也。

告子曰："性猶杞柳也，義猶桮棬也，以人性爲仁義，猶以杞柳爲桮棬。"荀子"人之性惡，其善者僞也"宗之。楊倞注："僞者爲也。"《黄氏日鈔》："人爲之名。"錢大昕亦謂"僞，爲；古通"；而引《堯典》"平秩南譌"，《史記》作"南爲"，《漢書·王莽傳》作"南僞"，以明"僞"即"爲"之證；是也。告子曰："生之謂性"，"食色性也"。荀子"凡性者，天之就也，不可學，不可事"，與夫"目好色，耳好聲，口好味，心好利，骨體膚理好愉佚，皆生於人之情性"宗之。是荀子之學，與孟子異，而實頗原於告子。然其所爲説，固可無惡於天下也；其曰："今人之性，必將待師法，然後正，得禮誼，然後治。今人無師法，則偏險而不正；無禮義，則悖亂而不治。"使人綦重禮義師法，勉然於爲善。豈可非乎？孟子言性善，而曰"人皆可以爲堯舜"；凡以性之善，充之使至於堯舜焉爾。荀子言性惡，而曰"塗之人可以爲禹"；凡以性之惡，化之使至於禹焉爾。孟子之道，盡性以至命，以擴充爲誼。荀子之道，化性而起僞，以變化爲本。孔子曰："性相近也，習相遠也。"按習者，爲也，即荀子之所謂僞也。習相遠，謂習之而後倜乎遠也。猶言十室之邑，必有忠信如丘者焉，不如丘之好學也。《論語》言"學而時習之"，言"傳不習乎"，《易》言"君子以朋友講習"，《禮》言"所習必有業"，皆爲善之義也，未有以習爲習惡之辭者。是孔子雖未主言性惡，而荀子所爲説要，尤有合於孔子，無疑也。稽於孔子之言性，而孟、荀二子之説，可得其通也。

考證：

孟子之學，長於《詩》、《書》、《春秋》而頗及於禮。〇番禺陳澧《東塾讀書記》曰："《史記·孟子列傳》云：'序《詩》、《書》，述仲尼之意，作《孟子》七篇。'趙邠卿《孟子題詞》云：'孟子通五經，尤長於《詩》、《書》。'澧案孟子引《詩》者三十，經始靈臺，刑于寡妻，畏天之威，王赫斯怒，哿矣富人，乃積乃倉，古公亶父，自西自東，迨天之未陰雨，永言配命兩引，晝爾于茅，雨我公田，周雖舊邦，出于幽谷，戎狄是膺兩引，不愆不忘，天之方蹶，殷鑑不遠，商之孫子，誰能執熱，其何能淑？周餘黎民，永言孝思，周道如砥，天生蒸民，既醉以酒，憂心悄悄，肆不殄厥慍。〇畜君何尤，不在三百篇內。論《詩》者四；普天之下，《小弁》，《凱風》，'不素餐兮'。〇齊宣王引'他人有心'，王良引'不失其馳'，萬章引'娶妻如之何?'孟子無論辯之語。）引《書》者十八，《湯誓》曰'時日害喪'，《書》曰'天降下民'，《書》曰'湯一征'，又'湯始征'，《書》曰'徯我后'，兩引《太甲》曰'天作孽'，兩引《書》曰'若藥不瞑眩'，《書》曰'葛伯仇餉'，《泰誓》曰'我武惟揚'，《書》曰'丕顯哉文王謨'，《堯典》曰'二十有八載'，《書》曰'祗載見瞽瞍'，《泰誓》曰'天視自我民視'，《伊訓》曰'天誅造攻，自牧宮宮'，《康誥》曰'殺越人於貨'，《書》曰'享多儀'。論《書》者一。《武成》。又有似引《書》而不言《書》曰者。如'放勳曰勞之來之'、'有攸不爲臣'之類。所謂'尤長於《詩》、《書》'者，於此可以窺見矣。孟子説《春秋》者雖不多；其云'臣弒其君，子弒其父'，'孔子懼，作《春秋》'；'《春秋》，天子之事也'，此明《春秋》之所以作也。《春秋》無義戰，亦《春秋》之大義，故孟子亦惡戰也。至曰其事、其文、其義，三者不獨深明《春秋》，凡後世史學，亦包括無遺矣。孟子説禮；有明言禮者。如'禮曰諸侯耕助'云云，'禮朝廷不歷位而相與言'云云，是也。'諸侯失國'云云，'在國曰市井之臣'云云，下文皆云'禮也，丈夫之冠也，父命之'云云，上文云'子未學禮乎？三年之喪，齊疏之服'云云，'天子一位'云云，'皆曰嘗聞君薨，聽於塚宰'，引'孔子曰天子適諸侯'云云，兩見一引'晏子曰'。有不明言禮者。'古者棺槨無度'云，'夏后氏五十而貢'云云，'夏曰校'云云，'卿以下必有圭田'云云，'歲十一月徒杠成'云云，'招虞人以皮冠'云云，'天子之地方千里'云云，'犧牲既成'云云，'有布縷之征'云云。有與人論禮者。景醜曰'禮曰父召無諾'云，淳于髡曰'男女授受不親，禮歟'，《齊宣王》曰'禮爲舊，君有服'，《萬章》曰'父母愛之喜而不忘'云云，與《內則》略同。其曰'諸侯之禮，吾未之學'蓋禮文繁博，間或有未學者；故趙氏不以爲尤長耳。"

荀子之學，專於禮，尤好言《詩》、《書》。劉向稱曰"善爲《詩》、《禮》、

《易》、《春秋》"。○江都汪中作《荀卿子通論》，歷舉諸家經師以爲出荀卿子之傳，固也。獨《左氏春秋》及《毛詩》，舍劉向《别録》、陸璣《毛詩草木蟲魚疏》不引，而引陸德明《經典釋文》，未爲知所先務。《穀梁》不引楊士勛疏，疏證尚欠分明。大小戴《禮》亦不如謝墉《荀子箋釋序》所言之典核。荀子兼通《易》，置而不論，亦未爲盡也。博按劉向所校讎《中孫卿書録》稱："孫卿善爲《詩》、《禮》、《易》、《春秋》。"獨《易》之傳業無聞！荀卿之書，語聖人必曰孔子、子弓。子弓之行事無傳。獨《史記·仲尼弟子列傳》叙："孔子傳《易》於商瞿。瞿傳楚人馯臂子弘。"《正義》引顔師古云："《漢書》及荀卿子皆云字子弓，此作弘誤。"漢世言《易》者本之田何。而田何爲子弓弟子，則是子弓，《易》家之始師矣！疑荀卿易學之所自出也。獨傳業誰何？無考者。至《漢書·楚元王傳》云："少時嘗與魯穆生、白生、申公同受《詩》於浮丘伯。伯者，孫卿門人。"而《魯詩》傳自申公，申公爲孫卿再傳弟子，則是《魯詩》出荀子也。陸璣《毛詩草木蟲魚疏》云："孔子删《詩》，授卜商。商爲之序，以授魯人曾申。申授魏人李克。克授魯人孟仲子。孟仲子授根牟子。根牟子授趙人孫卿，卿授魯國毛亨。亨作《詁訓傳》以授趙國毛萇。時人謂亨爲大毛公，萇爲小毛公。"而亨親受業孫卿；則是《毛詩》出荀子也。《左傳正義》引劉向《别録》云："左丘明授曾申。申授吴起。起授其子期。期授楚鐸椒。椒作《抄撮》八卷，授虞卿。卿作《抄撮》九卷，授孫卿。卿授張蒼。"則是《左氏春秋》出荀子也。《漢書·儒林傳》云："瑕丘江公受《穀梁》及《詩》於魯申公。而魯申公之《穀梁春秋》，亦自孫卿傳之。"楊士勛《穀梁疏》云："穀梁子受經於子夏，爲經作傳，傳孫卿。卿傳魯人申公。申公傳博士江翁。"則是《穀梁春秋》出荀子也。此皆傳授分明，鑿鑿可據者。亦有不言卿傳，而籀誦記説，知於荀子有淵源者，則《韓詩》、大小戴《禮》是也。《韓詩》今存《外傳》，其中引荀子以説《詩》者凡四十四事，而《禮小戴記》之《三年問》，全出荀子書《禮論篇》；《樂記》、《鄉飲酒義》所引俱出《樂論篇》；而《聘義》子貢問貴玉賤珉，亦與《德行篇》大同。《大戴記·三本篇》亦出《禮論篇》。《勸學篇》即《荀子書》首篇，而以《宥坐篇》末"見大水"一則附之。《哀公問五義》出《哀公篇》之首，謝墉《荀子箋釋序》考之綦詳；則是《韓詩》、大小戴《禮》，亦未必不出荀子也。故知"善爲《易》、《詩》、《禮》、《春秋》"之説，信矣。然《荀子·儒效篇》

詆俗儒“不知隆禮義而殺《詩》、《書》”，又稱雅儒“隆禮義，殺《詩》、《書》”，大儒“統禮義”。則是荀子隆禮義而殺《詩》、《書》者也。而謂其“尤好言《詩》、《書》”，其然豈其然乎？

《孟子書》善言性道之要，爲古道家之餘。《荀子書》詳於法制節奏等威，體國經野，儒家之統會。蓋觀於孟、荀之言，而道家、儒家之源流正變，略可識矣。〇博按道家宗旨，明天者也，故其言道也，則曰：“有物混成，先天地生……吾不知其名，字之曰道；……人法地，地法天，天法道，道法自然。”見《道德經》第二十五章儒家宗旨，明人者也，故其言道也，則曰：“非天之道，非地之道，人之所道也。”見《荀子·儒效篇》。孔子儒而兼道，故明天人相與之際。道家純任天道，孔子則修人道以希天。儒家務盡人道，孔子則本天道以律人。大抵修人道以希天者，《春秋》教也。本天道以律人者，《易》學也。孔子以《詩》、《書》、《禮》、《樂》教弟子，蓋三千焉；而《易》、《春秋》不與者，性與天道不可得聞也。蓋孔子以道自任，而以儒學傳弟子。孔子志於道，據於德，依於仁，遊於藝；至七十始從心所欲，不踰矩焉。而其訓弟子也則不然！博學於文，約之以禮。雅言者《詩》、《書》、執《禮》。立教者，文行忠信。性與天道，蓋有不可得聞者矣。其後子思、孟軻衍其道統，則曰“天命之謂性，率性之謂道”見《禮記·中庸第三十一》；“仁者人也，合而言之道也”見《孟子·盡心下》；是“道法自然”之意也。荀卿傳其儒學，則曰：“《書》者政事之紀也，《詩》者中聲之所止也，《禮》者法之大分，類之綱紀也。故學至乎禮而止。”見《荀子·勸學篇》。是《詩》、《書》、執《禮》之教也。漢代經生近承荀學，宋儒理學上衍道統。

荀子明言“案往舊造説，謂之五行”；今子思、孟子書實無五行之説。〇博按五行之説，今於思、孟書中，證據雖少。然子思作《中庸》，而《中庸》開端言“天命之謂性”，舊注：“木神則仁，火神則禮，土神則知，金神則義，水神則信。”是可見《中庸》本旨，固以五行傅會五德也。孟子受業子思之門人，又以仁、義、禮、智四德並舉，大抵亦本諸此。夫以五行傅五德，其淵源有自。子遊述所聞於孔子而非《禮運》，言“人者其陰陽之交，五行之秀氣”。孔穎達疏：“獨陽不生，獨陰不成，二氣交乃生。秀，謂秀異；人感五行秀異之氣，故有仁義禮智信。”鄒衍深觀陰陽消息，而要其歸必止乎仁義節儉，君臣上下六親之施，用意亦若有契。至漢世，其一派衍爲張蒼、公孫臣輩，以五行推世運；而吹律定姓三統文質之義起焉，則衍鄒子終始之説者也。其一派傳之董仲舒、翼奉輩，以五行傅道德；而澄列五性以立父子之説起焉，則承思、孟五行之學者也。今按董仲舒所著《春秋繁露》，有《五行對篇》、《五行之義篇》。其言曰："天有五行，木火土金水，是也。木生火，火生土，土生金，金生水。水爲冬，金爲秋，土爲季夏，火爲夏，木爲春。春主生，夏主長，季夏主養，秋主收，冬主藏。藏，冬之所成也。是故父之所生，其子長之。父之所長，其子養之。父之所養，其子成之。諸父所爲，其子皆奉承而續行之；不敢不致如父之意，盡爲人之道也。由此觀之：父授之，子受之，乃天之道也。地出雲爲雨，起氣爲風；風雨者，地之所爲；地不敢有其功名，必上之於天命，若從天氣者；故曰'天風天雨也'，莫曰'地風地雨也'。勤勞在地，名一歸於天，非至有義，其孰能行此！故下事上，如地事天也，可謂大忠矣！土者，火之子也。五行莫貴於土。土之於四時無所命者，不與火分功名。木名春，火名夏，金名秋，水名冬。忠臣之義，孝子之行取之土。"《漢書·藝文志·諸子略》有於長《天下忠臣》九篇，入陰陽家。論者每多不解。豈知其爲推衍董氏學乎？翼氏言《詩》五際六情，以五情分配方位。則純爲主觀之心理，一變而爲客觀之倫理矣！夫五行之説，遠本上古。《洪範》肇其緒，二《雅》承其流。是以孟子於《詩》、《書》爲其專長，荀卿於《詩》、《書》在所必殺。《漢書·藝文志》兵陰陽有《孟子》一篇。

劉孚京　諸子論乙道家

自唐、虞作法，禹、湯迭興，世有所更，以至於周，承殷質之弊；於是周公制作，其文大備，而天下乃治。及成康既没，百有餘年，遭幽、厲之虐，稍稍壞亂。暴君繼作，霸者承權，然尚忌周之典籍，不敢以肆。春秋之時，猶得以王命相持，以盟誓相要；及其久也，盡去其籍，乃敢淫爲暴戾。禮樂之效如此！孔子作，思欲復古之治，以爲因時之宜，莫便文、武、周公之道；既老而不用，乃退而修六藝；觀三《易》之文而取《周易》，文王、周公之志也。《詩》三百篇，周太師之所陳，當世之俗也。辨禮樂之宜，損益四代之法，曰"吾從周"；周公之所定，當世之所用也。《書》始於堯舜，而周之書最多，不敢述上古之眇冥而詳時王之迹也。《春秋》起隱公，明當世之治也。

故聖人之於天下，務近而不舉遠。孔子曰："吾學周禮。""如有用我者，吾其爲東周乎?"孟子稱先王，荀子法後王，二者非相反。據戰國以言文、武，斯爲先王矣。據三代以言文、武，斯爲後王矣。此皆以文、武爲法，以周公爲師，孔子之志也。

老聃爲柱下之史，習於帝王之故，睹三代以來製作益詳，風俗益污，不知其原，歸其過於禮樂，以爲亂之所從出；欲盡去之而爲太古。夫夏之教忠，殷之教敬，周之教文，此非政之所彊；變之所適也。變之所適，則必因而利導之。周之不能爲太古，若昏之於昕，壯夫之於嬰兒，然壯夫不可以哺乳，周不可以爲無事。且孔子豈不知黄帝哉?以爲堯舜以前不可知，雖知之無所施於今；故曰："君子名之必可言也，言之必可行也。"若夫言而不可行，是之謂苟。悲夫！老聃乃以苟焉者爲道德也！

自老聃以道德名，於是楊朱得其清净之意，設爲爲我之説，而列禦寇、莊周之徒托焉。申不害、商君、韓非用其輕仁義去禮樂之意，而爲刑名。鄒衍、鄒奭襲其迂怪而演終始五行之變。惠施、公孫龍師其縱恣而爲堅白同異之辨。是數者，皆出於老聃；故遠者稱黄帝，肆者非往古，述文、武、周公之道者，靡有聞焉；故士益狂惑！正道否塞，天下不治，固妄者之所樂聞，而天下之所由亂也！李斯之焚《詩》、《書》，亦愚之之術也！

考證:

自老聃以道德名，於是楊朱得其清净之意，設爲爲我之説，而列禦寇、莊周之徒托焉。申不害、商君、韓非用其輕仁義去禮樂之意，而爲刑名。鄒衍、鄒奭襲其迂怪而演終始五行之變。惠施、公孫龍師其縱恣而爲堅白同異之辨。是數者，皆出於老聃。○博按先漢以來，譚諸子者多推老子爲百家之祖，雖譽刺不同而其歸則一。《史記·老莊申韓列傳》：太史公曰："老子所貴道，虚無因應，變化於無爲，故著書辭稱微妙難説。莊子散道德放論，要亦歸之自然。申子卑卑，施之於名實；韓子引繩墨，切事情，明是非，其極慘礉少恩；皆原於道德之意。而老子深遠矣！"明李載贄《解老自序》曰："嘗讀韓非《解老》，未嘗不爲非惜也！以非之才而卒見殺於秦，安在其爲善解老也？是豈無爲之謂哉？夫彼以柔弱，而此以堅强；此勇於敢，而彼勇於不敢，已方圓冰炭若矣。'然則韓氏曷爲愛之?'曰：'順而達者，帝王之政也。逆而能忍者，黄老之術也。’順而達，則以不忍之心，行不忍之政，是故順事恕施而後四達不禦，其效非可以旦夕責也。逆而能忍者，‘不見可欲’是也。是故無政不達，而亦無心可推；無民不安，而亦無賢可尚。如是而已矣。此至易至簡之道，而一切急功利者之所尚也！而一切功利者欲效之而不可得，是故不忍於無欲，而忍於好殺；不忍以己而忍以人；不忍於忍而忍於不忍。學者不察，遂疑其原，從而曰：‘道德之禍，其後爲申韓也如此！’”陳澧《東塾讀書記·諸子篇》云：“‘古之善爲道者，非以明民，將以愚之。’吴草廬注云：‘其流之弊，則爲秦之燔《詩》、《書》以愚黔首。’程子云：‘秦之愚黔首，蓋亦出於老子。’《二程遺書》卷十五澧按韓非云：‘商君教秦孝公燔《詩》、《書》而行法令。’《和民篇》是燔《詩》、《書》始於商鞅，故其言曰：‘民不貴學則愚。愚則無外交，國安不殆！’《墾令》韓非亦云：‘群臣爲學者可亡。’《亡徵篇》韓非之學出於老子、商鞅也。莊子亦云：‘絶聖棄知，大盜乃止！殫殘天下之聖法，而民乃可與論議！’《胠篋篇》惜乎莊子不見秦始皇焚書而勝、廣大盜乃起也！”又云：“申不害之書已亡，惟《群書治要》采其《大體篇》，有云：‘名者天地之綱，聖人之符。張天地之綱，用聖人之符，則萬物之情無所逃矣！故善爲主者倚於愚，立於不盈，設於不敢，藏於無事，竄端匿疏，《日本佚存叢書》評云：疏疑迹。示天下無爲，是以近者親之，遠者懷之，示人有餘者，人奪之。示人不足者，人與之。剛者折，危者覆。動者摇，静者安。名自正也，事自定也，是以有道者自名而正之，隨事而定之也。’又云：‘聖人貴名之正也，主處其大，臣處其細，以其名聽之，以其名視之，以其名命之。’澧案《群書治要》采此篇，蓋取其稍醇正者；然‘藏於無事，竄端匿疏’，已見其術矣。‘名者天地之綱’云云，又可見《史記》所謂‘申子之學，本於黄老而主刑名’；‘申子卑卑，施於名實’者也。”此言申、韓出於老子也。唐陸希聲《道德經傳自序》曰：“老氏之術，道以爲體，名以爲用，無爲無不爲而格於皇極者也。楊朱宗老氏之體，失於不及，以至於貴身賤物。莊周述老氏之用，失於太過，故欲絶聖棄知。申、韓失老氏之名，而弊於苛繳刻急。王、何失老氏之道，而流於虚無放誕。”陳澧《東塾讀書記》曰：“楊朱是老子弟子。見《列子·黄帝篇》及《莊子·寓言篇》，莊子云陽子居。子居，蓋朱之字。故禽滑釐問楊朱云：‘以子之言問老聃、關尹，則子之言當矣！’《列子·楊朱篇》老子云：‘故貴以身爲天下①，則可以寄天下。愛以身爲天下，則可以托天下。’吴草廬注云：‘愛惜貴重此身，不肯以之爲天下。’楊朱爲我之學原於此。”此言楊朱、莊周、申、韓、王、何出於老子也。《程子遺書》曰：“老氏之言雜權詐。秦愚黔首，其術蓋有所自。老子語道德而雜權詐，本末舛矣！申、韓、蘇、張，皆其流之弊也。申、韓原道德之意而爲刑名，後世猶或師之。蘇、張得權詐之説而爲横縱，其失益遠！”此言申、韓、蘇、張出於老子也。《朱子語録》曰：“老子之學，只要退步柔伏，不與你争；才有一毫主張計較思慮之心，這氣便粗了！故曰：‘致虚極，守静篤。’又曰：‘專氣致柔，能如嬰兒乎?’又曰：‘知其雄，守其雌，爲天下谿。知其白，守其黑，爲天下谷。’所謂‘谿’，所謂‘谷’，只是低下處。讓爾在高處，他只要在卑下處，全不與爾争；他這工夫極難。常見畫本老子，便是這般氣象，笑嘻嘻地，便是個退步占便宜底人。雖未必肖他，然亦是他氣象。只是他放出無狀來，如曰‘以正治國，以奇用兵’，‘以無事取天下’。他取天下，便是用此道。故爲其學者多流於術數，如申、韓之徒是也。其後則兵家亦祖其説，如孫、吴之類是也。”明劉子威《嚴君平〈道德指歸論〉序》曰：“有以柔弱勝剛强，而爲兵權之譎者，取彼險武附於詐謀。有以芻狗萬物，而爲申、韓之刻者，絶聖去知以愚齊民。有以清净無爲而爲蓋公之言者，慎守其常，用以寧一，則曹丞相輔漢一代之治是也。有以谷神不死，而爲神仙長年之術者，則推本柱下，原於道德，《關尹書》之類，遂爲玄談之宗。然其所述，皆老之支流，非其全體。”陳澧《東塾讀書記》曰：“‘聖人欲上人，以其言下之；欲先人，以其身後之；將欲歙之，必固張之。將欲弱之，必固强之。將欲廢之，必固興之。將欲奪之，必固與之。’吴草廬注云：‘老子大概欲與人之所見相反，而使人不可測知。孫、吴、申、韓之徒，用其權術，陷人於死而人不知。其立言不能無弊，有以啓之！’澧案孫子云：‘兵者，詭道也；故能而示之不能，用而示之不用，近而示之遠，遠而示之近。’《始計篇》又云：‘能愚士卒之耳目，使之無知。易其事，革其謀，使人無識。’《九地篇》此老子之術也。吴子則無此等語，草廬連及之耳。”此言孫、吴、申、韓出老子也。大約老子之學無所不賅，徹上徹下，亦實亦虚，學之者不得其全，遂分爲數派：其得老子之玄

① 下，原作“子”，兹據《老子》通行本及下文吴草廬注改。

虛一派者，爲楊朱，爲莊周。得老子之刻忍一派者，爲刑名家，爲法家。得老子之陰謀一派者，爲兵家，爲縱橫家。昔韓退之謂："孔子之道大而能博，門弟子不能遍觀而盡識也。故學焉而皆得性之所近。"老子殆猶然乎？

陳三立　《老子注》序

昔衰周之際，孔老並出，各專其道，不相爲師。然孔子嘗問禮於老子，而曰"竊比於我老彭"；老彭者，故老子也。孔子蓋數有取於老子云！

老子之書，言道言德，澹泊寧静，窅然無爲。其後莊周、列禦寇之徒，技衍老子，號爲道家：其言益放無所統紀矣。而孔子修《春秋》，定《易》、《詩》、《書》、《禮經》，紀王政之迹，明禮樂之會，七十子相與傳之，稱儒宗焉。儒與道不相兼。道家言道。儒家言禮。自是徒衆益競於異同，或相獎詆以汩其真；數千年以來，混然沈浮，莫能明也！

老子雖嫥言道，以自然爲宗；而讀其辭，儼乎其若畏，慄慄乎殆而不安，傳曰："作《易》者其有憂患乎！"老子蓋睹周末之弊，道散禮崩，政俗流亡，莫知其終；於是發憤矯厲，寓之於言，刮磨人心以冀其寤。孔子曰："禘自既灌而往者，吾不欲觀之矣！"林放問禮之本，而曰"大哉問"。孔子周流以明用；老子養晦以觀變；其志一也。故老子明其原；而孔子持其流。老子質言之以牖當時；孔子則修其詞以訓後世。然而禮亡於秦；漢特用老治，終孝文景之世，世被其化，其效亦既可睹矣！而孔子之孫子思作《中庸》，亦言道言性，言無聲無臭，其旨略同於老子。老子固孔子之徒哉！蓋天不一道。道不一聖。聖不一治。文質之變，各有其宜。升降之數，各有其情。同之非之，攻之因之，揭揭焉搶攘於其間，非所以順大數，參萬世，明治而善學也！

注老子者，隋唐所列，無慮數十家；今四庫著録凡九家；而河上公本頗著。余單居亡聊，略以所明取而注之。或言："《河上公章句》多不合，乃流俗人所爲。"是殆然。然唐以來傳之千餘歲不廢，則亦不可得而廢也。故仍之云。

考證：

孔子嘗問禮於老子，而曰“竊比於我老彭”；老彭者，故老子也。〇博按《莊子·逍遥遊》陸德明《音義》曰：“彭祖，世本云：‘姓籛，名鏗，在商爲守藏史，在周爲柱下史。’籛，音翦，一云‘即老子也’。”漢《博陵太守孔彪碑》云：“述而不作，彭祖賦詩。”則是“述而不作，信而好古”兩語，蓋老彭之賦詩。孔子諷其詩，故竊比其人也。“作”與“古”諧韻。

儒與道不相兼。道家言道。儒家言禮。自是徒衆益競於異同，或相獎誣以汩其真。〇博按《史記·老莊申韓列傳》曰：“世之學老子者則絀儒；學儒學，亦絀老子；道不同不相爲謀。”韓愈《原道》，老佛並距。宋儒承之。朱子《中庸章句序》曰：“老佛之徒出，則彌近理而大亂真。”然宋儒亦有謂老與儒表裏者。秦觀《淮海集》曰：“班固贊司馬遷以爲‘是非頗謬於聖人，論大道，則先黄老而後六經。’孰謂遷之高才博洽而至於是乎？以臣觀之：彼實有見而發耳！孟子曰：‘仁者人也，合而言之，道也。’楊子亦曰：‘道以導之，德以得之，仁以人之，義以宜之，禮以體之，天也。合則渾，離則散。’蓋道德者，仁義禮之大全；而仁義者，道德之一偏。黄老之學，貴合而賤離，故以道爲本；六經之教，於渾者略，於散者詳，故以仁義禮爲用。遷之論大道也，先黄老而後六經，豈非有見於此而發哉！”此言黄老與六經表裏也。晁説之《景迂生集》曰：“伏羲、文王、周公贊《易》之後，惟老氏得《易》之變通屈伸，知柔而貴虚，務應而不得；殷勤以立言，幸乎此書之存也！”葉夢得《老子解》曰：“删《書》斷自唐、虞，而《易》獨及伏羲、神農、黄帝，然後知堯而上，蓋有其人，六經存而不論。嘗試會之以心，則其説曰：‘《易》無思也，無爲也，寂然不動，感而遂通天下之故，非天下之至神孰能與於此！’然後知伏羲、神農、黄帝至於堯、舜，世而相傳者，皆不出乎《易》。退而質諸老氏，則與《易》異者無幾。”又曰：“老氏之書，其與孔子異者，皆矯世之辭；而所同者皆合於《易》。”此言老與《易》表裏也。又葉夢得《老子解》曰：“《論語》：‘竊比於我老彭。’後孔子者孟子。孟子之於儒，蓋秋毫不以少亂也；其距楊、墨，排儀、秦，過於桀、紂；終不及老氏。乃其言盡心知性以至於命，則老氏之所深致意也。然後知老氏之書，孔孟所未嘗廢。”又《石林巖下放言》曰：“老氏論氣，欲專氣致柔如嬰兒。孟子論氣，以至大至剛，直養而無害，充塞乎天地之間。二者正相反。從老氏，則廢孟子。從孟子，則廢老氏。以吾觀之，二説正不相反。人氣散之，則與物敵而剛；專之，則反於己而柔。剛不可以勝剛，勝剛者必以柔；則專柔者，乃所以爲直也。直養而無害於外，則不惟持其志，毋暴其氣；當如曾子之守約，約之至精而反於微，則直養者，乃所以爲柔也。蓋知道之至者，本自無二。”此言老與孟表裏也。其他如邵康節以老子爲知《易》之體，孟子爲知《易》之用。《邵氏聞見録》楊龜山曰：“私意去盡，然後可以應世。老子曰：‘公乃王。’”《語録》若此之類，更不可以悉數也，故不具引焉。

章炳麟　《莊子〈齊物論〉釋》序

昔者蒼姬訖録，世道交喪。奸雄結軌於千里。烝民塗炭於九隅。其惟莊生覽聖智之禍，抗浮雲之情；蓋齊稷下先生三千餘人，孟子、孫卿、慎到、尹文皆在；而莊生不過焉！以爲隱居不可以利物，故託抱關之賤。南面不可以止盜，故辭楚相之禄。止足不可以無待，故泯死生之分。兼愛不可以宜衆，故建自取之辨。常道不可以致遠，故存造微之談。維綱所寄，其唯《逍遥》、《齊物》二篇；則非世俗所云自在平等也。體非形器，故自在，而無對。理絶名言，故平等而咸適。《齊物》文旨，華妙難知，魏晉以下，解者亦衆，既少綜覈之用，乃多似象之辭。夫其所以括囊夷、惠，炊纍周、召，等臭味於方外，致酸鹹於儒史，曠乎未有聞焉！作論者其有憂患乎？遠睹萬世之後，必有人與人相食者；而今適其會也！

“文王明夷，則主可知矣！仲尼旅人，則國可知矣！”雖無昔人之睿，依於當仁，潤色微文，亦何多讓！執此大象，遂以臚言；儒墨諸流，既有商榷；大小二乘，又多取攜！夫然，義有相徵，非附會而然也。往者僧肇、道生，摭内以明外。法藏、澄觀，陰盜而陽憎。宋世諸儒或云佛典多竊老莊，此固未明華梵殊言之理。至於法藏、澄觀竊取莊義以説《華嚴》，其迹自不可掩。自澄觀至於宗密，乃復剽剥老莊；其所引據，多是天師、道士之言，而以誣污前哲，其見下於生肇遠矣。然則拘教者以異門致釁。達觀者以同出覽玄。且《周髀》、《墨經》，本乎此域，解者猶引大秦之算。何者？一致百慮，則胡越同情。得意忘言，而符契自合。今之所述，類例同茲。《詩》曰：“受小球大球，爲下國綴遊。”咨惟先生，其足以與此哉！

陳三立　讀《列子》

吾讀《列子》，恣睢誕肆過莊周，然其詞雋，其於義也狹，非莊子倫比。篇中數稱楊朱，既爲《楊朱篇》，又終始一趣，不殊楊朱貴身任生之旨；其諸楊朱之徒爲之歟？世言“戰國衰滅，楊與墨俱絶”。然以觀漢世所稱道家楊王孫之倫，皆厚自奉養。魏晉清談興，益務藐天下，遺萬物，適己自恣，偷一身之便，一用楊朱之術之效也！而世迺以蔽之列子云！

吾又觀列子《天瑞篇》：“死之與生，一往一反，故死於是者，安知其不生於彼?”《仲尼篇》：“西方之人有聖者焉！不治而不亂，不言而自信，不化而自行。”輪迴之説，釋迦之證，粲著明白。其言“運轉亡已，天地密移”，復頗與泰西地動之説合。豈道無故術，言無故家，所操者約而所驗者博歟?

吾終疑季漢、魏晉之士，窺見浮屠之書，就楊朱之徒所依託，益增竄其間，且有非劉向之所嘗見者。張湛蓋頗知之而未之深辨也。又《漢志》道家稱其先莊子，乃列於莊子之後，明非本真。而柳宗元方謂“莊子要爲放依其詞，於莊子尤質厚少僞作。”於戲！蓋未爲知言爾已！

考證：

吾終疑季漢、魏晉之士，窺見浮屠之書，就楊朱之徒所依託，益增竄其間，且有非劉向之所嘗見者。張湛蓋頗知之而未之深辨也。○博按《漢書·藝文志》道家，《列子》八篇。注曰：“名圄寇，先莊子，莊子稱之。”今傳《列子書》八篇，與《漢志》載篇數合。柳宗元《辨列子》謂：“其書增竄非其實，其言魏牟、孔穿，皆出列子後，不可信”云云。今考第五卷《湯問篇》中，並有鄒衍吹律事，不止魏牟、孔穿，其不出圄寇之手無疑。顧其後高似孫《子略》遂疑列子爲莊子寓言，如所稱鴻蒙、雲將之流，並無其人。然《爾雅疏》引《尸子·廣澤篇》云“墨子貴兼，孔子貴公，皇子貴衷，田子貴均，列子貴虛，料子貴别”云云，則以列子與孔、墨並稱，當時實有其人可知。今按《列子書》稱子列子，決爲傳其學者所追記，非圄寇自著；猶《墨子書》之稱子墨子，爲傳墨學者所記，非墨翟自著也。其雜記列子後事，正如《莊子》記莊子死，管子稱吴王、西施，商子稱秦孝公耳。要之，古人之著書有三：其一，春秋以前之著書，爲昭代典章。如會稽章學誠稱："古之所謂經，乃三代盛時典章法度見於政教行事之實，而非聖人有意作爲文字以傳後世也。"《文史通義·經解上》其二，周秦之際之著書，爲專門家學。如章學誠所稱："諸子之奮起，思以其學易天下；苟足顯其學而立其宗，而援述於前，與附衍於後者，未嘗分居立言之功而私其所出。輯其言行，不必盡其身所論述者，管子之述其身後死事，《韓非書》之載其李斯《駁議》是也。"《文史通義·言公上》其三，秦漢以後之著書，爲私人著作。語矜己出，辭戒剿説，於是專門家學之義不明，而繩以一概。或譏文辭不類。或疑事涉身後。而不知古人一家之言，非可以後世私人之著一例相繩。此亦晚近論古者之一蔽也！《漢書·藝文志》言："《論語》者，孔子應答弟子時人及弟子相與言而接聞於夫子之語。當時弟子各有所記，夫子既卒，門人相與輯而論纂，故謂之《論語》。"大抵晚周諸子書，皆《論語》之比，不必其人所自著，而出其人既死弟子之所記，門人之所輯。譬如《論語》記孔子死，稱魯哀公，而出於孔子之手，則無理矣！然以爲出於曾子、有子之門人，庸何傷乎？則亦何嫌於《列子書》哉！

謝无量　《韓非》叙略

古之言政治者數家，至於法家而詳。法家之學，又至韓非而大備。司馬談《論六家要指》曰："陰陽、儒、墨、名、法、道德，此務爲治者也。"蓋韓非不喜陰陽，而好刑名法術之學；親受業儒者之門，而推本於道德；既博稽衆家，求其切實可施諸行事者，著書言治，故中國古代之政治學，至於韓非，大體具矣；以其晚出，所取資多也。

司馬遷以老、莊、申、韓合在一傳，而論之曰："老子所貴道，虛無因應，變化於無爲；故著書辭稱微妙難識；莊子散道德放論，要亦歸之自然；申子卑卑，施之於名實；韓子引繩墨，切事情，明是非，其極慘礉少恩。皆原於道德之意，而老子深遠矣！"蓋古之名學者以道家爲最先；雖起自黄帝，要至老子以來，其學爲有傳也。韓非雖兼綜諸家之長，而尤推本道德之意；故太史公獨叙申、韓於老、莊之後，亦以其所源者遠歟？

《漢志》法家《韓非子》五十五篇。隋、唐《志》二十卷，目一卷。舊有注不詳名氏；惟元何犿以爲李瓚注鄙陋無取，盡爲削去，不知犿何據指爲李瓚也？其篇自昔謂有缺者，然所傳適符五十五篇之數；惟王伯厚言今本五十六篇，今不可考。近人於《韓非書》頗有校正其義訓者，皆五十五篇，與《漢志》符也。太史公謂“申、韓原於道德之意”，而《漢志》則列韓非於法家。其言曰：“法家者流，蓋出於禮官，信賞必罰，以輔禮制。《易》曰：‘先王以明罰飭法’，此其所長也。及刻者爲之，則無教化，去仁愛，專任刑法而欲以致治；至於殘害至親，傷恩薄厚。”蓋法家所由出，本以輔禮制。荀卿最長於禮，而韓非師之，又稽考黄、老刑名之言，此韓非成學之大略也。

晁公武《讀書志》曰：“韓非喜刑名法家之學，作《孤憤》、《五蠹》、《説林》、《説難》十餘萬言，書凡五十五篇，其極刻覈無誠悃，謂夫婦父子，舉不足相信，而有《解老》、《喻老》篇。故太史公以爲大要皆原於道德之意。夫老子之言高矣，世皆怪其流裔何至於是？殊不知老子之書，是‘將欲歙之，必固張之’，及‘欲上人者必以言下之，欲先人者必以身後之’等言，是出於詐，此所以一傳而爲非歟？”

高似孫《子略》曰：“《韓子書》往往尚法以神其用，薄仁義，厲刑名，背《詩》、《書》，課名實，心術詞旨皆商鞅、李斯治秦之法，而非又欲淩跨之；此始皇之所投合，而李斯之所忌者。非迄坐是，爲斯所殺，而秦即以亡；固不待始皇之用其言也。《説難》一篇，殊爲切於事情者。惟其切切於求售，是以先爲之説，而後説於人，亦庶幾萬一焉耳。太史公以其説之難也，固嘗悲之，抑亦有所感慨而發者歟？”

《黄氏日抄》曰：“韓非盡斥堯、舜、禹、湯、孔子，而兼取申不害、商鞅法術之説，加深刻焉。至謂妻子亦害己者而不可信，蓋自謂獨智足舞一世矣！然以疏遠，一旦説人之國，乃欲其主首去貴近，將誰汝容耶？送死秦獄，愚莫與比！然觀其書，猶有足警後世之惑者。方是時，先王道息，處士横議，往往故爲無稽寓言以相戲劇。彼其爲是言者，亦未嘗自謂真有是事也；後世襲取其餘而神之，流俗因信以爲真；而異端之説，遂至禍天下；奈何韓非之辯具在而不察耶？非之言曰：‘白馬非馬，齊稷下之辯者屈焉；及乘白馬之賦而籍之，不見其非白也；蓋虚辭空辯，可以勝一國，考實按形，不能漫一人。’今人於異端，有嘗核其實者否耶？非之言曰：‘宋人有欲爲燕王削棘刺之端以爲猿母者，必三月齊，然後能見；知王之必不能久齊而紿之爾。王乃豢之三乘。冶工言王曰：果然，則其所以削者必小。今臣冶人也，無以爲削，此不然之物也。因囚而問之。果妄，乃殺之。’今人於異端，果嘗有訊其妄者否耶？……非之辨誣若此者衆，姑取節焉以告惑者。”

王世貞《韓非子書序》曰：“韓子之言，太史公若心喜之，而傅之《老子傳》。唐以尊老子，故析之。宋以絀老子，故復合之。其析其合，要非以爲韓非子也。嗟夫！儒至宋而衰矣。彼其睥睨三代之後，以爲無一可者，而不能不心折於孔明，乃孔明則自比於管子，而勸後主讀韓非子之書。何以故？宋儒之所得淺，而孔明之所得深故也。宋以名舍之，是故小遇遼，小不振；大遇金，大不振。孔明以實取之，是故蕞爾之蜀，與强魏角而恒踞其上！”

陳澧《東塾讀書記》曰：“韓非之學，出於老子，而流爲慘刻者，其意以爲先用嚴刑，使天下不敢犯，然後可以清静而治也。至暴秦嚴刑之後，漢初果以黄老致刑措矣！然秦以嚴刑而亡，漢以清静而治，嚴刑者近受其禍，清静者遠受其福。韓非未見及此也。彼欲其於一身先用嚴刑，後享清静；而不知已殺其身，已亡其國也！且秦雖嚴刑，而博浪之擊，蘭池之盜，陳勝、吴廣之揭竿而起，何嘗畏嚴刑哉？《史記·韓非傳》云：‘喜刑名法術之學。’《集解》云：‘申子之書號曰術，商鞅之書號曰法，皆曰刑名。’李奇云：‘韓非兼行申、商之術。’見《漢書·武帝本紀》注。澧按韓非云：‘申不害言術，而公孫鞅爲法。術者，人主之所執也。法者，臣之所師也。此不可一無，皆帝王之具也。’《定法篇》‘法者，編著之圖籍設之於官府，而布之於百姓者也。術者，藏之於胸中以偶萬端而潛御群臣者也。故法莫如顯而術不欲見。’《難三篇》問者曰：‘主用申子之術，而官行商君之法，可乎？’對曰：‘二子之於法術，皆未盡善也！申子言治不踰官，雖知弗言。治不踰官，謂之守職也。可知而弗言，則人主尚安假借矣！’商君之法曰：‘斬一首者爵一級，欲爲官者，爲五十石之官。斬二首者爵二級，欲爲官者爲百石之官。’今有法曰‘斬首者令爲醫匠’，則屋不成而病不已！夫匠者手巧也，而醫者齊藥也，而以斬首之功爲之，則不當其能。今治官者智能也。今斬首者勇力之所加，而治者智能之官，是以斬首之功爲醫匠也！故曰：‘二子之於法術皆未盡善也！’《定法篇》然則韓非兼申、商之法術而更進焉者也！李斯以書對二世引申子曰：‘有天下而不恣睢，命之曰以天下爲桎梏者！’又引韓子曰：‘慈母有敗子，而嚴家無格隸。’又引商君刑棄灰於道者。又引韓子曰：‘布帛尋常，庸人不釋。鑠金百鎰，盜蹠不搏。’又云：‘滅仁義之塗，困烈士之行，塞聰揜明若此，然後可謂能明申、韓之術，而修商君之法！’《史記·李斯列傳》商鞅、申、韓之説至此大暢，而秦亡矣。老子云：‘民不畏死，奈何以死懼之！’惜乎韓非之未解此也！罪當死者必死，則民畏。若不論罪之輕重而皆死，則民不犯輕罪而犯重罪矣！此陳勝、吴廣所謂‘失期亦死，舉大計亦死’也。”自此以下兩條，皆博所增入。博按謝氏書好博采而無深識，此文亦正同病。今删其不必要者，而增入陳澧《東塾讀書記》一條，陳三立《讀〈韓非子〉》一條，似爲後來居上。

陳三立《讀〈韓非子〉》曰：“韓非貴刑名，上功實，裂仁義，絀賢才，隆主之勢，排斥大臣；左右朋比，一決於法術。自秦以來千餘歲，祖非之治，時取小效。戎夷崛起盛强，尤與非術相表裏；豈其世變相類，有不可得而廢者歟！悲夫！非之言，‘所養非所用，所用非所養，此所以亂。’蓋莫之能易也！非書又稱‘父母之於子也，産子則相賀，産女則殺之’。後世溺殺所産女之習之變，戰國之世，寧已有是？然吾頗疑非所徵者秦俗也！”

古今論韓非者甚衆，不可悉引。惟太史公似有深意。《黄氏日抄》所言亦極推其辨言正詞之功，蓋韓非之議論，多切於事情而覈於名實，爲言治者所不可廢也。二陳於非引繩批根，極有微詞；然賈生、鼂錯實明之於漢廷，而諸葛又用以治蜀。非之爲書，一推本於人事，揆諸正理以究爲政之要，大絀一切陰陽災異、虚僞不實之説，殆所涉獵者廣而用心者深歟！

孫詒讓　《墨子閒詁》序

《漢志》：墨子書七十一篇，今存者五十三篇。《魯問篇》：“墨子之語魏越云：‘國家昏亂，則語之尚賢尚同。國家貧，則語之節用節葬。國家憙音沈湎，則語之非樂非命。國家淫僻無禮，則語之尊天事鬼。國家務奪侵陵，則語之兼愛非攻。’”今書雖殘缺，然自《尚賢》至《非命》三十篇。所論略備，足以盡其指要矣。《經説》上下篇與莊周書所述惠施之論及公孫龍書相出入，似原出墨子，而諸鉅子以其説綴益之。《備城門》以下十餘篇，則又禽滑釐所受兵家之遺法，於墨學爲别傳。惟《修身》、《親士》諸篇，誼正而文靡，校之他篇，殊不類。《當染篇》又頗涉晚周之事，非墨子所得聞，皆後人以儒言緣飾之，非其本書也。

墨子之生，蓋稍後於七十子，不得見孔子；然亦甚老壽，故前得與魯陽文子、公輸般相問答；而晚及見田齊太公和，又逮聞齊康公興樂，及楚吴起之亂。身丁戰國之初，感悕於擴暴淫侈之政，故其言諄復深切，務陳古以剴今，亦喜稱道《詩》、《書》及孔子所不修百國《春秋》。惟於禮則右夏左周，欲變文而反之質，樂則竟屏絶之，此其與儒家四術六藝必不合者耳！至其接世務爲和同，而自處絶艱苦，持之太過而或流於偏激，而非儒尤爲乖戾。然周季道術分裂，諸子舛馳。荀卿爲齊魯大師，而其書《非十二子篇》，於遊、夏、孟子諸大賢，皆深相排笮，洙泗齗齗，儒家已然。墨儒異方，跬武千里，其相非寧足異乎？綜覽厥書，釋其紕謬，甄其純實，可取者蓋十六七。其用心篤厚，勇於振世救敝，殆非韓、吕諸子之倫比也。《莊周·天下篇》之論墨氏曰："不侈於後世，不靡於萬物，不暉於數度，以繩墨自矯，而備世之急。"又曰："墨子，真天下之好也！將求之不得也，雖枯槁不舍也，才士也夫！"斯殆持平之論歟？

墨子既不合於儒術，孟、荀、董無心、孔子魚之倫咸排詰之。漢晉以降，其學幾絶，而書僅存，然治之者殊鮮，故挩誤尤不可校；而古字古言，轉多沿襲未改，非精究形聲通假之原，無由通其讀也。舊有孟勝樂臺注，今久不傳。近代鎮洋畢尚書沅始爲之注。藤縣蘇孝廉時學復刊其誤，創通塗徑，多所諟正。余昔事讎覽，旁摭衆家，擇善而從，於畢本外，又獲見明吴寬寫本、顧千里校道藏本，用相勘覈，别爲寫定；復以王觀察念孫尚書引之父子、洪州倅頤煊及年丈俞編修樾、亡友戴茂才望所校，參綜考讀。竊謂《非儒》以前諸篇，誼指詳倬，畢、王諸家校訓略備，然亦不無遺失。《經説》、《兵法》諸篇，文尤奥衍淩雜，檢攬舊校，疑滯殊衆；研覈有年，用思略盡；謹依經誼字例爲之詮釋。至於訂補《經説》上下篇旁行句讀，正《兵法》諸篇之譌文錯簡。尤私心所竊自喜，以爲不繆者。輒就畢本更爲增定，用遺來學。昔許叔重注《淮南王書》題曰《鴻烈間詁》；間者發其疑牾，詁者正其訓釋。今於字義多遵許學，故遂用題署，亦以兩漢經儒本説經家法箋釋諸子，固後學所晞慕而不能逮者也。

考證：

《漢志》：墨子書七十一篇，今存者七篇。○博按《墨子》七十一篇，見《漢書·藝文志》。隋以來爲十五卷，目一卷，見《隋書·經籍志》。宋亡九篇，爲六十一篇，見《中興館閣書目》，實六十三篇，後又亡十篇，爲五十三篇，即今本也。焦竑《國史經籍考》，於《墨子》十五卷外云“又三卷，樂臺注”。錢曾《讀書敏求記》引潛溪《諸子辯》云：“《墨子》三卷。戰國時宋大夫墨翟撰。上卷七篇，號曰經；中卷下卷六篇，號曰論，共十三篇。”其書不傳。畢沅《墨子注叙》云：“又三卷一本，即《親士》至《尚同》十三篇；宋王應麟、陳振孫等僅見此本，有《樂臺注》，見鄭樵《通志·藝文略》。今亡。”則濂溪《諸子辯》所云“上卷七篇號曰經”者，蓋指今十五卷本之第一卷《親士》、《修身》、《所染》、《法儀》、《七患》、《辭過》、《三辯》七篇而言，意舊必於目下題經。按《管子書》有經言九篇；《韓非子·内儲説上》有經七篇，《内儲説下》有經七篇，《外儲説右上》有經三篇，《外儲説右》有經五篇，皆以經冠諸篇之首；則墨子書之經，亦當一例冠篇首。畢沅《墨子注叙》云：“今惟《親士》、《修身》及《經上》、《經下》疑翟自著；餘篇稱子墨子，則是門人小子記録所聞。”張惠言《書墨子經説解後》云：“墨氏之言。《修身》、《親士》多善言。”然則《莊子·天下篇》稱曰“墨經”者，指第一卷《親士》、《修身》七篇，無疑也。《漢書·藝文志·兵書略》“技巧”十三家百九十九篇，注云“省墨子重”；則劉向父子《七略》，墨子書，墨家與兵書蓋兩收，而收入兵書技巧者，蓋即今十五卷本自第十四卷《備城門》以下二十篇也。中亡九篇。《班志》始省兵而入墨。墨子勤生薄死，與黄老不同術；明鬼之旨，匪即遊仙。乃《抱朴子》内篇《遐覽》則云“變化之術，大者惟有《墨子五行記》，本有五卷；昔劉君安未仙去時，鈔取其要以爲一卷。”《隋書·經籍志·醫方類》有《墨子枕内·五行記要》一卷，當即抱朴子所云，劉君安所鈔者也。《抱朴子·神仙金汋經》又載《墨子丹法》，則皆《漢書·藝文志》之所未著，而又在七十一篇之外。今觀《意林》一引《隨巢子》曰：“鬼神爲四時八節以紀，育人，乘雲雨潤澤以繁長之，皆鬼神所能也，豈不謂賢於聖人！”而隨巢子，墨子弟子，其書亦著目《漢書·藝文志》。意者明鬼之論，其後遂依託而爲遊仙變化之事耶？斯亦可以窮墨學之流變，而資談助之異聞者也，故附著焉。

《經説》上下篇，與莊周書所述惠施之倫及公孫龍書相出入，似原出墨子。〇博按此襲魯勝之説，而不知其非也！墨子書多奥言錯字，而《經》、《經説》爲甚，舊無注釋。獨魯勝有《墨辯注》，其叙見《晉書·隱逸傳》，謂："墨子著書，作《辯經》以正名本。惠施、公孫龍祖述其書，以正別名顯於世。"又曰："《墨辯》有上、下《經》，《經》各有《説》凡四篇，與其書衆篇連第，今引説就經，各附其章。"實開後世言《墨辯》者"引説就經"之先例。然其書不傳，至清儒憙治校讎之學，而仁和盧文弨、陽湖孫星衍始校墨子書，多所是正，鎮洋畢沅乃據盧、孫二校以意折衷，所正復多於前，文義粲然，更爲注解，成《墨子注》十六卷。獨《經》、《經説》文字奥衍淩雜，畢沅乃據《經上》篇"讀此書旁行"之一語，别爲新考定《經上》篇，分上下兩行横列附篇末；乃考見《墨辯》古本寫法。然自謂"於《經》、《經説》、大小《取》諸篇不能句讀，疑滯猶衆。"武進張惠言著《墨子經説解》，用魯勝"引説就經"之例，正其句讀，通其指要，合爲二篇，而《墨辯》乃有專注，後之言《墨辯》者宗之！其後南海鄒伯奇素治西來天算重光之學，比次重差旁要諸術以解《墨子·〈經〉〈經説〉》具著其説於學計一得，轉相發明！而後讀者知《墨辯》所涵，有算術，有光學，有重學！其同縣陳澧聞伯奇之説，益爲推明所未備，語見《東塾讀書記》。孫氏集衆家説墨，下以己意，成《墨子閒詁》十五卷，最稱精博！至於訂補《經説》上下篇旁行句讀，足匡畢氏所未逮，序中所尤自喜以爲不謬者。然自謂："《經》、《經説》諸篇，未窺眇旨。《墨經》揭舉精理，引而不發，爲名家言之宗，必有微言大例，如歐土論理家亞里大得勒①之演繹法，培根之歸納法，及佛氏之因明論者。"因見西書甚少，慮近皮傅，未敢著篇，蓋其慎也！嘗以書告新會梁啓超而望其補誼，足爲後來言《墨辯》者闢一新塗也！餘杭章炳麟撰《原名》、《明見》之篇，乃以歐土邏輯、印度因明，詁説《墨辯》，語著《國故論衡》，而後讀者知《墨辯》所涵，有因明，有邏輯，益驚其言之河漢無涯，附庸蔚爲大國矣！長沙章士釗、績溪胡適亦以歐土邏輯治《墨辯》，有所濬發。士釗有《名學他辯》、《名墨訾應考》之篇。適有《墨經新詁》之作。僅於《文存》見《墨子小取篇新詁》及《論墨學》諸文。而新會梁啓超年二十三，得《墨子閒詁》，讀而好之。特以孫氏之言，於《經》、《經説》多所校釋，劄記卷端，積二十年，比而次之，得數萬言，命曰《墨經校釋》。然魯勝衹稱《經》、《經説》爲辯經，題曰《墨辯》，而不即以當《莊子·天下篇》之《墨經》也。自孫氏以來，則逕題

① 亞里大得勒，今譯亞里斯多德。

《墨辯》爲《墨經》矣，甚非“疑以傳疑”之義也！梁氏《校釋》於畢沅、張惠言、孫詒讓之説，持異同者蓋過半，自許甚厚。而士釗與適讀之，不盡謂然也！然胡適稱《莊子·天下篇》所叙惠施、桓團、公孫龍辯者之徒爲别墨，與梁啓超同，蓋本魯勝之序《墨辯注》也。獨章士釗明其不然，大致以爲施、龍祖述墨學，説創魯勝，前未有聞！《漢書·藝文志》名墨流别，判然不同。施、龍之名，隸名而不隸墨。《荀子·解蔽篇》云：“墨子蔽於用而不知文，惠子蔽於文而不知實。”墨、惠並舉，而所蔽之性適得其反；謂爲師承所在，詎非讕言！今觀惠、墨两家，同論一事，其義莫不相反！如惠子言：“一尺之棰，日取其半，萬世而不竭。”墨子言：“非半勿新，則不動，説在端。”凡注墨者，率謂此即惠義，而不悟两義相對，惠爲立而墨爲破，一立一破，未可同年而語也！何以言之？惠子之意，重在取而不在所取；以謂無論何物，苟取量僅止於半，則雖尺棰已耳，可以日日取之，歷萬世而不竭也。墨家非之，謂所取之物，誠不必竭，而取必竭一尺之棰，決無萬世取半之理。蓋今日吾取其半，明日吾取其半之半，又明日，吾於半之半中，取其一半，可以計日而窮於取，奚言萬世！何也？尺者端之積也。端乃無序而不可分；於尺取半，半又取半，必有一日全棰所餘两端而已！取其一而遺其餘，餘端凝然不動，不能新，即不能取也。故曰：“非半勿新，則不動，説在端。”此其所言果一義乎？抑二義乎？略加疏解，是非炳然可知！而從來治墨學者未或道及。即明鋭慎密如孫詒讓，曾謂“據莊子所言，則似戰國時墨家别傳之學，不盡墨子之本旨者”，於此且一致爲魯勝之説所欺，無怪乎墨學之不能大昌明也！因作《名墨訾應考》，著如上例者若干條以證名墨两家“倍譎不同”，決非相爲祖述，其辭甚辯！胡適謂“施、龍專科學之墨，而舍宗教之墨”。而士釗則以爲“墨子言教言學，理原一貫。歧而二之，乃不知墨者之所言”。漢陽張純一作《墨子間詁箋》，推明墨家教學一貫之致，而括其要於《墨辯》曰：“墨學全書，莫重於《經》與《説》，而《大取》尤爲綱要，《小取》特其立辯實行之方法。蓋《墨辯》異同，凡以明兼，兼明而後墨道明，天志、兼愛、節用諸義無不明本兼而别者取小，兼以正别者取大，皆當於《經説》求之，而《墨辯》尤重歸納。”此則拓《墨辯》之域推而大之，至於全墨者也！謹最《墨辯》諸家之要删，而以明此學之流變焉！

亦喜稱道《詩》、《書》及孔子所不修百國《春秋》。惟於禮則右夏左周，欲變文而返之質，樂則竟屏絶之，此其與儒家四術六藝必不合者耳。○博按《淮南子·主術訓》稱："孔丘、墨翟修先聖之術，通六藝之論。"雖然，六藝之論，墨與孔之所同通；而《禮》、《樂》、《春秋》，則墨與孔之所異言。何以知其然？今考墨子書引《詩》，與《三百篇》同；引《尚書》如《甘誓》、《仲虺之誥》、《説命》、《太誓》、《洪範》、《吕刑》，亦與百篇之書同。此與孔子同者也。其《明鬼篇》引周、燕、宋、齊諸國《春秋》，則非《魯春秋》也。而於《禮》，則法夏絀周，又有《非樂》之篇。此與孔子異者也。《淮南子·要略訓》曰："墨子學儒者之業，受孔子之術，以爲其禮煩擾而不説，厚葬靡財而貧民，服傷生而害事，故背周道而用夏政。"其見於墨子書者，《非儒篇》引晏子曰："夫儒浩居而自順者也，不可以教下。好樂而淫人，不可使親治。立命而怠事，不可使守職。宗喪循哀，不可使慈民。機服勉容，不可使導衆。孔某盛容修飾以蠱世，弦歌鼓舞以聚徒，繁登降之禮以示儀，務趨翔之節以觀衆。博學不可使議世，勞思不可以補民，累壽不能盡其學，當年不能行其禮，積財不能贍其樂。繁飾邪術以營世君，盛爲聲樂以淫遇民，其道不可以期世，其學不可以導衆。"太史公采之以入《孔子世家》。然則墨子者，蓋始出於孔子而後相非者歟？

墨子既不合於儒術，孟、荀、董無心、孔子魚之倫咸排詰之。○博按孟子之距墨，盡人知之；而不知荀子非墨之博辯，視孟子爲尤勝！蓋孟子之距墨，有連稱楊者，有單舉墨者。單舉墨者距其"節葬"。《滕文公上·墨者夷之章》之稱"墨之治喪，以薄爲其道也"。連稱楊者距其"兼愛"。《滕文公下·予豈好辯章》言："天下之言，不歸楊，則歸墨。楊氏爲我，是無君也。墨氏兼愛，是無父也。無父無君，是禽獸也。"此訾"兼愛"爲無父也。《盡心上》孟子曰："楊子取爲我，拔一毛而利天下，不爲也！墨子兼愛，摩頂放踵，利天下爲之！子莫執中，執中爲近之！執中無權，猶執一也。所惡執一者，爲其賊道也，舉一而廢百也。"此嫌"兼愛"於執一也。而距墨子"兼愛"之一義，蓋視"節葬"爲加詳焉。然不如荀子非墨之博辯。其言有非墨之"尚同"、"兼愛"者。如《非十二子篇》曰："不知壹天下兼國家之權稱，上功用大儉約，而僈差等；曾不足以容辯異，懸君臣；然而其持之有故，其言之成理，足以欺惑愚衆，是墨翟、宋鈃也。"《天論篇》曰："墨子有見於齊，無見於畸。"此非墨之"尚同"、"兼愛"也。有非墨之"節用"者：《富國篇》曰："今是土之生五穀也，人善治之，萬物得宜，事變得應，上得天時，下得地利，中得人和，則財貨渾渾如泉源，汸汸如河海，暴暴如丘山，不時焚燒，無所臧之！夫天下何患乎不足也？夫有餘不足，非天下之公患也！特墨子之私憂過計也！天下之公患，生於亂也！我以墨子之非樂也，則使天下亂！墨子之節用也，則使天下貧！"此其非墨之"節用"，累七八百言，而僂撮其要者也。有非墨之"勤生"者：《王霸篇》曰："人主者，以官人爲能者也。匹夫者，以自能爲能者也。人主得使人爲之。匹夫則無所移之，百畝一守，事業窮，則無所移之也。今以一人兼聽天下，日有餘而治不足者，使人爲之也。大有天下，小有一國，必自爲之然後可；則勞苦憔悴莫甚焉！如是則雖臧獲不肯與天子易埶業！以是縣天下，一四海，何故必自爲之？爲之者，役夫之道也！墨子之説也！"楊倞注："墨子之説，必自勞苦矣！"此非墨之"勤生"也。有非墨之"節葬"者，特詳於《禮論篇》。其言曰："禮者以財物爲用，以貴賤爲文，以多少爲異，以隆殺爲要。禮者養也，孰知夫出死要節之所以養生也？孰知禮義文理之所以養情也？故人一之於禮義，則兩得之矣！一之於情性，則兩喪之矣！故儒者將使人兩得之者也，墨者將使人兩喪之者也。是儒墨之分也。""禮者，謹於治生死者也。生，人之始；死，人之終也。終始俱善，人道畢矣！夫厚其生而薄其死，是敬其有知而慢其無知也！是奸人之道，而倍叛之心也。故事生不忠厚，不敬文，謂之野！送死不忠厚，不敬文，謂之瘠！君子賤野而羞瘠。刻死而附生，謂之墨！刻生而附死，謂之惑！"《解蔽篇》曰："墨子蔽於用而不知文。"此非墨子之"節葬"也。有非墨子之"非樂"者，特詳於《樂論篇》。其大指以爲："聲樂之入人也深，其化人也速，故先王謹爲之文。墨子曰：'樂者聖王之所非也，而儒者爲之，過也！'君子以爲不然！樂者，聖人之所樂也，而可以善民心；其感人深，其移風易俗，故先王導之以禮樂而民和睦。"此非墨之"非樂"也。而非"節用"見《富國篇》七八百言，《樂論》非"非樂"又且倍之！非墨之論，於諸子莫詳焉！至董無心、孔子魚之倫，語焉而不詳，卑之無高論，故不具引已！

戴望　汪仲伊《握奇圖解》序

歙汪子仲伊以所著《握奇圖解》示余，曰："子好議論今古，盍抒子所欲言，張吾之書?"予曰："唯唯！否否！嘗聞之，古初矣，天地設而有陰陽。一闔一闢，一消一息，道之經而兵之精歟？古之人制陳法，所謂天衡地軸前後沖者，不以是形歟?"

天不能有陽而無陰，有日而無月。地不能有山而無川。人不能有文而無武，有道而無兵，道若日也，兵若月也。月承日以爲光，兵輔道以爲紀。道無兵道滅，兵不道兵殘，兵爲衛道設也。

堯、舜貴讓，未嘗不善陳。湯、武好仁，未嘗不用戰。徒揖讓而不知陳，善陳者覆之！徒仁義而不用戰，善戰者扣之！暴秦以降，漢之高帝、光武，明之高皇，兵興道合。不合，則賊盜窺人國，夷狄竊王鈇。勝則屠城破邑，殺人億千百萬；敗則掠野醢人畜以爲食。雖有君子，莫之能禦也！事幸而得集，則號爲君子者，從而登其朝，飼其穀，朝跪堯、舜之，夕見湯、武之矣！鄉所謂屠城掠野之徒，盈其貫以死，從而揚之曰："此元功重臣與伊摯、吕尚論功度德者也！"吾嘗受嬴、劉以往史氏之書，皆以是觀矣！於乎！是其故何也？則由於虛靈沖漠，兀坐尸嘘之徒之張目拱手而謀人家國者階之厲也！不知道，不通兵，致道離兵而兵不衛道。賊盜夷狄，遂相率角逐，反以兵脅道滅道，不大可哀哉！

抑人有恒言，皆曰"兵農禮樂"。不知古者以兵屬之禮，宗伯掌其儀，司馬職其功。戰鬬不可空習，則四時田獵以閑之。子路言"可使知方"，知其軍陳行列坐作進退之法也。先王安不忘危，存不忘亡，軍旅之事，寓於俎豆，俎數奇，豆數偶，兵之方員鋭直所以爲乘承比應者，胥於是焉在！

丹徒莊棫序仲伊之書，其言粹矣美矣！復推道與兵相輔之義以廣其指，仲伊其不我非耶？

姚鼐　讀《司馬法》《六韜》《孫子》

世所有論兵書，誠爲周人作者，惟孫武子耳，而不必爲武自著。若其餘皆僞而已！

任宏以《司馬法》百五十五篇入“兵權謀”，班固出之以入“禮經”，太史公歎其閎廓深遠，則其書可知矣。世所傳者泛論用兵之意，其辭庸甚，不足以言禮經，亦不足言權謀也，且僅有卷三耳。

《漢·藝文志》：《吴起》四十八篇，在“兵權謀”。《尉繚子》三十一篇，在“兵形勢”。今《吴子》僅三篇，《尉繚子》二十四篇。魏晉以後，乃以笳笛爲軍樂；彼吴起安得云“夜以金鼓笳笛爲節”乎？蘇明允言“起功過於孫武”而著書顧草略不逮武，不悟其書僞也！《尉繚》之書，不能論兵形勢，反雜以商鞅刑名之説，蓋後人雜取，苟以成書而已。

《莊子》載女商曰：“横説之，則以《詩》、《書》、《禮》、《樂》；縱説之，則以《金版》、《六弢》。”然則《六弢》之文，必約於《詩》、《書》、《禮》、《樂》者也。劉向、班固皆列《周史》、《六弢》於儒家，且云“惠、襄之間”，或云“顯王時”，或曰“孔子問焉”。然其爲《周史》之辭，若周任、史佚之言無疑也；非言兵，亦無預於太公也。今《六韜》徼取兵家之説，附之太公而彌鄙陋。周之權曰鈞，不曰斤；其於色曰元曰黑曰緇，不曰烏。晉、宋、齊、梁間，布井乃有烏衣烏帽語耳，而今《六韜》乃曰斤曰烏。余嘗謂周、秦以降，文辭高下差别頗易見。世所謂《古文尚書》者，以他書事實證之，其僞已不可逃，然直不必論。此取其文展讀，不終卷，而決知非古人所爲矣！

蓋古書亡時多在漢獻、晉惠愍間，而好爲僞者，東晉以後人也。唐修《隋書》，作《藝文志》，不知古書之逸，舉《司馬法》之類悉載之。顔師古注《漢書》，於《六韜》直以爲即今書；此皆不足以言識。至韓退之乃識古書之正僞，惜其於此數者，未及詳言之也。《漢書·刑法志》所載古井田出車之法甚詳，其文蓋出於《司馬法》，與包咸注《論語》辭同也。《刑法志》引其文備，故以六十四井出車一乘，别以三十六井地當山川、沈斥、城池、邑居、園囿、術路，合之則百井。包咸引其辭略，故第言成出車一乘耳。其原出一也。作僞者其所見書寡於爲《古文尚書》者，故舉此及他經史明載之《司馬法》而並遺之。

左氏序闔閭事無孫武。太史公爲列傳，言“武以《十三篇》見於闔閭”。余讀之；吴容有孫武者，而《十三篇》非所著。戰國言兵者爲之，托於武焉爾。《春秋》大國用兵，不過數百乘，未有興師十萬者也！況在闔閭乎？田齊、三晉既立爲侯，臣乃稱君曰主。主在春秋時大夫稱也。是書所言皆戰國事耳。其用兵法，乃秦人以虜使民法也，不仁人之言也！然自是世言用兵者以爲莫武若矣！

考證：

劉向、班固皆列《周史》、《六弢》於儒家。〇博按“六弢”疑大弢之訛。《莊子·則陽》稱“仲尼問於太史大弢”者也。說詳甲集第十一頁《周史》、《六弢》注。

《春秋》大國用兵，不過數百乘，未有興師十萬者也！况在闔閭乎？〇博按《孫子·作戰篇》曰：“凡用兵之法，馳車千駟，革車千乘，帶甲十萬。”自是春秋兵制，不必以此爲疑也。《漢書·刑法志》曰：“甸六十四井也。有戎馬四匹，兵車一乘，牛十二頭，甲士三人，卒七十二人，干戈備具，是謂乘馬之法。”《論語》“道千乘之國”鄭注引《司馬法》同。一乘車，駟馬，士卒七十五人；又有炊家子十人，固守衣裝五人，廄養五人，樵汲五人，共一百人。則是革車千乘，駕馬千駟，有衆十萬，與孫子之言合。《論語》屢稱千乘之國；而城濮之戰，晉軍七百乘，見《春秋左氏·僖二十八年傳》，則晉出師七萬人矣，而益以齊師、宋師、秦師，當不下十萬人也。平丘之會，晉甲車四千乘，亦見《春秋左氏·昭十三年傳》，則且出師四十萬人矣！安得謂春秋大國，未有興師十萬者乎？

汪中　《吕氏春秋》序①

《吕氏春秋》，世無善本。余向所藏皆明時刻，循覽既久，輒有所是正。於時嘉善謝侍郎、仁和盧學士並好是書。及同學諸君，各有校本。爰輯爲一編，而屬學士刻之。既成，爲之序曰：

周官失其職，而諸子之學以興。各擇一術以明其學，莫不持之有故，言之成理！及比而同之，則仁之與義，敬之與和，猶水火之相反也。最後《吕氏春秋》出，則諸子之説兼有之。故《勸學》、《尊師》、《誣徒》一作《詆役》、

① 原注：代畢尚書作。

《善學》一作《用衆》四篇，皆教學之方，與《學記》表裏。《大樂》、《侈樂》、《適音》、《古樂》、《音律》、《音初》、《制樂》，皆論樂。《藝文志》言："劉向校書別得《樂記》二十三篇。"今《樂記》有其一篇，而其他篇名載在《別録》者，惟見於《正義》所引。按本書《適音篇》，《樂記》載之。疑劉向所得，亦有采及諸子，同於河間獻王者。凡此諸篇，則六藝之遺文也。《十二紀》發明明堂禮，則明堂陰陽之學也。《貴生》、《情欲》、《盡數》、《審分》、《君守》五篇，尚清净養生之術，則道家流也。《蕩兵》一作《用兵》、《振亂》、《禁塞》、《懷寵》、《論威》、《簡選》、《決勝》、《愛士》八篇①，皆論兵，則兵權謀、形勢二家也。《上農》、《任地》、《辨土》三篇，皆農桑樹藝之事；則農家者流也。畢沅《吕氏春秋新校正序》云："不韋書在秦火以前，故其采綴原書類亡，不能悉尋其所本。今觀其《至味》一篇，皆述伊尹之言，而漢儒②如許慎、應劭等，間引其文，一則直稱伊尹曰，一則又稱伊尹書。今考《藝文志》道家《伊尹》五十一篇，不韋所本，當在是矣。又《上農》、《任地》、《辨土》等篇，述后稷之言，與《亢倉子》所載略同；則亦周、秦以前農家者流相傳爲后稷之説，無疑也。"两事足補汪氏所未備。博按汪氏此文題"代畢尚書作"，而畢刻别有序，與此不同。想汪代作未用也。其有抵牾者：《振亂》、《禁塞》、《大樂》三篇，以墨子《非攻》救守及《非樂》爲過；而《當染篇》全取墨子《應言篇》司馬喜事，則深重墨子之學。甚者吴起之去西河見《觀表》二篇，一事两見。惟《有始覽》所謂解見某書者，於本書能觀其會通爾。司馬遷謂："不韋使其客人人著所聞，以爲備天地萬物古今之事。"然則是書之成，不出於一人之手，故不名一家之學，而爲後世《修文御覽》、《華林遍略》之所託始。《藝文志》列之雜家，良有以也！然其所采摭，今見於周、漢諸書者，十不及三四。其餘則本書已亡，而先哲之話言，前古之佚事，賴此以傳於後也；其善者可以勸，其不善者可以懲焉。亦有閭里小智，一意采奇，詞奥旨深，可喜可觀，庶幾乎立言不朽者矣！其文字異同已注於篇中，兹不復及故序其著書之意以質之君子，幸正教之！

① 八篇，原作"七篇"，今據實際篇數改訂。

② 漢儒，原作"漢書"，今據上下文意改訂。

梅曾亮　《淮南子》書後

《淮南子》剽竊曼衍，與安所爲文不類。然自《吕氏春秋》外，存古書者莫多是書，非東漢人爲之，決也。惟《天文訓》所言三百六十五度四分度之一，則四分曆，章帝始行之；其二十四氣，亦與東漢更定者同。豈亦有後人附益者歟？孔子曰："信而好古。"豈不以非信之難，能辨其爲古者難歟？

昔柳子厚謂"列子書質直少爲作，莊子多本之"。夫《列子》剽《莊子》者耳。其書非《莊子》及諸子書所有者，文氣皆甚卑，不類周、秦時文；而以爲莊子之所從出，疏矣！朴學之士，好是古而非今，不能通知文字升降之源。不根者攬其詞，昧没其終始。子厚固非二者之可倫比。其言《鶡冠子》剽賈誼賦入其書，信當矣；而顧失之於《列子》，何哉？

考證：

《淮南子》剽竊曼衍，與安所爲文不類。〇博按《漢書·藝文志》雜家《淮南》内二十一篇，外三十三篇。師古曰："内篇論道，外篇雜說。"今所存者二十一篇，蓋内篇也。後漢高誘爲之注解而序其書，稱"其旨近老子，淡泊無爲，蹈虚守静。出入經道，及古今治亂存亡禍福、世間詭異瓌奇之事，無所不載。然其大較歸之於道，號曰《鴻烈》。鴻，大也；烈，明也。以爲大明道之言"也。本二十篇，《要略》一篇，則叙目也。自來無言《淮南子》僞者，然自來亦無言劉安作者！而梅氏乃稱其"剽竊曼衍，與安所爲文不類"。不知《漢書·淮南王傳》稱："安招致賓客方術之士數千人，作爲《内書》二十一篇"，本不言安作，而出衆人手筆。如《吕氏春秋》二十六篇之出"秦相吕不韋輯智略士作"也，何必以"與安所爲文不類"爲嫌乎？高誘《序》亦言："天下方術之士多往歸焉。於是遂與蘇飛、李尚、左吴、田由、雷被、毛被、伍被、晉昌等八人，及諸儒大山、小山之徒共講論道德，總統仁義而著此書。"正合《漢書·藝文志》序所稱"雜家者流，蓋出議官，兼儒墨，合名法"。出於當日衆人之雜議，各抒所見而作，以故列入雜家。而雜家之所以異於儒、道、名、墨諸家者，蓋所由來者不同。諸家本師說傳授，雜家出衆議駁雜也。雜家者言，無不"剽竊曼衍"者，蓋與議者不專一家，尊其所聞故也。尊其所聞，故不嫌剽竊；不專一家，故旁涉曼衍。勢所必至，何必以此致譏於《淮南》乎？此亦意過其通者矣！

（商務印書館，1931年5月出版）

校訂後記

“國學”之稱，不見經史。而“文學”之稱最古，《論語》“文學子游、子夏”是也。宋儒講致知窮理之學，謂之“理學”；而以理學之究極，可以明心見道，亦稱“道學”。清儒致力於詁經以推本漢儒，謂之“經學”，亦曰“漢學”。上述諸名辭多見載籍，而未聞有稱“國學”者也。其實，“國學”一詞之由來，不過百年，乃相對於“西學”而有此稱謂，無錫錢基博先生講得最爲精審：“歐化東漸，曰以富强相傲。吾國人矜奇鶩新，亦以仁義爲迂談，幾欲屏棄一切以相從事；放僻邪侈以爲自由，長傲縱欲以言平等，反道敗德以託革命；禮義廉恥，蕩焉無存；方且以爲外國之文明如此，我何爲不如此；而亂日以長，傀焉不可終日！人窮則反本，而‘國學’之名以起：‘國學’云者，乃承歐化之披昌，而以明吾國之自有學；反本修古，所以防禦西來之文化侵略。”① 意即涵有“精神國防”之意味焉！

本集乃《錢基博集》“國學論稿”部分，全一册，輯入了錢先生所撰關於國學方面的論文十六篇，以及國學專著一部（《國學文選類纂》）。

---

① 錢基博：《何謂國學》，刊於《蘇訊》第77、78合期，1947年4月30日。

作爲一代國學大師，錢基博先生博通四部之學，著作等身。他的國學思想更是博大精深，自成體系，遠非淺見寡聞者所能窺破一二也。如何全面理解錢先生的國學思想體系，目前尚未引起學界的足夠關注和積極參與。不過，之前已有王麗明、湯紅兵二位學友做過一些初步的探討，心得極多①；之後又有我本人發表的《以七期斷國學之代殊——談錢基博的國學分類思想》和《錢基博〈國學必讀〉的編選思想及主要特色》二文，對錢氏的國學分類作了進一步地闡發和補充。古人有云："分明一匹鴛鴦錦，玉剪金刀請自裁！"随着我們對民國學術的感悟日深，尤其是近期關於錢基博先生的大量學術文獻的整理出版，不僅帶來了許多鮮活的學術資源，而且其恢宏的學術氣象也逐漸清晰起來，如何評價錢氏之學術貢獻與國學成就，相信已經可以做出較爲準確的判斷了。玆將錢先生的國學思想概括爲五個層次，分別是"以民族性詮釋國學"、"以四科劃分國學"、"以七期縱斷國學之代殊"、"以六類梳理國學之知識體系"和"以義數之辨（對應人文主義與古典主義）分析國學"。筆者以爲：通過這五個層次，或許能夠深入理解錢先生的國學思想體系，同時也爲初學者提供一把打開"國學"之門的鑰匙。

其一，以民族性詮釋國學。錢基博先生定義"國學"之名，以訓詁爲據，以飽滿的民族情感審視傳統文化，立意尤新，湯紅兵先生謂之"以民族性解國學"，明辨卓識，的確高出一般譚士。錢先生在《〈國學文選類纂〉總叙》一文中解"國學"之義，"誠竊以爲必先知'學'之涵義，而後可與國學"。他引用《白虎通・辟雍》："學之謂言覺也。"又引《說文・教部》："斆，覺悟也。从教，从冂，尚朦也。臼聲。學，篆文斆省。"即言學者覺悟之謂也。此外，"國"之爲訓，誼在防禦；《說文》："國，邦也；从囗，从或。""或，邦也，从口，从戈以守一；一，地也。"是知从口於外者，所以示國之有境，不可放棄；疆土然，論學亦然。故而，"國學"者，"國性之自覺"云爾！錢先生又說："國於天地，必有與立。而人心風俗之所系，尤必先立乎其大，深造而自有得，相以維持於不敝。其取之它國者，譬之雨露之溉，土肥之壅，茍匪發榮滋長之自有具，安見不求自得而外鑠我者之必以致隆治，揚國華也

① 參見王麗明《讀〈國學文選類纂・總叙〉》、湯紅兵《試論錢基博的國學分類思想》二文，均刊於《錢基博學術研究》（王玉德主編，華中師範大學出版社2008年版）一書。

耶!”在錢先生看來，國學就是立國於天地的根本，是一國家一民族維持於不敝的思想精華，國人須珍惜之，振奮之，萬萬不可自暴! 錢先生詮釋國學，從民族大義出發，從熱烈的愛國情感出發，把國學看作是可以揚國威、振國勢的一切優秀的傳統文化，國人藉此“退之足以自固壁壘，一乃心，齊乃力，外禦其侮；而進焉則發揮光大之，以被於全人類而爲邦家之光”。

國學就是國性之自覺，對於國學，錢先生深感有必要發揚光大，他告誡國人两點：一曰“必自覺國性之有不可蔑”，二曰“必自覺國性之有不盡適”。這两點可謂是錢先生對於國學的根本態度，也是教吾人習國學所應持之辯證思維。吾國立國於大地者五千年，其與我並立之國幾代謝以盡，而乃我羽世而獨立，不復自知我國歷史悠久之難能，文化發揚之可貴，何以忝列炎黄之門! 所以，習國學，就是要了解其歷史，涵濡其文化，使我優秀傳統文化，深入人心，浹肌淪髓。此其爲“必自覺國性之有不可蔑”。與此同時，錢先生能審時度勢，看到傳統文化之積弊，提出“自覺國性之有不盡適”的觀點，他説：“國性積久而有窳，時移勢遷，有不適者。”既然意識到國性之不適之處，故對於日漸之西學，錢先生没有采取一概拒之的態度，而認爲國性“如人性然，變化氣質，增美釋回”。然他所看到的國性之窳，僅僅是“不適”，絶不是要全盤推翻，也就如其所説的“國性可助長而不可創造也，可改良而不可蔑棄也”。錢先生尤其反對視國學一切爲糟粕、以聞西事而自矜詡者，那些“歐儒云爾，我亦云爾”之徒，將全盤西化奉爲圭臬，實爲“强國救群之道，譬如飲鴆而救渴”! 錢先生對國學提出的“不可蔑”和“不盡適”两點態度，是很有啓發意義的辯證性觀點，無論是在作文的當時，還是在今天，皆有可貴的借鑑意義。我們對於國學，就應該做到“不可蔑”而積極挖掘其精華，也能看到“不盡適”而剔除其糟粕①。

所以，我們學習國學，目的乃在於“發國性之自覺，而納人生於正軌”。故而，非促國性之自覺，無以發人性之自覺!

其二，以四科劃分國學。在《國學的分科問題》一文中，錢先生首先指出中國政治與學術之不同發展形態，即中國的政治史，是由分講到合的，統

① 湯紅兵：《試論錢基博的國學分類思想》，刊於《錢基博學術研究》，王玉德主編，華中師範大學出版社 2008 年版，第 198－199 頁。

一是其常態，分裂是其病態；而中國學術史，則是由合而講到分的，分裂是其常態，統一是其病態。其次，“國學”之名雖止百年，但“國學”之實却源遠流長，文中不僅列舉了十種有代表性的國學分科類型，而且還梳理了其沿革的異同。最后，在比較歷代國學分科沿革的優劣之後，他提出了自己的四科分類法。

衆所周知，周朝太學掌教的叫做樂正。《禮記·王制》載：“樂正從四術，立四教，順先王詩、書、禮、樂以造士。”這就是説：樂正支配太學的課程：詩、書、禮、樂，叫做四術，詩、書是文科，主諷誦。禮、樂是術科，尚演習。這就是周朝官立學校的分科，也可稱做分術。到了春秋，官失其守，師弟相傳，便有私人學術的分科分家。第二是孔門的分科。有德行，有言語，有政事，有文學，見於《論語》。如果照今日講：德行是倫理學，言語是語言學，政事是政治學，文學是考據學。這是孔老夫子一個人門下分做四科。從前樂正順先王詩、書、禮、樂以造士的四術祗是善先王典文，可當孔門文學一科，這也可見孔子之道大而能博了。第三是戰國的分家——或者也稱做分子。荀子《非十二子篇》所舉，凡六派十二子；太史公談論陰陽、儒、墨、名、法、道德六家，這便是莊子所稱“百家之學”，以一大師爲一家，普通亦稱一子。到了漢朝，武帝聽了董仲舒賢良對策的話，用國家的權力來提倡學術，就有第四種的分科，是漢朝太學的分博士。《易》有施、孟、梁邱、京氏；《尚書》歐陽、大小夏侯；《詩》齊、魯、韓；《禮》大、小戴；《春秋》嚴、顔；各以其法教授，凡十四博士。到了後來，因爲一切國學書籍的整理，就有了第五、第六两種國學分科：第五是漢劉向父子的分六略。總天下的群書，輯成《六略》：一、六藝略。《易》、《書》、《詩》、《禮》、《樂》、《春秋》，叫做“六藝”，此外又收《論語》、《孝經》、《小學》三目。二、諸子略。儒、道、陰陽、法、名、墨、縱横、雜、農和小説叫做諸子十家。三、詩賦略。四、兵書略。中間又分權謀、形勢、陰陽、技巧四目。五、術数略。中間又分天文、曆譜、五行、蓍龜、雜占、形法六目。六、方技略。中間又分醫經、經方、房中、神仙四目。這可算是包羅萬象，國學第一次有了詳密的分科。第六是晉荀勗的分四部。先前三國時，魏國有秘書郎鄭默，著了《中經簿》一部書。到了荀勗，便著《中經新簿》。總括群書：一甲部。紀“六藝”、小學。二乙部。有古諸子家、近世子家、兵書兵家、術数。三丙部。有史記、舊事皇覽簿、雜事。四丁部。有詩賦、圖讚、汲冢書。這便是後世經、史、子、集四部分庫的濫觴；自然比劉向父子《六略》，簡賅得多。講到官立學校的國學分科，除掉前述周、漢兩代以外；還有第七是劉宋國學的分科。考《宋書》：文帝元嘉二十年，立國學。使何尚之立玄學，何承天立史學，謝元立文學，雷次宗立儒學，爲四學。所有樂正的四術，西漢的十四博士，一切都包括在儒學一門；此外別立元學、史學、文學三門；儼然像現在分科大學的辦法。似乎比周、漢兩朝進步得多，賅括得多。清儒講學，門户犂然：各有塗轍，與唐、宋、元、明不同。所以講國學分科的沿革，第八就不得不説清儒國學的分科。桐城姚鼐説："學問之途有三：曰義理，曰詞章，曰考據。"休寧戴震也如此説；湘鄉曾國藩就把清儒義理、詞章、考據三途，比做孔門德行、言語、文學三科。由此可見：孔門的四科，比較要算分得最完備的了。第九是章太炎國學的分科。章太炎在江蘇省教育會演講《國學概論》；曾把種種國學歸納成經學、哲學、文學三門。經學就是清儒所謂考據。哲學就是清儒所謂義理。文學就是清儒所謂詞章。不過清儒所謂義理，專指宋儒理學；而章太炎講的哲學一門，則於宋儒理學以外，兼包括周秦諸子、隋唐佛學，眼光自然比清儒來得遠些。第十是梁任公國學的分科。民國十二年（1923）一月，梁任公在東大國學研究會，演講《治國學的兩條大路》。他説：國學可分做文獻的學問、德性的學問兩科。文獻的學問又分做文字學、社會狀態學、古典考釋學、藝術鑑評學四目；德性的學問兼包孔學、佛學。

在錢先生看來，以上所講國學分科的沿革，除掉樂正四術，漢朝十四博士，稍嫌不遍不賅；戰國的分家和劉向父子分六略似乎太瑣碎之外。從古以來，比較要算孔門四科、荀勗四部和劉宋四學最賅括。此外，像清儒講的三途、章太炎的分三門和梁任公治國學的兩條大路，都是依著國學的性質分科，自然和現代學術情況愈相近，愈適用，可惜還有欠斟酌及遺漏的地方。

因此，錢先生酌古斟今，將國學分做四科：（一）文獻科：舊隸經部之《尚書》、《周禮》、《儀禮》、《春秋》、《小學》和《通鑑》、《二十四史》、《九通》、《六典》、《會典》及《二十一省通志》並《郡縣志》等，都歸入此科研究。（二）性理科：舊隸經部之《易》、《禮記》、四書和周秦諸子、隋唐佛學、宋元明理學等，都歸入此科研究。（三）文學科：舊隸"經部"之《詩》，"子部"之小説和"集部"之楚辭，總集及各家别集，不論散文韻文；並詞、曲等，都歸到此科研究。（四）藝術科：舊隸“經部”之《樂書》，和書畫、琴譜、篆刻等，都歸到此科研究[①]。以上四科，比較而言，就是於清儒考據（文獻科）、義理（性理科）、詞章（文學科）之外，加了藝術一科。於章太炎經學、哲學、文學三門中間，刪掉“經學”一門，將“經學”散隸入四科；而文獻、藝術两科，則章氏所無。於梁任公所稱文獻、德性之外，則加了文學、藝術两科。打破經、史、子、集舊窠臼，依著國學的性質分科，使國學的內容，容易明白。

其三，以七期縱斷國學之代殊。錢先生不僅重視國學的分科研究，而且對國學的歷代演變也很關注。民國十四年（1925）二月，他在江蘇省立第三師範學校演講《國學歷代變異的問題》，已經把國學分做西周之學、東周之學、漢學、魏晉之學、唐學、宋學、清學七種，並稱之爲“國學的代殊”，而又把對“國學的時間性”的考察稱爲“國學縱斷的視察”[②]（即李學勤先生所謂“縱的歷史敘述”）；是爲國學的“七期”。筆者以爲，僅從錢先生將“西周之學”單列爲一項，不隨波逐流而抹殺儒學在中國文化史上的奠基地位，無疑是一種“前無古人，後無來者”的國學史觀，足見其國學思想的原創性和深刻性[③]。錢先生又指出：一個時代有一個時代特殊産生的國學，但不是代代都能夠産生出一種特殊的國學。上述七種“特殊産生的國學”，也并不是每一期都具備永恒的學術價值（即錢先生所謂“國學的時間性”）。他尤其反對時人一談國學，總説漢學、宋學，往往言不及義。他認爲：“然而如果真正就國學的時間性而論：只有西周之學，東周之學，和宋學三種。漢學不過抱殘守缺，把西周之學，掇拾整理一番罷了，并没有多大的時間性；倒不如宋學能把西周之學和印度之學接合起來，成功一代特殊的國學。”[④] 觀點鮮明，讓人耳目一新。

① 錢基博：《國學的分科問題》，刊於《約翰聲》第 35 卷第 3 期，1924 年 6 月 1 日。

② 錢基博：《國學歷代變異的問題》，刊於《南通報・文藝附刊》，1925 年 2 月 17 日—3 月 1 日。

③ 傅宏星：《以七期斷國學之代殊——談錢基博的國學分類思想》，刊於《中國圖書評論》，2011 年第 5 期。

④ 錢基博：《國學歷代變異的問題》，刊於《南通報・文藝附刊》，1925 年 2 月 17 日—3 月 1 日。

其四，以六類梳理國學之知識體系。國學就是中國傳統學術，用現代學術分類方法來看，就是指人文社會科學領域内的中國固有之知識系統。對中國傳統學術之知識體系的分類，常采以經、史、子、集四分法，史部爲史學，集部爲文學，歷來大都如此界定，但經部、子部之内涵，尚待分界。子部之學有很多人認爲是哲學，也有人認爲是思想學。而經部，分歧更大。張舜徽先生説："蓋經者綱領之謂，凡言一事一物之綱領者，古人皆名之爲經，經字本非專用之稱也。故諸子百家書中有綱領性之記載，皆以經稱之。"① 後來儒家獨尊，孔子編撰之六科，皆謂經典。其實，仔細用現代學術思想來看，《易經》是哲學，《詩經》是文學，《尚書》和《春秋》是史學。

由于錢先生遵從了傳統學術自身的發展規律，而非比附西學以爲立論之基，所以不存在今人的分類困惑。他在《國學文選類纂》一書中説："謹以誦覽所及，寫著其文，以當明述，輯爲六類：曰小學之部，曰經學之部，曰子學之部，曰史學之部，曰文學之部，曰校讎目録之部。"他認爲國學知識體系可分爲六類，並稱之爲"國學的科别"。他又把對國學的科别研究稱爲"國學平面的解剖"②（即李學勤先生所謂"横的分類介紹"），充分肯定科别研究可以辨章學術，"詔學者以知方"。一般而言，小學在漢代就是文字學，隋唐以後範圍擴大，包括文字學、訓詁學、音韻學，至近代如章炳麟則斷言，小學應改名爲語言文字學。經學是訓解或闡述儒家經典之學。子學即諸子之學，文學之部指集部之學，校讎目録之學是劉向父子開創的以校勘、著録、編排相關圖書，而用以檢索、指導閲讀的一門工具性學科。錢先生以這六類概括國學知識體系，有兩點啓發意義：第一，把國學僅理解爲經、史、子、集四部之學，是不完整的，還應包括小學與校讎目録學；第二，錢先生對於六類之學有一些獨到的見解，如"漢迄魏晉之經學即理學"，南北朝之經學即"注學"等③。

其五，以義數之辨分析國學。國學的義、數之辨，由來已久。《荀子·勸

① 張舜徽：《愛晚廬隨筆》，湖南教育出版社 1991 年版，第 48 頁。

② 錢基博：《國學歷代變異的問題》，刊於《南通報·文藝附刊》，1925 年 2 月 17 日—3 月 1 日。

③ 湯紅兵：《試論錢基博的國學分類思想》，刊於《錢基博學術研究》，王玉德主編，華中師範大學出版社 2008 年版，第 200 頁。

學》曰："學惡乎始？惡乎終？曰：其數則始乎誦經，終乎讀禮；其義則始乎爲士，終乎爲聖人。"義指義理，古人爲學以畜德，貫其義也，義即學然後爲聖人之學。數，技藝、方術，指專求於名物、制度、訓詁、書數，徒荀子所言之"學乎有終"。在錢基博先生眼中，義之學，無乎終；數之學，有乎終，數之學爲小兒科之學，義之學乃大方之學。數之學追求形式、小技藝，義之學追求境界、大道德。"義之學"比"數之學"高明得多。對於歷代學術思潮，以義數之辨來分析歸納評價，是錢先生分析國學的一條主綫。錢先生引進了"人文主義"、"古典主義"兩個概念和"義"、"數"相對應，來分析國學之演變。他說："'人文主義'之所寓，昔人謂之'義'，'古典主義'之所陳，昔人謂之'數'。"爲了更爲清晰地闡明人文主義、古典主義與義、數的對應關係，錢先生引用《禮記・禮運》説："'禮也者，義之實也；協諸義而協，則禮雖先王之未有，可以義起也'，此持'人文主義'者也。"引用《荀子・榮辱》曰："'循法則、度量、刑辟、圖籍，不知其義，謹守其數，慎不敢損益也'，此守'古典主義'者也。"總之，古典主義就是"重數之學"，人文主義就是"重義之學"，人文主義者，以爲國學之大用，在究明"人之所以爲人之道"，此明其義而遺乎數；古典主義者，以爲國學之旨趣，在考證"古之所以爲古之典章文物"，此陳其數而疏於義。

確立了"人文主義"和"古典主義"兩個概念後，錢先生遂用之來辨析歷代之學術。錢先生認爲漢學尚考據，明訓詁，側於古典主義，宋儒道性善，明義理，側於人文主義。漢學有今古文之分，今文經世以致用，微言大義是尚，此漢學之近於人文主義的方面；古文稽古以釋經，名物訓詁是謹，偏於古典主義。西漢今文盛，則人文主義盛，東漢古文勝，則古典主義代而興也。魏晉之學，尚解經而爲經注，至南北朝發展成守一家之注而詮釋之，所謂義疏者。義疏者，以注解注，并非以注解經。魏晉的"經學"和南北朝的"注學"皆是東漢古學的尾閭之宣洩，側重於古典主義。唐之佛學西照，滲透於儒學，宣導諸儒率性修德，是側重人文主義的濫觴。至宋代，人文主義就昭明起來，然有宋一代，人文主義與古典主義也各有千秋。宋儒有朱、陸之争，朱子道問學，讀書不害窮理，下力多處在"道問學"上，偏於古典主義，而陸象山尊德性，明心以見性，此宋儒之重人文主義是也。明代，人文主義過於發達，累積成王陽明之心學，明末清初，學士皆以心學爲病詬，開清考據之學。錢先生概括爲："人文主義之積寙於明季，而古典主義於以重光焉!"到了晚清，龔自珍、康有爲、梁啓超等人，聲張今文之學，是爲"古典主義之漸厭於晚清，人文主義相與代興焉"！錢基博用人文主義、古典主義之分來概説國學之始末，辨析歷代之學術，雖有籠統之嫌，但其分類思想，基本達到了條析源流的目的。以義數爲涵泳，分两大主義，簡明賅要，爲歷代國學學潮分類，給人一目了然的印象，不失爲一種啓迪後人的國學分類思想，成就了錢先生的一家之言。

對於義、數之分，很顯然，錢先生認爲"義"高於"數"，就國學之歷史來看，錢先生明確提出："古典主義者，國學之歧途，人文主義者，國學之正軌"，并旗幟鮮明地表示："誠竊以爲言國學者當以人文主義爲宜。"他認爲人文主義可以發吾人之國性自覺。前文説過，國學就是國性之自覺，以人文主義言國學，是習國學的至德要道。錢先生認爲，儒、道之説皆以人文主義爲歸宿。"儒家者，蓋出於司徒之官，助人君，明教化，遊文於六經之中，留意於仁義之際"，固爲人文主義。"道家者，蓋出史官，歷記成敗、存亡、禍福、古今之道，然後知秉要執本，清虚以自守，卑弱以自持，此君人南面之術也"，故以人文主義爲歸宿。由此可知，人文主義是國學之正軌。而古典主義占學術上風，是國學之歧途，是迫於時勢而出現的。西漢古典主義，是秦皇焚書坑儒，人文教育受到極大打擊所致，清儒重古典主義是清廷文獄所使。錢基博抬人文主義而抑古典主義，態度鮮明，語氣懇切，實乃源自他的"國學乃國性自覺"的初始思想。錢氏提倡國性自覺，體現了他强烈的民族情感。他深感一個民族"揚國華，振國學"之重要，而大力提倡學以致用的爲學主張，提倡人文主義就自然成爲他根本的治學態度了①。

錢基博先生曾以"七期"來縱斷國學之代殊，雖偏於静態的分析，但會異見同，條其流别，同樣是其國學思想的重要方面。不過，他對國學的認識，似乎也有一個逐步深化和調整的過程。比如在《國學文選類纂》總叙中，就主動放棄了"西周之學"和"東周之學"的叙述模式，而引進了"人文主義"、"古典主義"两個概念，以義數之辨來分析、歸納和評價歷代國學之演變，偏於動態的辨識，無疑是其國學思想成熟的標誌之一。

---

① 湯紅兵：《試論錢基博的國學分類思想》，刊於《錢基博學術研究》，王玉德主編，華中師範大學出版社 2008 年版，第 200—202 頁。

綜上所述，錢先生倡言人文主義是“國學”之正軌，而“國學”又爲人道之學。人道不泯，國學不亡！他堅持治國學必藉讀書，特經、史、子、集，浩如煙海，“執簡御繁，莫如两書：讀《四書》以揭人道之綱，讀《通鑑》以盡人事之變。善讀者玩索而有得焉，則終身用之有不能盡者矣！”

錢基博先生是一代繼往開來的國學大宗師，同時也是一位踏踏實實的教書先生。他不務虛名，安貧樂道，孤懷冥往，潛光含章，既剖析時俗之弊，又圖切實之建設。面對近百年來中國傳統文化的困境，錢先生强烈的歷史責任感和文化使命感，化成他的道德、學問、事功，苦心孤詣，感天撼地。他終生從事於學術研究事業，并提倡國學教育，故而其遺留下來的國學論述，遠非本書收録的十六篇論文和一部國學專著所能涵蓋，其實還應該包括他的全部著作，還有相關的講義、論文、序跋、書信等，零篇散簡，亦足珍貴。這些文字廣泛涉及了國學的一系列内在的關鍵性問題，比如國學的歷代變異、國學的分科問題、國學在中小學教學教材中的應用、對於國學意義與治國學方法之評判、今日國學的發展趨嚮等等，方方面面，見解深刻。此外，《國學文選類纂》原是一部大學國學教材，有甲集、乙集、丙集三部，所選文章分論小學、經學、諸子學；每集各有叙目，叙文指示途轍，考鏡源流，偏重“縱斷的視察”；大多數選文末附考證部分，有對文字上的校勘，也有對文章的解釋、論述和闡發。但從《總叙》和内容編排來看，該書似乎應分爲上、下两册，下册有丁集、戊集、己集三部，所選文章分論史學、文學、校讎目録學，但不知什麼原因，目前僅見一册（即上册）出版，無疑也是一件遺憾的事情。《國學文選類纂》由上海商務印書館於民國二十年（1931）五月正式出版，民國二十四年（1935）四月再版，是商務印書館一再重印的學術類圖書之一。該書體例完備，選目精審，考證詳實，見解卓越，其影響力和本身的價值自不待言。

本書的資料搜集工作涉及諸多圖書館和私人藏書家，并得到了學界師友的大力支持和鼓励，恕我在此不能一一列舉和感謝。由於時間緊，著作數量大，加上本人學養有限，本册的編校錯誤在所難免，懇請讀者批評指正。

傅宏星

二〇一三年七月識於湖南科技學院國學研究所